国家社会科学基金重大委托项目
“蒙古族源与元朝帝陵综合研究”
（批准号 12@ZH014）
学 术 成 果

张久和　刘国祥　主编

中国古代北方民族史

室　韦　卷

张久和　刘国祥　著

科　学　出　版　社
北　京

内 容 简 介

室韦是南北朝至辽金时期见于文献记载的中国古代北方民族，属东胡系鲜卑后裔，与古代蒙古族有一脉相传的历史关系，在北方民族史中占有较为重要的地位。本书利用文献史料和新的考古资料，借鉴中外学者研究成果，对室韦的族名、族源、部落变迁、地域分布、生产生活方式、风俗习惯及其考古学文化做了系统论述，是一部全面研究室韦历史的学术著作。

本书适合于从事历史学、考古学、民族学等方面研究的专家、学者以及对北方民族史感兴趣者参考阅读。

图书在版编目（CIP）数据

中国古代北方民族史．室韦卷 / 张久和，刘国祥主编；张久和，刘国祥著．—北京：科学出版社，2021.8

ISBN 978-7-03-069014-2

Ⅰ.①中… Ⅱ.①张… ②刘… Ⅲ.①室韦－民族历史 Ⅳ.① K289

中国版本图书馆 CIP 数据核字（2021）第 104808 号

责任编辑：孙 莉 雷 英 王光明 / 责任校对：邹慧卿
责任印制：赵 博 / 封面设计：张 放

科学出版社 出版
北京东黄城根北街 16 号
邮政编码：100717
http://www.sciencep.com
北京厚诚则铭印刷科技有限公司印刷
科学出版社发行 各地新华书店经销
*
2021 年 8 月第 一 版 开本：720 × 1000 1/16
2025 年 5 月第五次印刷 印张：13 3/4 插页：14
字数：312 000

定价：158.00 元

（如有印装质量问题，我社负责调换）

国家社会科学基金重大委托项目“蒙古族源与元朝帝陵综合研究”（批准号12@ZH014）学术成果编辑委员会

《中国古代北方民族史》编辑委员会

《中国古代北方民族史》工作组

组　　长：刘国祥　白劲松

副 组 长：孙　莉　陈桂婷　王　珏　冯　科

成　　员（以姓氏笔画为序）：

于伯乐　于昊申　王　苹　王石雨　王东风
田彦国　白志强　邝漫华　任　翔　刘玉莹
刘旭东　刘江涛　孙　冰　宋岩金　张　宇
张克成　林　睿　哈　达　姜天华　栗媛秋
曹　磊　康准永　雷　英　燕云辉

作者简介

张久和，男，毕业于内蒙古大学。历史学博士。内蒙古大学二级研究员。博士研究生导师。国务院学位委员会第七届中国史学科评议组成员。国务院政府特殊津贴专家。主要从事北方民族史研究。发表论文40余篇，出版著作10部（7部合著）。主持完成教育部人文社科重点研究基地重大项目“蒙古史文献的整理与比较研究”、国家社会科学基金项目“战国秦汉时期中原王朝对内蒙古部分地区的经略和管辖”、国家社会科学基金特别委托项目“草原文化研究工程”子课题“草原制度文化研究”。现主持国家社会科学基金重大项目“东胡系民族历史文献整理与研究”。代表作《原蒙古人的历史——室韦—达怛研究》获2000年内蒙古自治区第六届哲学社会科学优秀成果一等奖，合著《内蒙古通史》获教育部第七届高等学校科学研究优秀成果二等奖。曾任内蒙古大学蒙古史研究所所长、人文学院院长，现任内蒙古大学历史与旅游文化学院院长。

刘国祥，男，先后毕业于北京大学、中国社会科学院研究生院。历史学博士。中国社会科学院考古研究所研究员。博士研究生导师。美国哈佛大学访问学者（2006—2007年）。“百千万人才工程”国家级人选。国家级“有突出贡献中青年专家”。主要研究领域为东北新石器时代考古、北方草原青铜器、中国古代玉器、蒙古族源研究。发表考古简报、论文80余篇，出版《红山文化研究》等著作5部，主编《名家论玉》《东北新石器时代》《东北与北方青铜时代》等论文集10余部。主持或参加了兴隆洼、兴隆沟、城子山、谢尔塔拉、岗嘎等遗址、墓地的调查和发掘工作。现承担国家社会科学基金重大委托项目“蒙古族源与元朝帝陵综合研究”，任北京项目办公室主任。现任中国社会科学院考古研究所党委委员、蒙古族源研究中心主任、内蒙古第一工作队队长。

北方民族史是中国历史的有机组成部分

——《中国古代北方民族史》(代序)

张久和　刘国祥

《中国古代北方民族史》(十卷本)经过策划、组织、研究和编辑工作，即将付梓。这是倡导者、组织者、研究者和编辑者诸同仁共同努力的结晶。面对多年来北方民族史领域丰富的学术成果，选择十个民族、按照大体一致的体例进行进一步的系统研究，力求在学术上有所推进，这对每一位研究者都具有很强的挑战性。今天，我们怀着惴惴之心把十部书稿呈送于学界，以求在学术难点、值得深度研讨的问题等方面引发更为深入的思考，探求更为全面、更为系统的学术研究途径，以期共同推进中国古代北方民族史的研究。

长期以来，前辈学者对中国古代北方民族史的研究取得了丰硕成果。中国国内，马长寿先生《乌桓与鲜卑》、林幹先生《匈奴通史》、田余庆先生《拓跋史探》、周伟洲先生《敕勒与柔然》、段连勤先生《丁零、高车与铁勒》、薛宗正先生《突厥史》等论著，基本都是以族别史体例研究北方民族史的力作，解决了许多悬而未决的问题，探寻出一些值得借鉴的研究方法，启迪着学者们的思路。1977 年由内蒙古自治区蒙古语文历史研究所历史研究室、内蒙古大学蒙古史研究室编写出版的《中国古代北方各族简史》，2003 年林幹先生的《中国古代北方民族通史》，在北方民族的通史性成果方面具有开创性。其他国家和地区的学者也向学界奉献了学术亮点独特的论著。法国汉学家德吉涅《匈奴、突厥、蒙古及其他西方鞑靼人通史》、英国学者巴克尔《鞑靼千年史》、法国史家勒内·格鲁塞《草原帝国》等著作，均涉及多个欧亚草原游牧民族的历史。

近些年来，随着改革开放各项文化事业的蓬勃发展，各族人民日益增长的物质文化、精神文化需求不断提高，对历史的关注度不断强化，北方民族史研究也越来越受到重视，促进了相关研究向前发展。学术成果的积累，科研团队的形成，研究出版经费的保障，为全面系统地研究中国古代北方民族史，编纂和出版北方民族史著作带来了机遇，提供了条件和保证。这部十卷本的《中国古代北方民族史》就是我们的一个初步尝试，付梓之际，诚待学界赐正，并期待对学术发展、社会文化进步有所裨益。

一

中国古代北方民族在广义上是对历史上曾经活动在中国古代北方地区的各个民族的总称；学界也有从狭义上专指以蒙古高原及周边地区为主要活动地域、以游牧业为主要生产生活方式、操阿尔泰语系诸语言的各民族的看法。国内学界一般将其简称为“北方民族”；国外研究者基于不同的认识，称其为“马背民族”“骑马民族”等。从狭义上讲，中国古代北方民族的历史，既包括蒙古族兴起以前的诸北方游牧民族史，又包括古代蒙古史。由于蒙古族兴起后，经过多个世纪的漫长岁月，已经由一个古代民族逐渐发展为现代民族，而且，早期蒙古史一般又与元史、北元—明代蒙古史、清代蒙古史及近现代蒙古史形成了比较完整的研究体系。因此，学界一般就将中国古代北方民族史的研究对象集中在公元前 3 世纪至公元 13 世纪活动在蒙古高原及周邻地区的各个民族，并形成了以族别史为特征又大体可以按照时间顺序研究的北方民族史研究体系。这些古代民族主要涉及匈奴、东胡、乌桓、鲜卑、柔然、敕勒—高车、铁勒、突厥、薛延陀、回鹘（回纥）、黠戛斯、契丹、库莫奚、室韦—达怛等各个游牧民族的历史。至今，学界针对这些民族的研究，已经涉及族源、政治、经济、风俗习惯、文化传承等各个方面，成果颇丰，学术争议点亦较多。而经过对各个民族历史的专题研究，努力寻求中国古代北方民族整体发展的历史规律仍然是有待突破的重点与难点。

中国历代汉文典籍中有关北方民族的历史记载是从事研究的基本史料。《史记》《汉书》《后汉书》《三国志》《晋书》《魏书》《北齐书》《周书》《隋书》《北史》《旧唐书》《新唐书》《旧五代史》《新五代史》《辽史》等纪传体史书,《资治通鉴》《续资治通鉴长编》等编年体史书,《通典》《通志》《文献通考》等典志体史书,《唐会要》《五代会要》等会要体史书,《元和郡县图志》《太平寰宇记》等地理总志以及《太平御览》《册府元龟》等大型类书以及其他体裁的古籍,均保留着与北方民族历史有关的史料。不过,由于各类史籍的成书年代不同,后出史书往往与先成史书有着抄录关系,内容也存在程度不同的沿袭继承;而且,随着历史的发展和情况的变化,后出史书又常常收录了为先成史书所不载的资料,增加了某些新的内容,加大了辨别取舍的难度。另外,各代史家对北方民族资料掌握的多寡不同,取舍角度有别,记述方式有异,所记内容与实际情况可能有一定出入,或存在误记错记等情况,也必须因时、因地、因人,因事详加考辨,方可在不断的研讨中逐步接近真实。尤其值得注意的是,由于历代中原史家不同程度地受到时代、民族、地域、立场和思想文化等诸方面的局限,也在相关文献中反映出对北方民族的歧视和偏见。基于上述,尽可能全面、系统地占有研究北方民族历史的汉文文献史料,并且进行详细比对、辨析,探明史源关系,明确史料价值,摒弃各种偏见,坚持客观评判的标准,在研究北方民族历史工作中显得格外重要。除了汉文史料以外,粟特文、突厥文、回鹘文、契丹文、西夏文、蒙古文、波斯文等文字的文献,多为北方民族记载的其自身的历史活动,有其不同的视角、内容、观点和方法,虽因文字的掌握与识读存在较大的难度,但对于全面深入研究北方民族历史文化却具有独特珍贵价值。中国学界不乏倡导和践行利用多语种文字史料进行综合研究的专家学者。

中国古代历史文献,记载内地王朝史一般都较为系统和丰富,相比之下,同一部古籍中有关北方民族史的史料则显得零散和匮乏。仅以记录北方各民族历史内容最多、最系统、相对可靠的正史即“廿四史”为例,与北方民族有关的史料主要是列传中的各族专传和纪、传、志、表当中的散见史料,系统性与涵盖面均存在误漏,甚至难以成章,形成研究中的诸多难题。因此,除了稽考、辨析、使用文献史料作研究以外,利用考古资料进行北方民族史研究也是学界传统。百余年来,北方民族的物质文化遗存有多少不等的发现,相关资料和研究成果相继发表,程度不同地为研究者提供了难得的研究依据。匈奴遗存主要集中在外贝加尔、蒙古国和中国境内的北方草原地带，发表的考古资料与研究性成果较多。其中，蒙古国境内的诺彦乌拉、高勒毛都，中国境内的桃红巴拉、阿鲁柴登等匈奴墓葬，为研究匈奴历史文化提供了珍贵的实物资料。乌桓的考古学文化虽然没有确论，但学界对夏家店上层文化、井沟子墓地、平洋墓葬、西岔沟墓群的探讨，对探究乌桓史有着重要的参考价值。拓跋鲜卑早期遗存主要集中发现于中国内蒙古呼伦贝尔地区，嘎仙洞遗址，扎赉诺尔、完工、孟根楚鲁、拉布达林墓葬等资料，为研究早期拓跋鲜卑史提供了重要依据。柔然考古学文化虽尚未被正式识别出来，但高昌文书等出土文献与《茹茹造像碑题记》《魏开府仪同长广郡开国高公妻茹茹公主闾氏墓志》等碑刻墓志丰富了柔然史资料。重要的突厥卢尼文碑有《暾欲谷碑》《阙特勤碑》《毗伽可汗碑》，与回鹘有关的碑铭有《磨延啜碑》《铁尔痕碑》《九姓回鹘可汗碑》等，在叶尼塞河流域发现的碑刻资料则多与黠戛斯有关。突厥、回鹘、黠戛斯的碑铭资料为研究提供了新的视角和维度，是研究北方民族历史文化的珍贵史料。此外，中蒙联合考古队确定了蒙古国的四方形遗址为回鹘贵族墓地，从而填补了回鹘考古学文化领域的空白，为研究回鹘历史文化提供了宝贵的考古资料。契丹的考古遗存早期以平民墓葬为主，辽朝建立后的耶律羽之家族墓、陈国公主与驸马合葬墓、吐尔基山辽墓、萧贵妃墓等资料，对契丹早期历史文化的研究也有重要参考作用。库莫奚考古目前可以确定的是《大王记结亲事碑》《奚国质子热瓌墓志》等十余通属于奚人的碑刻材料，内容或为史书所未载，或可与文献史料相印证，具有珍贵的史料价值。室韦考古学文化的发现、识别和研究，对于探索蒙古族族源具有重要学术意义。西乌珠尔、谢尔塔拉、岗嘎等墓葬资料的研究与运用，无疑使室韦历史文化的研究内容变得更加充实可靠和丰富多彩，并为蒙古族发祥、兴起于呼伦贝尔提供了确凿证据。总之，与北方民族相关的考古资料，在很大程度上有效地起到了与文献交互印证、补充文献记载之不足、纠正文献记载之错谬的作用。因此，充分结合运用考古资料研究北方民族史，将考古学与历史学密切结合是十分必要的。

先秦时期，北方民族已见载于史册。荤粥、猃狁、诸戎狄与商、周及春秋时期北方诸侯国，东胡、匈奴、林胡、楼烦与战国时期北方的燕、赵、秦诸国均有和战关系，东胡、匈奴、丁零等北方诸民族之间亦关系密切。秦末汉初，匈奴势力强大，东破东胡，西击月氏，北服丁零，控制蒙古高原及其周边，第一次建立了统一中国古代北方地区的游牧政权，与中原政权共同缔造着祖国的历史。东胡被击溃后，溃散的部众分别据保乌桓山和鲜卑山，因山名族，称乌桓、鲜卑。两汉时期，乌桓先后三次南迁，逐步进入中原北部，与汉、鲜卑、匈奴等融合。东汉时期，匈奴衰弱，南匈奴南迁入塞，北匈奴连续遭逢东汉联军攻击，最后远走西域，留下了值得重视的历史文化。蒙古高原上的匈奴余部并入鲜卑，鲜卑由此渐盛，继匈奴之后控制大漠南北，建立了地分东中西三部的部落军事大联盟。联盟瓦解后，鲜卑逐渐分化形成慕容、宇文、段、拓跋、秃发、乞伏诸部。魏晋南北朝时期，各支鲜卑渐次南迁，逐鹿中原，加入到民族大迁徙大融合浪潮之中。慕容、宇文、段、拓跋等部相互征伐，宇文战败，从中分化出契丹、库莫奚二部。同期，鲜卑后裔室韦见于文献著录，与契丹、库莫奚地分南北，活动于东胡及其后裔曾经往来驻牧的地区。吐谷浑自慕容鲜卑分离，迁徙甘青地区，后建立吐谷浑政权，史事绵延，直至唐代。慕容建立前燕、后燕、西燕、南燕，拓跋建立代，秃发、乞伏建立南凉、西秦等区域性政权。匈奴后裔建立有汉、前赵、北凉、大夏等政权。南迁的丁零也建立了翟魏政权。丁零后裔亦以“敕勒”“高车”“铁勒”等名称为史书所记载，分布于漠南漠北。最终拓跋鲜卑建立的北魏统一中国古代北方地区，形成了南北朝对峙格局。同期，东胡苗裔柔然兴起于大漠南北，建立柔然汗国。南北朝末期，随着柔然的衰败，突厥兴起并灭亡柔然，成为蒙古高原霸主，建立突厥汗国，强盛一时。唐初，突厥汗国被唐灭掉，大量突厥民众曾进入内地。后来突厥贵族重新建立游牧政权，再度控制蒙古高原。隋唐时期，铁勒分化出许多大大小小的部落。其中，铁勒部落中的薛延陀、回鹘在反抗突厥统治的过程中逐步强大起来，薛延陀一度建立政权，称雄漠北，后被唐灭亡。回鹘灭掉东突厥后汗国，建立回鹘汗国，与唐朝关系密切，9世纪中期被黠戛斯击溃。隋唐时期，进入中原的鲜卑逐渐融合于汉族以及各族之中。契丹与奚在突厥、回鹘不断衰落的过程中日益强大起来。唐末，契丹最终兼并奚、室韦等周边各族，随后在五代政权的更迭中得到燕云十六州之地，建立了与北宋对峙的辽朝政权。与蒙古族源关系密切的室韦各部，在唐代又被诸突厥语族部落称为达怛，并为唐朝中原人接受。蒙古族的祖先部落“蒙兀室韦”首见《旧唐书》记载，“蒙兀”是“Mongghol”（蒙古）的最早汉字译写形式。蒙古族发祥于今内蒙古额尔古纳河下游东南。唐朝中期以后，室韦—达怛诸部乘回鹘汗国衰亡之机，陆续西迁蒙古高原核心地带，或南迁至中原北部边塞。不难看出，在数千年的历史长河中，在中国古代北方地区，各个民族名号不断更换，政权轮番交替，与中原的往来绵延不绝、从未间断。辽金时期，与蒙古族有渊源关系的各部逐步壮大。至13世纪前后，在语言、地域、文化和经济生活上具有共同性的蒙古高原诸部具备了形成新的古代民族共同体的条件。1206年，铁木真统一蒙古高原诸部，在继承众多北方民族长期分化和融合历史的基础上，以室韦—达怛部落为核心和主要成分，吸收契丹等蒙古语族和回鹘等突厥语族部落，建立了大蒙古国（Yeke Mongghol Ulus）。至此，蒙古高原上大大小小的部落和民族兴衰演替的历史始告结束，各有名号的部落、民族统一在了“蒙古”名下①，古代蒙古民族共同体初步形成。蒙古族成为北方民族历史文化的集大成者，掀开了中国历史的新篇章。

北方民族以畜牧、狩猎为生业，“游牧”是其经济形态，“行国”是其政治表征。游牧经济比较脆弱，更多地依赖于自然环境和气候条件，迫切需要农副产品作为生产、生活的补充；农耕经济以定居为主，也十分需要游牧经济产品。游牧与农耕经济之间的差异性、互补性，导致双方谁也离不开谁，形成了互相依存、互相促进的格局。和平时期，官方、民间贸易交换频繁，各取所需；对峙争锋阶段，双方的战争也往往是经济因素在起着诱因和主导作用。许多时候，北方游牧民族及其政权更看重经济利益，更多地从经济角度出发制定策略，采取政治、军事行动；中原农耕民族及其政权包括入主中原的北族政权则常以中心、正统自居，更看重政治名分。经济发展的内在动力，使繁衍生息于蒙古高原及其周边地区的北方民族，掀起了一波又一波的向中原地区的南迁、南进运动，先后建立了统治区域大小不等的政权，与中原农耕民族发生了密切的政治、经济、社会和文化联系。匈奴、柔然、突厥、回鹘、契丹、蒙古等

① 亦邻真：《中国北方民族与蒙古族族源》，《内蒙古大学学报》1979年第3、4期。

建立的政权，打通了欧亚大陆草原世界，使得各民族之间的经济文化交流更为频繁，更为广泛，其历史不但是中国历史的有机组成部分，并且也成为亚洲史、欧洲史的研究内容。鲜卑、契丹、蒙古等民族更是建立了囊括中国古代北方地区和中原地区的政权，或统治中国古代北方，或实现了全国大一统，直接把游牧和农耕两种文化融汇在一起，你中有我，我中有你，互相认同，在深刻地改变和创造中国历史的同时，也在潜移默化地改变和重塑着自己。

史实证明，在中国历史上的各个时期，都有北方民族程度不同地参与到创造中国多元历史文化的进程之中，印证了中国的历史是由各民族共同创造的发展规律。

二

中国古代北方民族史历来备受国内外学术界的重视，论著颇丰。但是，由于研究者所处时代不同，立场、价值观、研究方法等有别，加之资料匮乏，今天看来，有些成果多带有时代的烙印，存在争议而尚未解决甚至难以解决的问题较多，在一些具体问题上形成了许多不同的观点，也构建了某些不同的话语体系。近代以来，由于中国陷入半封建半殖民地社会深渊，国家影响力大幅度降低，历史学研究的环境、条件、人才等均遭受到严重的桎梏与影响，在北方民族史研究领域的话语权逐步弱化。与此形成鲜明对比的是，19 世纪末以来，西方和日本学界对于中国古代北方民族史的研究日趋深入，其理论方法和研究成果迭出，形成了多种话语体系并存的局面。在试图阐释中国古代北方民族历史进程的时候，对国外学界的相关说法予以关注和述评，明确我们的初步认识和看法，是十分必要的。

（一）西方汉学与“内亚史观”

19 世纪末 20 世纪初，传统汉学在西方逐渐转化为一门独立学科。法国学者沙畹（Édouard Émmannuel Chavannes）将汉文文献与西方实证主义史学相结合，使汉学逐渐发展成为现代化的专门学科。伯希和（Paul Eugène Pelliot）结合文献学与历史比较语言学，发展了历史语言学考证法，沿用了欧洲早期汉学家惯用的“高地亚洲”（la Haute Asie）概念，并将地中海、印度与中国中原地区之间七八百万平方千米的广阔“弓形”地域统称为“中央亚细亚”（Central Asia），认为“中央亚细亚”既是地中海世界、印度与中国中原地区之间的地理屏障，又是这三个文明中心之间的联系纽带，彼此之间联系与影响的程度虽因历史变迁有所差异，但从未间断①。

塞诺（Denis Sinor）在“高地亚洲”概念基础上提出了大体相同于中央欧亚（Central Eurasian）的“内亚”（Inner Asia）理论，他将中央欧亚视为一个不同于周边文明板块的独立的文明区域，其中又可以根据自然环境、经济生活和语言文化的差异，划分出若干的亚文化类型。游牧生产生活方式是这些类型中最为成功的一种②，而不同的亚文化类型在历史进程中逐渐向趋同性发展。中央欧亚在大多数历史时期都是挑战欧亚各大文明的“蛮族”的活动舞台，“传统文明的承载者与来自内亚的蛮族之间的冲突对抗与交流互动，构成了理解人类历史发展的一条基本主线”③。

美国学者傅礼初（Joseph F. Fletcher）是内亚史观的代表人物之一。语言上的优势使他能够打破汉学、阿尔泰学与伊斯兰学之间的藩篱，站在“全史”（Integrative history）的角度来审视内亚在世界历史中的地位和作用，进而总结内亚游牧帝国演变转型的规律性问题。而对 20 世纪中后期现代社会学、政治学、人类学等社会科学理论的吸收，则进一步促使其从宏观上思考欧亚大陆各地区历史发展的趋同性与合流性问题。他认为，历史现象中存在“关联性”（interconnections）与“延续性”（continuties）现象，而要认识这两种现象，就必须先要对不同地域之间的社会、经济、文化等领域的平行性现象进行研究，考察其内在联系，

① 〔法〕伯希和：《高地亚洲》，耿世民译，《民族史译文集》第 6 辑，中国社会科学院民族研究所，1978 年，第 1—3 页。

② 〔美〕丹尼斯·塞诺：《论中央欧亚》，《丹尼斯·塞诺内亚研究文选》，中华书局，2006 年，第 5 页。

③ 钟焓：《重释内亚史——以研究方法论的检视为中心》，社会科学文献出版社，2017 年，第 3 页。

归纳出欧亚大陆人类社会的整体发展趋势①。

拉铁摩尔（Owen Lattimore）也是20世纪美国著名的内亚史学者，在塞诺提出“内亚”理论之前，拉铁摩尔已在对中国北方田野调查与文献研究的基础上形成了“中国边疆理论”。拉氏关注的“内亚”仅限于当时中国境内的蒙古、东北、新疆、西藏四个地区，并没有后来塞诺所认为的那样广阔。他将中国的这四个边疆地区视作各自具有独立地理环境、社会、经济和政治特征的有机整体，建立了一套历史学与历史地理学、社会生态学相结合的理论体系，用以探究每个边疆地区内部的机制特性，进而考察每个地区与中原地区的关系特征②。拉氏认为，特定的地理环境决定了每一边疆地区的经济形态，进而在经济形态上产生出不同的社会与政治形态。

“内亚史观”从北方民族和内陆边疆的视角来审视欧亚大陆历史的变迁与发展，对于习惯了从中原王朝视角看待内陆边疆与北方民族的中国传统史学来说具有启发和借鉴意义，从方法上讲，有助于推动北方民族史研究的发展。但“内亚史观”片面强调内陆亚洲在地理环境、经济生活、政治传统、文化习俗等方面的独特性、差异性和连续性，罔顾中国古代北方地区与中原地区、北方游牧民族与中原农耕民族之间长期密切的政治、经济、文化联系，淡化双方的共同性和相互影响、互相依存、彼此交融的历史事实，忽视北方游牧民族对中原地区的向心力与相互认同的历史事实，刻意构建“内陆亚洲”文化本位和独立的“内亚体系”“内亚传统”，一定程度上存在解构中华民族多元一体民族观和统一多民族国家观的意图。对此，我们应当有清醒认识。在研究中，要把握中国古代北方民族史与所谓“内亚”民族史的本质区别、中国古代北方民族史与中华民族多元一体格局历史发展的内在有机联系和多民族共同创造中国历史的大原则。

---

① Joseph F. Fletcher. Integrative history: parallels and interconnections in the early modern period, 1500-1800 [《全史：论早期近代（1500—1800）的平行化与关联性》]. Studies on Chinese and Islamic Inner Asia. Variorum Ashgate Publishing Limited, 1995, pp.1-35.

② 〔美〕拉铁摩尔著，唐晓峰译：《中国的亚洲内陆边疆》，江苏人民出版社，2010年，《译者的话》第2页。

（二）日本的“东洋史学”

日本明治维新后，国力迅速增长，在“脱亚入欧”思潮影响下，开始向西方列强学习，走上了对外侵略扩张的道路。为了服务其政治需求，以中国、朝鲜等东亚或东北亚国家的历史、地理、文化等为主要研究对象的所谓“东洋史学”应需而兴，而且，与军事侵略目标相关联，提出了一系列论调，在北方民族史研究领域形成了殖民色彩浓郁的“东洋史学”话语体系。

白鸟库吉等人以兰克学派的实证主义为指导，在研究过程中注重文献考证与实地调查有机结合，形成了“东洋史学东京文献学派”，其学术成果在一定程度上促进了北方民族史研究的进一步深入。然而，为日本帝国主义殖民扩张服务的主要目的，却使其论著体现出了强烈的政治意图和鲜明的殖民主义色彩。

白鸟库吉等人着意构建了“满鲜史观”，提出了“间空地论”与“南北二元对抗论”。“满鲜史观”的本质即“满鲜一体论”。认为“满洲”与朝鲜半岛在历史上种族相同，文化习俗与宗教信仰相近，是一个不同于中国内地的独立的历史地理单位①。“间空地”系指三方势力处于均衡态时的缓冲地带，一旦这种均衡态被打破，“间空地”便会被实力相对强大的一方所占据②。在“满洲”和朝鲜半岛的历史上曾多次出现过“间空地”，而这些“间空地”实质上是“无主之地”，不属于中国和朝鲜任何一方③。可以看出，所谓的“间空地论”实际上是在为日本侵占中国东北和朝鲜半岛提供“历史依据”和“学理依据”。

“南北二元对抗论”的核心含义，则是人为地将中国古代北方游牧民族与中原汉族割裂开来。认为历史上的匈奴、夫余、肃慎、乌桓、鲜

---

① 〔日〕旗田巍：《满鲜史の虚像》，《日本人の朝鲜観》，勁草書房，1969年，第138頁；〔日〕稲葉君山：《满鲜不可分の史的考察》，《支那社会史研究》，大鐙閣，1922年，第299頁。

② 张文静：《〈满洲历史地理〉的学术特征及观点倾向》，《史学集刊》2015年第4期。

③ 〔日〕白鳥庫吉：《白鳥庫吉全集》第十卷，岩波書店，1971年，第152、153頁；〔日〕白鳥庫吉監修，箭内亙、稲葉岩吉、松井等：《滿州歷史地理》第一卷，南滿州鉄道株式会社，1913年，第44、45、81頁。

卑、室韦、柔然、突厥、契丹、蒙古都是与汉族敌对的“外族”或“外国”，整个东亚大陆的历史就是以长城为界的中原汉族与北方民族对抗的历史[①]。这种论调将“汉地”等同于“中国”，刻意突出南北民族间的对抗史，而对各族关系发展中在时间、空间占主要地位的封贡、和亲、互市等和平交流史视若不见。

日本的矢野仁一是“东洋史学京都学派”的代表性人物，主要致力于中国近现代史的研究，是日本中国近现代史研究的重要开创者。在为日本帝国主义侵华提供“理论依据”方面，矢野比白鸟等人更加积极，也走得更远。从20世纪20年代开始，他先后发表了《支那无国境论》《满蒙藏非支那本来领土论》《支那非国家论》《历史上满洲的支那主权无根据论》《日本在满蒙的正当地位》等一系列文章，公开鼓吹“满蒙非中国论”“长城以北非中国论”“中国非国论”等谬论。在矢野搭建的体系中，中国领土的形成是近代以来列强与清政府交涉的结果，古代中国并没有明确的领土和边境概念，中央政府实际能够控制的领土大多局限在长城以内。矢野的这套理论不仅为日本帝国主义侵华提供了“合理”依据，还妄图解构中国各族人民的国家认同，瓦解抗日斗志，进而达到分裂中国，各个击破的目的，可谓阴毒至极。

20世纪初期，日本史学界为了配合日本军国主义侵略扩张和殖民目的而形成的赤裸裸的话语表述，虽然已经随着时代变迁、社会进步而寿终正寝，但是其论调的变种仍不绝于世，应该引起学界的重视。

（三）泛突厥主义

19世纪后期，为反抗沙皇俄国的民族压迫并与“泛斯拉夫主义”运动相抗衡，“泛突厥主义”思潮在沙俄境内的突厥语族人群中兴起。克里米亚的鞑靼人伊斯梅尔·迦斯普林斯基（Ismail Gasprinskiy）将近代西方历史比较语言学概念中的“阿尔泰语系突厥语族”等同于“突厥民族”，人为创造出了一个在现实世界中并不存在的民族，并试图将沙俄境内的突厥语族人群联合起来。泛突厥主义思潮兴起后，很快传入面临崩溃边

---

① 〔日〕白鳥庫吉監修，箭内亙、稲葉岩吉、松井等：《滿州歷史地理》第一卷，第32、189、199、219、220頁。

缘的奥斯曼帝国。被称为“土耳其泛突厥主义之父”的兹亚·乔加勒普（Ziya Gokalp）设想将亚得里亚海至日本海这片广阔地域上的所有突厥语人群统一起来，建立一个“大图兰”国家，这便是所谓的“大图兰主义”。1923 年，兹亚·乔加勒普的《突厥主义原理》问世，提出了“三步走实现突厥民族政治联合”的主张[①]。

泛突厥主义形成后不久，便与泛伊斯兰主义一道通过俄国鞑靼人和奥斯曼土耳其人传入中国新疆地区，催生出了新疆分裂主义。20 世纪三四十年代，混乱的时局和外部势力的推波助澜使得泛突厥主义和分裂主义思想在新疆地区大行其道，不但产生了《东突厥斯坦历史》这种新疆分裂主义的代表作，还先后出现了“东突厥斯坦伊斯兰共和国”“东突厥斯坦共和国”两个分裂政权。虽然最终都归于失败，但是却扩大了新疆分裂主义的影响。中华人民共和国成立后，泛突厥主义和新疆分裂主义一度得到有效遏制，几乎销声匿迹。但是改革开放后，随着对外联系和交往的日益增多，泛突厥主义和新疆分裂主义再度沉渣泛起，而且呈现出一些新的现象[②]。在“理论”层面,《匈奴简史》《维吾尔人》《维吾尔古代文学史》等一系列宣扬“维吾尔斯坦一贯独立论”的著作陆续出版。在实践层面，“东伊运”“世维会”等恐怖组织先后组建，并在新疆等地制造了多起暴力恐怖事件，对中国国家安全和新疆各族人民的生命财产造成了严重危害。

历史上的“突厥”，主要是指 6—8 世纪活跃在中国古代北方地区的青突厥人，曾以蒙古高原为主要地域建立过东突厥汗国。但随着 745 年东突厥后汗国的灭亡，突厥人在之后的漫长岁月中逐渐与其他民族融合，“突厥”已经成为一个历史名词。9 世纪以后，出现于欧洲、阿拉伯文献中的“Turk”（汉译为“突厥”）实际上泛指阿尔泰语系突厥语族游牧人，并无民族学上的确切含义[③]。泛突厥主义既无历史依据，又无现实基础，其人为制造的所谓“突厥民族”与中国古代北方地区的青突厥人没有任

① 张玉艳：《泛突厥主义在土耳其的由来与发展》,《国际政治研究》2019 年第 5 期。

② 张玉艳：《新疆分裂主义中的突厥因素研究》，兰州大学博士学位论文，2015 年，第 225、226 页。

③ 亦邻真：《成吉思汗与蒙古民族共同体的形成》,《内蒙古大学学报》1962 年第 1 期。

何民族学上的联系和继承关系，维吾尔族祖先回鹘人与突厥人也没有直接历史源流关系。泛突厥主义完全是19世纪末以来俄罗斯、土耳其等国突厥语族人群中的所谓精英分子，基于唯心史观和历史虚无主义、民族沙文主义的痴心妄想，其“大图兰联邦”的诉求更与现代以主权国家为主体的国际社会格格不入，没有任何实现的可能性。泛突厥主义传入中国后，则演变为分裂主义分子用来谋求新疆独立的工具，并于20世纪90年代后呈现出日益极端化、恐怖主义化的特征。对于泛突厥主义及其各类衍生变种的巨大危害，我们务必要认识明确，高度警惕，并做好与其进行长期不懈斗争的准备。

（四）征服王朝论

1949年，美籍德裔学者魏特夫（Karl August Wittfogel）在与中国学者冯家昇合著的《中国辽代社会史（907—1125）》[History of Chinese Society, Liao（907-1125）]总述中提出了“征服王朝论”。魏氏将中国历史上的王朝，按照社会文化形态划分为“典型中国朝代”和“征服与渗透王朝”。其中，“典型中国朝代”包括秦、两汉、魏、两晋、南朝、隋、唐、两宋、明。十六国诸政权、北朝、辽、金、元、清则被定性为“征服与渗透王朝”。而“征服与渗透王朝”又可根据其对汉文化的态度归为两类，第一类是以十六国诸王朝、北魏为代表的“渗透王朝”，这类王朝在华北地区通过以半和平的渗透而建立政权[①]，它们对汉文化的态度倾向于吸收；第二类为辽、金、元、清四个“征服王朝”，这类王朝以征服部分或全部汉族居住地而建立政权，其对汉文化的态度倾向于抵制。在“征服王朝”内部，又因对汉文化抵制程度的强弱再细分为三个类别，其中辽、元为文化抵抗型，金为文化让步型，清则介于二者之间，为文化过渡型[②]。在论述这些文化关系时，魏氏引入了人类学中的涵化（Acculturation）概念，认为“征服与渗透王朝”与汉地之间

① 郑钦仁、李明仁译著：《征服王朝论文集》（修订版），稻乡出版社，2002年，第1页。

② 〔美〕魏特夫、冯家昇：《中国辽代社会史（907—1125）总述》，苏国良等译，《征服王朝论文集》（修订版），第51页。

的文化接触会在各种不同的情况中发生，且其接触的程度（Degree）和强度（Intensity）不相同，只要社会没有实现完全融合，文化差异就会一直存在[①]。

征服王朝论经由田村实造等人传入日本之后，在日本史学界引起巨大反响，成为日本北亚史学界的主要研究课题。根据研究领域和观点的不同，大致形成了三种不同的概念。第一种以田村实造、护雅夫、吉田顺一等为代表，他们大体上赞同魏氏的理论，认为金、清与辽、元并列，都是征服王朝，但要将征服王朝放在北亚世界历史发展的进程中加以讨论[②]。北亚世界从游牧社会向农牧社会的体制变化，是游牧社会、国家发展为征服王朝的决定性因素。整个北亚游牧民族史以辽为界，可以划分为游牧国家和征服王朝两个时期，征服王朝是游牧社会、国家发展的一个归结[③]。由于征服部族的北亚属性，征服王朝在政治、军事、经济、文化等方面均呈现出“二元制”的特性。第二种以村上正二为代表。他认为“具有强烈的游牧民的自觉意识（self-consciousness），在其意识之下征服、并统治农耕社会的游牧民王朝”[④]，才能称之为“征服王朝”。而北匈奴、柔然等纯粹的游牧国家以及南匈奴、北魏等渗透王朝都不能发展为征服王朝，只有继承了突厥帝国和回鹘帝国基于同一语言文化意识的强烈的民族文化意识和游牧都城文化传统的辽、蒙古帝国、元等才能发展为征服王朝[⑤]，金、清两个王朝则被排除于征服王朝之外。在征服王朝中，辽朝是二元社会，元朝是更多元的复合社会。第三种的代表人物为岛田正郎。岛田对魏特夫的征服王朝论进行了批判，他认为辽朝不建郊

---

① 〔美〕魏特夫、冯家昇：《中国辽代社会史（907—1125）总述》，苏国良等译，《征服王朝论文集》（修订版），第 11 页。

② 〔日〕田村实造：《中国征服王朝——总括》，李明仁译，《征服王朝论文集》（修订版），第 74 页。

③ 〔日〕护雅夫：《内陆亚世界的展开·总说》，郑钦仁译，《征服王朝论文集》（修订版），第 169 页。

④ 〔日〕村上正二：《征服王朝》，郑钦仁译，《征服王朝论文集》（修订版），第 114 页。

⑤ 〔日〕村上正二：《征服王朝》，郑钦仁译，《征服王朝论文集》（修订版），第 120 页。

丘，不行郊祀，转而将“祭山仪”[1]作为国家最重要仪式的做法，是故意对中国王朝政教传统的排斥，故而应当将辽朝置于中国王朝系列之外，视为胡族国家[2]。

魏特夫试图对中国古代史上的王朝类型提出一种“合理”的解释，但其对中国历代王朝的分类明显是基于中原汉族文化立场的，出发点就是狭隘的，有悖于历史和现实的证据事实。在具体划分过程中，片面地夸大了北方民族王朝“渗透”或“征服”的主导性，与其双向涵化的观点自相矛盾[3]。故其结论必然是不科学和不能成立的。在日本，征服王朝论则发展出了新的倾向，日本学者更注重从北亚史的视角观察研究征服王朝，并将征服王朝的出现看作是北亚游牧社会历史发展的必然结果。这实际上人为地割断了历史上北方游牧民族与中原汉族之间的密切互动与联系，夸大了游牧社会和游牧经济在历史变迁中的独立性，是对中国社会多元性和统一多民族国家的国家性质的否定。

（五）蒙古地区一贯独立论

“蒙古地区一贯独立论”是 20 世纪中后期以来在蒙古国兴起的一种有关北方民族的认识和定位的话语体系。该理论认为，蒙古地区从公元前 3 世纪匈奴兴起时开始，直到 21 世纪的今天，一贯是独立于中国之外的[4]。宣扬蒙古地区一贯独立论的主要著作有《关于匈奴的社会制度问题》《匈奴人的经济、社会、文化和族源》等。一些蒙古国学者为了证明“蒙古地区自古以来便是独立的”观点，错误地将匈奴作为蒙古族的族源，认为匈奴、鲜卑、柔然、蒙古等北方民族从种族到经济文化都是一脉相承的，独立地在蒙古高原先后发展起来的。基于此，他们认为，从匈奴单于国、鲜卑部落军事大联盟、柔然汗国到大蒙古国等北方民族政权都

---

① （元）脱脱等：《辽史》卷四十九《礼志一》，中华书局点校本，1974 年，第 834 页。

② 〔日〕岛田正郎：《征服王朝乎？胡族国家乎？》，李明仁译，《征服王朝论文集》（修订版），第 232—234 页。

③ 李志安：《民族融汇与中国历史发展第二条基本线索论纲》，《史学集刊》2019 年第 1 期。

④ 林幹：《中国古代北方民族史新论》，内蒙古人民出版社，2007 年，第 52 页。

是一贯独立的[1]。

众所周知，蒙古地区在历史上一直是中国的一部分，不同历史时期在蒙古高原上活动的匈奴、鲜卑、柔然、突厥、回鹘、蒙古等都属于中国古代北方民族，这是基本的历史事实。1921 年 7 月，外蒙古在苏俄的支持下事实独立；1946 年 1 月，国民政府承认外蒙古独立，蒙古国从法理上获得了独立地位。可见，蒙古的独立是 20 世纪才发生的事情。不能因为现在的蒙古国是一个独立国家，就认为蒙古地区是一贯独立的，数千年来活动于蒙古高原的北方民族所建立的政权也是一贯独立的。我们采用谭其骧先生确定的以 18 世纪 50 年代至 1840 年期间的清朝版图为历史上的中国范围，出现在漠南漠北的蒙古族及历史上的北方各民族，都是中国古代北方民族，不能因为曾在今天蒙古国之内活动就不算历史上中国的民族。但我们也不反对蒙古国在写他的历史时把这些北方民族写成他的先民[2]。

（六）“新清史”与“大元史”

20 世纪 90 年代以来，美国史学界兴起了反对“汉族中心论”、强调清朝统治与历代汉族王朝的区别为特征的“新清史”，其代表人物有路康乐（Edward Rhoads）、欧立德（Mark C. Elliott）、柯娇燕（Pamela K. Crossley）、罗友枝（Evelyn Rawski）等。欧立德曾对“新清史”的学术观点进行过总结，认为“新清史”最关键的学术主张有三条：一是清史研究必须重视清朝的“内亚维度”（Inner Asian Dimension），强调清朝统治的内亚性质[3]；二是清史研究必须利用满文、蒙古文、藏文、维吾尔文等非汉文资料，尤其是满文资料；三是清史研究必须要有全球视角，立足于全球史语境。从学术研究方法上来讲，“新清史”提倡的充分利用非汉文资料和全球视角是有利于清史研究发展的。但“新清史”片面强调清朝与蒙古、西藏、新疆等地区文化联系的重要性，有意或无意地忽视

---

① 林幹：《中国古代北方民族史新论》，第 53 页。

② 谭其骧：《历史上的中国和中国历代疆域》，《中国边疆史地研究》1991 年第 1 期。

③ 沈卫荣：《大元史与新清史——以元代和清代西藏和藏传佛教研究为中心》，上海古籍出版社，2019 年，第 214 页。

掩盖满族文化与汉地文化间的密切程度远超前者的历史事实[1]，从而构建清朝“内亚帝国”性质的做法，体现了西方学术界的意识形态偏见和西方的东方主义学术传统的话语霸权。与此同时，日本出现了力图将蒙古族建立的元朝从“古代中国王朝历史”的叙事框架中分离出来，转而把它置于全球史、欧亚史之中，从而形成一种比肩“新清史”的“大元史”叙事模式。元朝和清朝作为中国历史上的正统王朝，其政权和疆域以及多民族的历史文化是由蒙古族、满族、汉族和其他各族人民共同创造的，其统治中国的合法性也受到了当时和后世中国各族人民的普遍认可。因此，将元朝和清朝视为与中国王朝对立的“内亚帝国”缺乏充分的历史依据和法理依据。

通过梳理大略可知，关于19世纪末叶以来北方民族史领域的各种西方话语体系，要么是基于现代西方资产阶级立场和现代民族国家价值取向的认知偏差，要么是为帝国主义侵略中国或者分裂分子割裂中国提供的理论依据。虽然主观动机不同，但二者都是不符合历史事实的错误认识和观点。这些错误认识和观点，对中华民族多元一体的民族观和统一多民族国家的国家观形成了严峻挑战，对我国的民族团结和国家安全可能会产生负面影响，对部分研究北方民族史的学者的理论思维可能会带来一定偏差，对人民群众、高校学生学习和认识中国历史可能会形成一些误导，其危害性不可失防。因此，加强对中国古代北方民族史的全面系统性研究，构建客观科学的话语体系刻不容缓。

三

《中国古代北方民族史》（十卷本）研究的历史上的中国疆域范围和北方民族，按照1981年5月谭其骧先生在“中国民族关系史研究学术座谈会”上的讲话内容作为基本原则来把握[2]。即以几千年来历史发展所自然形成的中国为历史上的中国，以18世纪50年代至1840年这段时期的

---

① 李治安：《民族融汇与中国历史发展第二条基本线索论纲》，《史学集刊》2019年第1期。

② 谭其骧：《历史上的中国和中国历代疆域》，《中国边疆史地研究》1991年第1期。

清朝版图作为历史时期的中国范围。在这个范围内活动的匈奴、鲜卑、柔然、突厥、回鹘、契丹等民族，都是中国历史上的北方民族，这些民族建立的政权都是中国历史上的北方民族政权。

这次撰写的十个民族的历史，以中国历史上活动在蒙古高原及其周边地区的匈奴、乌桓、拓跋鲜卑、柔然、突厥、回鹘、黠戛斯、契丹、库莫奚、室韦为研究对象，以族别史体例为整体设计，每个民族自成一卷，史观、体例、内容安排等力求一致。各卷作者按照编写体例和要求，以唯物史观为指导，吸收借鉴前人研究成果，依据文献和考古资料，对诸民族的族名族源、历史变迁、政治制度、生产生活方式、文化习俗、民族关系、最后流向等尽可能作了较为全面的阐述，对一些具体问题作了较为深入的探讨，提出了自己的看法，对北方民族的历史作用、影响和贡献尽量作了客观的评价。各卷或多或少体现出以下特点：①既有相对一致的结构，又根据具体情况谋篇布局，尽可能完整地呈现各自的学术思路与逻辑特点；各族的历史内容既属于全书整体不可或缺的重要部分，又相对独立成书。②尽可能详细占有史料，注意充分辨析史料的史源关系，运用有价值史料进行研究。③各卷根据具体情况，充分结合运用考古资料，以达到用实物资料证史、补史、纠史的作用，突出历史学与考古学的综合研究。④运用古代民族文字史料，如突厥文、回鹘文、契丹文资料等进行研究。⑤利用汉语音韵学、民族史语文学方法进行研究，辨析相关说法。

《中国古代北方民族史》（十卷本）是作为国家社会科学基金重大委托项目“蒙古族源与元朝帝陵综合研究”子课题而开展研究、编写的一套书稿。选取的十个古代北方民族，既有内在的历史联系，又与古代蒙古族存在或近或远、或直接或间接的渊源关系。通过系统论述匈奴等十个北方民族的历史变迁，可以启发与蒙古族族源有关问题的思考，澄清一些错误认识。

长期以来，中外学界针对蒙古族族源开展了广泛研究，形成有匈奴、东胡、鲜卑、敕勒—高车、柔然、突厥、蒙汉同源、吐蕃、室韦、突厥、吐蕃混合、东夷等十余种观点。中国学界主流看法认为，蒙古族祖源东胡，鲜卑—室韦—蒙古有一脉相承的历史渊源。这一学术观点有着更为充分的历史文献学依据和考古学证据。《旧唐书·室韦传》记载有望建河

（即今额尔古纳河及黑龙江）“其河源出突厥东北界俱轮泊，屈曲东流”，“东经蒙兀室韦之北”。《史集》亦载，远古时期蒙古人居住在“额尔古涅·昆”一带。今内蒙古自治区额尔古纳河右岸是蒙古族发祥地。历史文献的相关记载和研究成果显示，室韦和鲜卑译名根据相同，与早期拓跋鲜卑活动地域相同、语言相通、有代表性风俗习惯相近等特征，可证室韦的主要部分应与早期拓跋鲜卑同源。室韦即南北朝时期入据中原的拓跋鲜卑统治者给予鲜卑后裔的新的汉字译写形式。内蒙古自治区呼伦贝尔市陈巴尔虎旗西乌珠尔墓地、海拉尔区谢尔塔拉墓地和陈巴尔虎旗岗嘎墓地，分别代表了7—8世纪、9—10世纪和8—10世纪的室韦遗存[①]。相关考古遗存的发掘和研究，也为蒙古族主体来源于室韦，以及呼伦贝尔是蒙古民族发源地提供了有力佐证。在呼伦贝尔地区系统开展田野考古调查和发掘工作，为蒙古族族源研究提供系列考古实证资料，同时开展历史学、考古学、民族学、人类学、民俗学、语言学等多学科综合研究，推出具有影响力的蒙古族族源研究领域的学术成果，确立内蒙古呼伦贝尔地区作为蒙古族发祥地的重要历史地位，有助于澄清学术界关于蒙古族族源研究的各种说法，推进相关学术研究的进展。

中国古代北方民族的历史绵延数千年，是中国历史的有机组成部分。中国历史不但包括汉族、北方民族建立的内地（中原）王朝史，也包括北方民族建立的政权史。在中国历史的不同时期，生活在不同地区、经济形态有别、风俗习惯有同有异的多民族之间的相互交往、彼此影响、吸收交融从来就没有停止过。北方民族与中原汉族建立起了密切的政治、经济、社会和文化联系，而建立在中原的北族王朝则无不以中原“正统”自居。北方民族史与内地王朝史有机的融合，不断地推动着中国历史的发展进程。中国古代各民族、各地区的历史共同构成了中国历史的有机整体。中华民族的悠久历史和灿烂文化，是包括北方民族在内的中国历史上各个民族交融共进共同创造的。北方民族是中华文明进程的重要参

① 中国社会科学院考古研究所、内蒙古自治区文物考古研究所、北京大学考古文博学院、呼伦贝尔民族博物院呼伦贝尔联合考古队：《内蒙古陈巴尔虎旗岗嘎墓地》，《考古》2015年第7期。

与者和推动者，对中国古代疆域、中西文化交流、中华民族多元一体格局的形成、中国历史文化的发展和进步做出了不可磨灭的贡献。近代以来，汉族和各少数民族的命运共同体更为牢固，共同建立了统一的多民族国家。研究中国古代北方民族史是北方民族历史与考古工作者义不容辞的责任。系统全面研究中国古代北方民族史，清晰梳理其来自哪里去向何方的历史变迁过程，深入探究其政治、经济、社会、文化的内涵及其发展规律，深刻阐释其与中国历史上汉族及其他民族建立的内地王朝政权的关系，充分认识其历史地位、作用与贡献，对深入学习和认识中国史，树立正确的历史观、民族观、国家观，维护民族团结、国家统一局面，铸牢中华民族共同体意识均具有重大的理论和现实意义。

前　言

室韦是南北朝至辽金时期见于文献记载的中国古代北方民族，属东胡系民族北部鲜卑后裔。南北朝时期始见记载，主要活动于今嫩江中下游及以西地区。隋代，室韦分为五个部落群，大体分布在今嫩江、额尔古纳河和黑龙江上游流域。唐代，室韦有20余部，主要分布区域是霍林河流域南北、嫩江流域东西、呼伦湖周围和额尔古纳河及黑龙江上游两岸。其中，“蒙兀室韦”位于今额尔古纳河下游右岸。“蒙兀”即Mongghol（蒙古）的最早汉字译写形式。唐代蒙兀室韦的见载史册，直接将蒙古族源与室韦紧密地联系上，由此室韦史成为蒙古族历史的序史。中唐以后，室韦诸部活动范围逐步向南向西扩大。9世纪中叶，回鹘汗国衰亡，室韦人大批涌入蒙古高原及其周边地区。在历史发展过程中，室韦人同北朝、隋唐、五代诸中原政权以及突厥、回纥、黠戛斯、沙陀、契丹等北方诸族均有过程度不同的交往，参与了一系列重要历史事件，对中国古代各族政权及邻近各族的历史都有一定影响。经过辽金时期的发展壮大，最终蒙古部统一蒙古高原诸部，以蒙兀室韦为核心、其他室韦部落为主要成分，吸收突厥语族等部落，初步形成古代蒙古民族共同体，此后大漠南北的游牧部落均被归入蒙古名下，可以说室韦部落与古代蒙古族有一脉相传的历史关系。所以，研究室韦史，对北方民族史特别是蒙古族起源史研究具有重要学术价值和现实意义。

从南北朝到辽金时期，汉文献对室韦人的历史有着连续性的记载。依据可靠的基本史料进行研究，可以对室韦史诸问题形成一定的认识。新发现的室韦考古资料，与文献史料相互补证，极大丰富了相关研究内容。中外学界对室韦史的研究百有余年，取得了不少学术成果，是进一步开展深入研究的基础。《中国古代北方民族史·室韦卷》由张久和研究员、刘国祥研究员合著。通过对室韦文献基本史料的辨析，结合新发布的考古资料，在总结借鉴前人研究成果的基础上，对室韦的名称与来源、北朝至辽金时期室韦部落的历史变迁、地理分布、社会与生业、文化习俗和室韦考古学文化等做了较为全面系统的论述。

第一章至第六章由张久和在《原蒙古人的历史——室韦—达怛研究》“室韦篇”基础上做了增删、改写。第一章增加了学界对室韦考古学识别、探索的学术归纳、对新的室韦考古资料的介绍，进一步总结了百余年来中外学者对室韦史的研究状况、具体成果和各时期特点。第二章至第四章基本沿用了原书“室韦篇”的内容，有的做了必要的删减、修订。第五章和第六章补充了许多新内容，主要是利用考古资料对唐代室韦人的家庭形态、劳动分工和贫富差距等社会状况，渔猎业、家畜饲养业及其向游牧业的转化、农业、手工业及其发展变化等生产方式，居住、饮食、服饰、交通等生活方式和丧葬等风俗习惯做了进一步的论述，一定程度上弥补了此前研究的不足。

第七章和全书插图由刘国祥负责撰写、选配，主要介绍了呼伦贝尔地区室韦墓葬遗存的考古发现和研究成果。从墓葬形制、埋葬习俗、随葬品种类和组合关系、人体骨骼特征等方面看，以西乌珠尔、谢尔塔拉、岗嘎三处为代表的墓葬遗存，以独木棺葬具、屈肢葬俗、手制和轮制陶器、红色玛瑙珠饰等最具特色，与呼伦贝尔地区两汉时期鲜卑墓葬遗存和辽代墓葬遗存有别，应为7—10世纪呼伦贝尔地区室韦人墓葬遗存，为探寻呼伦贝尔地区作为蒙古族的起源地找到了考古实证材料。根据上述三处墓地的考古发现，本书全面深入地论述了室韦人的考古学文化，是考古学、历史学等多学科综合研究室韦历史文化的新成果。

作为《中国古代北方民族史》十卷本之一卷，限于统一体例、成稿时间要求，除了新增内容，本书更多的是沿袭旧作。由于水平有限，书中一定存在许多不足甚至谬误，我们恳请专家学者批评指正。

目 录

第一章　室韦的资料和研究状况

室韦是南北朝至辽金时期见诸汉文献记载的中国古代北方民族。室韦的历史，在我国浩如烟海的文献典籍中有连续性、传承性的记载，经历了文献史料形成和不断丰富的过程。依靠不同历史时期形成的文献史料，能够恢复室韦历史最基本的轮廓。室韦考古学文化的发现、识别，为相关研究提供了生动、客观、丰富的新资料，可以起到证史、补史、纠史的作用。不同时期的中外学者，依据文献记载，从不同研究角度，采取各自方法，对室韦历史诸问题进行探索，取得了不少成果，也存在一些不足，仍然有待于进一步深入研究。对室韦资料进行收集、整理和辨析，对室韦研究成果进行归纳总结，是进行全面系统研究的基础和前提。

第一节　文献史料和考古资料

中外史学界对室韦史的研究延续百有余年，取得了不少学术成果。但在许多问题上至今还难以取得一致意见，甚至一些观点明显是错误的。主要原因之一就在于对室韦基本史料研究的不够，没有做必要的、全面的史料辨析工作，没有清晰地了解室韦文献编纂的历史状况，没有确定各篇室韦史料的史源和价值。我国历代史书对不同时代的室韦各有详略不等的记载，形成了室韦文献编纂史。在历代文献编纂过程中，后代史书有对前代史书的沿袭继承，也有新材料的增入。各代史家对室韦资料掌握的多寡不同、取舍角度有别、记述方式互有差异、所记内容与实际情况或有出入，所以在研究室韦史之前，对室韦基本史料做全面性的比较研究就显得尤为必要。经过鉴别分析，辨明史源，明确价值，去粗取精，去伪存真，以使室韦研究能够尽可能接近较为真实的历史原貌。有关室韦文献史料的不足是匮乏、零散，要想取得室韦历史诸问题研究的进一步深入，考古资料具有文献史料不可替代的重要价值。

一、文献基本史料

我们说的室韦基本史料是指以室韦（包括乌洛侯）专传或专条为主的史料，即《魏书》《隋书》《北史》《通典》《旧唐书》《唐会要》《太平寰宇记》《册府元龟》《新唐书》等不同时代历史文献对室韦和乌洛侯的集中记载。

《魏书》是记载北魏、东魏历史的著作，北齐魏收于天保五年（554）撰成。该书卷100列传第88有《失韦传》和《乌洛侯传》。传中概括记述了室韦和乌洛侯的地理方位、自然环境、经济生活、社会状况、语言、风俗习惯及与北朝政权间的关系等内容，较全面地记载了室韦和乌洛侯的早期历史状况，是研究室韦史的基本史料。虽然个别之处难免不够准确，但从传中所记基本情况和20世纪80年代北魏祖先"旧墟石室"——嘎仙洞的发现来看，可以认为《魏书》所记室韦和乌洛侯的情况是基本可信的，不失为研究室韦早期历史诸问题的最有价值史料。北朝人记录的室韦和乌洛侯情况，在整个室韦文献史中占有重要位置。后出史书编撰者在描述室韦、乌洛侯历史时，或基本抄录《魏书·失韦传》和《魏书·乌洛侯传》，或据之改写，或摘录删削。在一定程度上，《魏书·失韦传》和《魏书·乌洛侯传》成了后出史书中室韦和乌洛侯相关内容的主要依据。

《隋书》纪传部分于唐贞观十年（636）修成。卷84列传第49有《室韦传》，其较为全面地记载了隋代室韦历史的基本面貌。将《隋书》和《魏书》传文做一些对比可以发现，《隋书》所记南室韦的地理环境、经济生活、各种风俗等与《魏书》所记室韦基本一致，仅比《魏书》多出一些具体内容，《隋书》所记南室韦内容应是参考了《魏书·失韦传》，并补充了新的史料编纂修成，北室韦以下内容则有新的史料来源。可以说，《隋书·室韦传》在《魏书》等史书基础上，又为室韦史研究增添了许多有价值的新材料。例如，将室韦看作是契丹同类，族属相同，各部互不统属而附属于突厥，部落酋长的世袭、推选制度，衣食住行和婚姻习俗以及北室韦、钵室韦、深末怛室韦和大室韦的概况等记载，成为研究隋代室韦族属、社会组织、经济生活、风俗习惯、各部之间及与邻族关系等的基本史料。《隋书·室韦传》的史料价值还在于它是流传至今的最早较全面记载隋代及此前室韦历史状况的史传，后成诸书的相关室韦资料大多沿袭《隋书》，至多略做删改，所以《隋书·室韦传》是室韦历史基本史料之一。

《北史》是唐代李延寿私修史书，成于贞观十七年（643）。卷94有《室韦传》和《乌洛侯传》。在李氏修撰《北史》时，《魏书》《北齐书》《周书》和《隋书》诸史均已流传于世。一般认为，《北史》大体上是改编魏、齐、周、隋诸史而成。将《北史·室韦传》和《北史·乌洛侯传》与《魏书》《隋书》相关传记加以比较，也可印证这一结论，即《北史》的《室韦传》和《乌洛侯传》是抄录《魏书》《隋书》而成的，除了对个别字、词根据需要做了增删改写以外，并没有补充新的史料。在室韦和乌洛侯历史研究中，《北史》有关室韦和乌洛侯的记载只能作为第二手材料。

《通典》200卷，唐杜佑撰，系记述唐天宝（742—756）以前典章制度及地志、民族的专书。第200卷边防16，有室韦、乌洛侯条目。总的看，《通典》关于室韦最有价值的材料是新增录的唐代初期的有关记载，反映的可能是天宝以前室韦的情况。就现存文献看，《通典》是最早记载唐代室韦历史的史书，也是后出史书据之改写的蓝本。而《通典》有关唐以前室韦内容绝大部分抄自《隋书·室韦传》，个别地方参考了《北史·室韦传》。有些词句是作者新加，有的给研究者提供了错误依据。《通典》中有关乌洛侯的内容大部分也是抄自前代史书，同时有新增史料。《通典》新增加的唐代室韦史料，是第一手资料，最有价值。《通典》与《隋书》同时载有的相同内容，应以《隋书》为本。《通典》改写得较好，或更具体而经考证无误的，可以以《通典》为据。通过梳理对比，证明是《通典》作者改错的条目，则不足为凭。后出史书室韦资料有的根据《通典》成文，当以《通典》为据。

《旧唐书》200卷，后晋刘昫、张昭远等编撰，卷199下有《室韦传》。从《旧唐书·室韦传》字面分析，传文材料来源不同，反映的年代也不一样，当取自与突厥和回纥政权存在时间相当的两个时期的材料。一方面，《旧唐书·室韦传》记载的室韦内容较前代更为详细；保留了《唐实录》和国史的大量原文，史料价值较高；是现存成文较早较全面记载唐代室韦情况的资料，后出史书的相关内容往往据此改写。因此，《旧唐书·室韦传》成为研究唐代室韦的基本史料。另一方面，由于《旧唐书·室韦传》是采用了不同时期的不同记载汇编而成，编撰者没有对史料来源、年代等进行爬梳，难于理清不同来源史料间的关系，所以《旧唐书·室韦传》看起来杂乱而无条理，在使用时要注意区分具体史料所反映的年代。总体而言，《旧唐书·室韦传》的许多记载为前代史书所无，又为后来史籍所据，是从北朝到辽金时期室韦史料链条上承上启下的重要环节，是研究唐代室韦历史的最基本史料。

《唐会要》，宋王溥撰，宋太祖建隆二年（961）成书。将《唐会要》有关室韦记载与相关史料相比，可以看出它部分内容与《旧唐书·室韦传》相同，部分内容与《通典》相同。可以认为《唐会要》有关室韦史文一部分可能摘自《旧唐书》所依据的史源资料；另一些内容则为选抄《通典》，只是对个别字、词做了删改。《唐会要》有关室韦部落较有价值的史料，一则是在乌罗护部落后新增加的为以前编成的《通典》《旧唐书》等史书中都不见记载的一段史文，另一则是摘引失传的《隋书》内容。《唐会要》对室韦记载最有价值的是它摘引的为其他史书未载、今已失传的史料。

《太平寰宇记》为宋人乐史于北宋太平兴国年间（976—984）开始编纂，卷199有室韦和乌洛侯内容。从整部书看，乐史所引200余种史书，现已大多散佚，因此，有赖《太平寰宇记》而保存下来的一些材料显得尤为珍贵。但单就室韦和乌洛侯的内容而言，《太平寰宇记》没有征引新的史籍，没有补入新的史料，不外援引和遵循《通典》和《唐会要》的内容而已，并且在抄改过程中，有许多删削、脱漏和衍误。《太平寰宇记》约成书于北宋建国后20年，由于室韦部落的历史演变，北宋与室韦之间的地理隔阂，双方缺乏政治、经济和文化方面的联系，没有获取新的历史信息的条件，中原政权对室韦和乌洛侯已经十分陌生，所以，宋代史臣在编撰室韦和乌洛侯资料时，除了抄引宋代以前史书已很难有新的史料来源。在《通典》《唐会要》俱存情况下，《太平寰宇记》有关室韦和乌洛侯的记载史料价值不大。

《册府元龟》由北宋王钦若、杨亿等奉敕编纂而成，卷956《外臣部·种族》、卷958《外臣部·国邑二》、卷961《外臣部·土风三》有室韦专条。《册府元龟》编选的室韦集中史料，主要将前代正史所载室韦史料按内容分类分别载入外臣部的种族、国邑、土风等条，并没有补充新的材料，史料价值不大。对于《册府元龟》所记室韦内容，值得重视的是《外臣部》的朝贡和褒异部分中有关室韦入贡受赐情况的记载，因为其中一些条目不见于其他史书，有赖《册府元龟》的选录才得以保存下来。

《新唐书》由北宋欧阳修、宋祁编纂，嘉祐五年（1060）成书，卷219列有《室韦传》。将《新唐书·室韦传》与以前诸史对室韦的记载比勘对读，可以发现《新唐书·室韦传》是编修者抄录改写《旧唐书》《唐会要》和《册府元龟》等诸书的相关材料，根据对前代史料的理解，加以连缀编排而成，并且对前代相关记载做了推测和议论，提出了宋代史臣自己的看法。正是这样的大胆发挥，离开实际遽下断语，导致《新唐书·室韦传》存在着一些错误的判断。从整体看，《新唐书·室韦传》的史料价值难以与《旧唐书》等相提并论，但可互相参证，结合使用。值得重视的是散见于《新唐书·地理志七》和《新唐书·流鬼传》中的室韦史料，它明确记述了一些室韦部落的地理方位，对考订室韦地望较有价值。

综观室韦基本文献史料，大抵来说，《魏书》《隋书》《通典》和《旧唐书》等是不同历史时期记载室韦基本内容最多、史料最丰富的史书。依照上述基本史料，可以大体勾勒出北朝至唐代室韦历史的粗略框架。由于各种史书的成书年代有先有后，后出史书往往与先前史书存在抄录关系。随着历史的发展和情况的变化，后出史书又常常收载了为先成史书所不载的史料。因此，只有将各种史籍汇集的室韦史料按年代顺序排列下来，鉴别史料的来源、真伪，才能理清室韦各个时期的历史状况和发展脉络，才能使问题的论证更有说服力。

需要指出的是，在以上诸种史书和一些未提到的各种体裁的史籍当中，还存有为数不少的有关室韦的散见史料。有些散见史料述及的史实，基本史料或没有记载，或不够翔实。就较个别的问题而言，一些散见史料的价值是上述基本史料不可比的，有些散见史料则可与基本史料互相印证。

二、考古资料

除了文献史料，考古资料也是研究室韦史的重要依据。百余年来，室韦历史研究已取得丰硕成果，形成许多共识。但是，限于文献史料的匮乏和零散，要想取得更大进展，仅依据文献史料具有一定难度，应寄希望于室韦考古学文化的发现、识别和研究。20 世纪 50—80 年代，中外考古和历史研究者对室韦考古学文化的识别做了一些尝试，提出了许多看法。但对今黑龙江流域上游东后贝加尔地区的布尔霍图伊文化、嫩江流域的昂昂溪文化、海兰泡地区的刀形薄石片文化等是否为室韦文化，还存在不同认识，难以达成共识。20 世纪 90 年代，有研究者将内蒙古自治区呼伦贝尔市陈巴尔虎旗西乌珠尔古墓群认定是室韦遗迹，额尔古纳市奇乾乡半地穴式居住遗址的主人是室韦人。21 世纪初，考古学者进一步提出西乌珠尔墓葬是 7—8 世纪的室韦遗存，呼伦贝尔市海拉尔区谢尔塔拉墓葬是 9—10 世纪的室韦遗存，呼伦贝尔市陈巴尔虎旗岗嘎墓地为 8—10 世纪（唐、五代时期）室韦文化遗存。近年，有学者提出今黑龙江省黑河市爱辉区卡伦山墓葬很可能是室韦部落的文化遗存，爱辉区西岗镇西沟达斡尔民族村老羌城遗址很可能与室韦有关[①]。目前，我们认为可以确定的是西乌珠尔、谢尔塔拉和岗嘎三处墓葬群属于 7—10 世纪室韦人遗存，奇乾遗址是室韦人的半地穴式居住遗址。考古学者通过调查、发掘和研究，发布了可以利用的相关资料，主要有：白劲松《陈巴尔虎旗西乌珠尔古墓清理简报》[②]，内蒙古文物考古研究所、呼伦贝尔盟文物管理站、额尔古纳右旗文物管理所《额尔古纳右旗奇乾乡文物普查简报》[③]，赵越《论呼伦贝尔发现的室韦遗迹》[④]，中国社会科学院考古研究所内蒙古工作队、呼伦贝尔民族博物馆、海拉尔区文物管理所《内蒙古呼伦贝尔市海拉尔区谢尔塔拉墓地》[⑤]，中国社会科学院考古研究所、内蒙古

---

① 以上看法出处见研究状况“有关室韦考古学问题的探索”部分。

② 白劲松:《陈巴尔虎旗西乌珠尔古墓清理简报》,《辽海文物学刊》1989 年第 2 期。

③ 内蒙古文物考古研究所、呼伦贝尔盟文物管理站、额尔古纳右旗文物管理所:《额尔古纳右旗奇乾乡文物普查简报》,《内蒙古文物考古文集》第 1 辑，中国大百科全书出版社，1994 年，第 601—604 页。

④ 赵越:《论呼伦贝尔发现的室韦遗迹》,《内蒙古文物考古文集》第 1 辑，第 598—600 页。

⑤ 中国社会科学院考古研究所内蒙古工作队、呼伦贝尔民族博物馆、海拉尔区文物管理所:《内蒙古呼伦贝尔市海拉尔区谢尔塔拉墓地》,《海拉尔谢尔塔拉墓地》，科学出版社，2006 年。

自治区文物考古研究所、北京大学考古文博学院、呼伦贝尔民族博物院呼伦贝尔联合考古队《内蒙古陈巴尔虎旗岗嘎墓地》[①]等。考古学资料在史学研究中具有与文献史料相结合证明历史、补充历史文献记载的不足甚至空白和纠正文献史料记载错谬的重要价值，这批室韦考古资料的发布和运用，无疑会促进室韦史研究的深入，也会使研究内容变得更加充实可靠和丰富多彩。

第二节 研究状况

室韦是中国古代重要的北方民族，中外学界围绕室韦及其相关问题开展学术研究已逾百年，尤其是改革开放以来，国内学界形成了一轮室韦史研究的高潮，发表出版了丰硕的研究成果。截至目前，关于室韦族名族源、地理分布、部落变迁、与中原政权及周边民族关系、社会形态、经济类型、生活方式和文化习俗、室韦与达怛关系、达怛与阻卜关系、达怛族名族属诸问题等，均有论文、著作或进行专题或做全面的研究，为进一步全面深入探讨打下了良好基础。除了依据文献对室韦做研究以外，学界还对室韦考古学文化问题进行了探索。

一、有关室韦史学问题的研究

国外对室韦的学术研究，早于国内学术界。法国汉学家伯希和提出“此名（鲜卑）代表之原文，与后译之室韦所本者同”[②]，即室韦与鲜卑的译名根据相同，室韦就是鲜卑的同名异译；“昔之鲜卑即唐宋时之室韦”[③]，即两汉时鲜卑至唐宋时称室韦，室韦源于鲜卑，这都是学术价值很高的研究成果。国外对室韦、达怛的专题研究，较为系统和有深度的

---

① 中国社会科学院考古研究所、内蒙古自治区文物考古研究所、北京大学考古文博学院、呼伦贝尔民族博物院呼伦贝尔联合考古队：《内蒙古陈巴尔虎旗岗嘎墓地》，《考古》2015 年第 7 期。

② 〔法〕伯希和、烈维著，冯承钧译：《吐火罗语考》，中华书局，1957 年，第 79 页。

③ 〔法〕伯希和：《吐谷浑为蒙古语系人种说》，冯承钧译，《西域南海史地考证译丛七编》，中华书局，1957 年，第 32 页。

当推日本学者，白鸟库吉、津田左右吉、箭内亘、前田直典等是不同时期的代表性人物，其成果对国内不同时期研究室韦、达怛的学者均有影响。1910 年，白鸟库吉出版《东胡民族考》[①]，内有《失韦考》一节，主要运用比较语言学审音勘同的方法，对室韦的名称、部落、地理、官职诸名称做了考证。同年，津田左右吉发表《室韦考》[②]一文，就《魏书》《隋书》和两《唐书》记载的室韦部落的地理分布、室韦部落的演变及其源流关系等进行了研究，提出了一些值得借鉴的观点。尤其是津田左右吉对唐代室韦部分史料采取比较分析的做法，启示后学应该对室韦基本史料做一个史源学的综合考察。1919 年，白鸟库吉又做《室韦考》[③]一文，系统地考述了北魏至辽代室韦的历史，摒弃了《东胡民族考·失韦考》中的许多观点，重新提出了一些看法，其中不乏同意津田左右吉观点之处。1930 年箭内亘发表《鞑靼考》[④]，1948 年前田直典发表《十世纪时代的九姓达靼》[⑤]，均是研究达怛问题影响较大的成果。此后，国外关于室韦、达怛有影响的专门论著鲜有发布，相比国内不同时期都有成果问世，尤其是 20 世纪 70 年代末改革开放以后形成的室韦史研究热潮及其丰硕成果，就显得冷寂萧条，后继乏人了。

国内对室韦的研究，始于 20 世纪初期。清朝末年民国初年，一些著述家主要是舆地学家，有感于西方列强对中国边疆的侵略，出现边疆危机，开始关注北方民族与边疆问题，着手整理、注释有关北方民族地理分布的文献，编写相关著述。这一时期主要偏重对室韦地理方位的考订。例如，何秋涛《朔方备乘》、丁谦《魏书外国传地理考证》《隋书四夷传地理考证》、屠寄《黑龙江舆图说》等，均对室韦的地理分布有所排定。20 世纪二三十年代，在日本等国外学界发表的有关室韦研究成果

---

① 〔日〕白鸟库吉著，方壮猷译：《东胡民族考》，商务印书馆，1934 年。

② 〔日〕津田左右吉：《室韦考》，汉译文载《王国维遗书》第 14 册，上海古籍书店影印本。

③ 〔日〕白鸟库吉：《室韦考》，《白鸟库吉全集》第 4 卷，岩波书店，1970 年。

④ 〔日〕箭内亘：《鞑靼考》，《蒙古史研究》，刀江书院，1930 年；汉译文载《王国维遗书》第 14 册。

⑤ 〔日〕前田直典：《十世纪时代的九姓达靼》，《东洋学报》第 32 卷第 1 期，1948 年。

的影响和刺激下，国内关于室韦及其相关问题的研究掀起一个小高潮，发表了一批有分量的专题文章。专论室韦的如吴廷燮《室韦考略》、王国维《黑车子室韦考》、方壮猷《室韦考》等，论述与室韦相关问题的如王国维《鞑靼考》、王静如《论阻卜与鞑靼》、冯家昇《东北史中诸名称之解释》《述东胡系之民族》、方壮猷《鞑靼起源考》、冯承钧《辽金北边部族考》等[①]。通过上述史学大家的论证,使学界对室韦基本情况得以了解，并对室韦、达怛、阻卜的关系等问题有所认识，提出和解决了室韦史研究中的一些重要问题。这批著述是国内早期室韦史研究的奠基之作。

20世纪四五十年代，延续前一阶段的研究，与室韦史相关的有价值的达怛问题研究成果又有发表。例如，唐长孺《论阻卜之异译》、蔡美彪《辽金石刻中的鞑靼》、岑仲勉《达怛问题》等[②]，进一步探讨了达怛、室韦与达怛的关系等问题。随后，由于众所周知的原因，室韦史研究也处于停滞状态。

直到20世纪70年代末80年代初，学界掀起一轮室韦史研究的新高潮，并且一直持续到20世纪90年代。1979年，亦邻真发表《中国北方民族与蒙古族族源》[③]一文，总结前人成果，辨析文献史料，详尽地阐述了室韦—达怛问题，提出了许多富有真知灼见的学术观点，从而也奠定了室韦属于东胡鲜卑后裔，古代蒙古族源于室韦—达怛人即原蒙古人的

---

① 吴廷燮:《室韦考略》,《四存月载》第74期，1922年；王国维:《黑车子室韦考》,《观堂集林》，中华书局，1959年；方壮猷:《室韦考》,《辅仁学志》第2卷第2期，1931年；王国维:《鞑靼考》,《观堂集林》；王静如:《论阻卜与鞑靼》,《国立中央研究院历史语言研究所集刊》第2卷第3期，1931年；冯家昇:《东北史中诸名称之解释》,《禹贡》第2卷第7期，1934年；冯家昇:《述东胡系之民族》,《禹贡》第3卷第8期，1935年；方壮猷:《鞑靼起源考》,《国立北京大学国学季刊》第3卷2号，1932年；冯承钧:《辽金北边部族考》,《辅仁学志》第8卷第1期，1939年。

② 唐长孺:《论阻卜之异译》,《大公报》1947年5月16日“文史周刊”第29期；蔡美彪:《辽金石刻中的鞑靼》,《北京大学国学季刊》第7卷第3期，1952年；岑仲勉:《达怛问题》,《中山大学学报》（社会科学版）1957年第3期。

③ 亦邻真:《中国北方民族与蒙古族族源》,《内蒙古大学学报》（哲学社会科学版）1979年第3、4期。

学界主流观点。对于研究中国古代北方民族史，该文学术价值很高，至今仍具有理论、方法上的指导意义。进入20世纪80年代，随着今内蒙古自治区呼伦贝尔市鄂伦春自治旗阿里河镇西北10千米的嘎仙洞被确认为拓跋鲜卑祖先“旧墟石室”，从而为研判室韦、乌洛侯等的地望定下了一个可靠的地理坐标。加之学术环境大为改善，学术研究愈来愈活跃，学界迅即展开对室韦、乌洛侯等地域研究的热潮，并开始向其他领域拓展，相继发表了关于室韦部落地理分布的论文，如贾敬颜《东北古地理古民族丛考》，米文平《鲜卑石室所关诸地理问题》，张泰湘《从北魏祖庙石室看乌洛侯的位置及其他》，干志耿、李士良《乌洛侯与黑龙江历史地理诸问题》，郑英德《乌洛侯地理位置再探》《室韦地理新探》，干志耿、孙进己《室韦地理考述》，杨保隆《隋唐时期室韦区域东至考》，王德厚《室韦地理考补》等①；关于室韦来源的专题论文，主要有王颋《室韦的族源和各部方位》《室韦的族源》，王金铲《室韦族琐谈》，孙进己《室韦的起源》，王德厚《室韦族源问题之管见》等②；关于室韦部落构成及其变迁的论文，如郑英德、刘光胜《室韦部落新探》，赵展《对蒙古族起源于“蒙兀室韦”说的质疑》，冯继钦《室韦民族共同体类型》，刘光胜、郑英德《试论室韦诸部都是蒙古族源》，叶幼泉、王慎荣《关于勘证室韦、蒙兀室韦、蒙古的几点看法》，冯继钦《辽金时期的黄头室韦》，

---

① 贾敬颜：《东北古地理古民族丛考》，《文史》第12辑，中华书局，1981年；米文平：《鲜卑石室所关诸地理问题》，《民族研究》1982年第4期；张泰湘：《从北魏祖庙石室看乌洛侯的位置及其他》，《求是学刊》1981年第3期；干志耿、李士良：《乌洛侯与黑龙江历史地理诸问题》，《求是学刊》1981年第4期；郑英德：《乌洛侯地理位置再探》，《黑龙江文物丛刊》1983年第1期；郑英德：《室韦地理新探》，《社会科学辑刊》1983年第4期；干志耿、孙进己：《室韦地理考述》，《社会科学战线》1983年第3期；杨保隆：《隋唐时期室韦区域东至考》，《中国民族史研究》，中国社会科学出版社，1987年；王德厚：《室韦地理考补》，《北方文物》1989年第1期。

② 王颋：《室韦的族源和各部方位》，《中国蒙古史学会论文选集（1983）》，内蒙古人民出版社，1987年；王颋：《室韦的族源》，《内蒙古社会科学》1984年第3期；王金铲：《室韦族琐谈》，《辽宁大学学报》（哲学社会科学版）1983年第4期；孙进己：《室韦的起源》，《求是学刊》1985年第1期；王德厚：《室韦族源问题之管见》，《黑龙江民族丛刊》1993年第4期。

王德厚《乌罗浑与乌罗护辨析》等[①]；关于室韦经济类型、社会性质和风俗习惯的论文，主要有冯继钦《北魏至隋唐室韦的经济类型和社会性质初探》《室韦的冶铁问题》等[②]；关于室韦与其他民族关系的论文，如孙进己《室韦及其先人和我国各族的关系》[③]等。此外，20世纪80年代，与室韦相关的达怛、阻卜的论文也有发表，代表性的有周良霄《鞑靼杂考》，余大钧《论阻卜与鞑靼之异同》《关于“阻卜”的语源、对音及语义》《阻卜考》等[④]。20世纪80年代室韦史研究的显著特点，是以东北地区为主的众多学者对室韦的地域、来源、部落演变、经济类型、社会性质、文化习俗和民族关系等内容展开探讨，推进了室韦史整体研究。20世纪90年代，张久和在总结吸收前人研究成果和充分辨析基本史料基础上，对室韦及其相关问题进行系统全面研究，发表了《南北朝隋唐时期室韦地域考——室韦史研究之一》《关于室韦语言的几个问题——室韦史研究之二》《北朝至唐末五代时期室韦的物质民俗及其经济类型的转变》《北朝至唐末五代室韦部落的构成和演替》《文献记载的达怛诸部》《关于室韦的来源》《室韦地理再考辨》《室韦的经济和社会状况》《关于乌洛侯的几个问题》《室韦基本史料辨析》《三十姓达怛与室韦的关系》等有关室韦地域、语言、经济类型、部落构成与演变、达怛各部诸问题、室韦来源、文献基本史料辨析、室韦与达怛的关系等专题学术论文，在许多问题上提出了新观

---

① 郑英德、刘光胜：《室韦部落新探》，《中央民族学院学报》1982年第2期；赵展：《对蒙古族起源于“蒙兀室韦”说的质疑》，《学习与探索》1982年第2期；冯继钦：《室韦民族共同体类型》，《黑龙江文物丛刊》1983年第1期；刘光胜、郑英德：《试论室韦诸部都是蒙古族源》，《中南民族学院学报》（哲学社会科学版）1983年第2期；叶幼泉、王慎荣：《关于勘证室韦、蒙兀室韦、蒙古的几点看法》，《北方文物》1985年第1期；冯继钦：《辽金时期的黄头室韦》，《社会科学辑刊》1985年第1期；王德厚：《乌罗浑与乌罗护辨析》，《民族研究》1987年第4期。

② 冯继钦：《北魏至隋唐室韦的经济类型和社会性质初探》，《求是学刊》1983年第1期；冯继钦：《室韦的冶铁问题》，《黑河学刊》（地方历史版）1986年第2期。

③ 孙进己：《室韦及其先人和我国各族的关系》，《黑河学刊》（地方历史版）1985年第4期。

④ 周良霄：《鞑靼杂考》，《文史》第8辑，中华书局，1980年；余大钧：《论阻卜与鞑靼之异同》，《历史研究》1981年第6期；余大钧：《关于“阻卜”的语源、对音及语义》，《内蒙古大学学报》（哲学社会科学版）1982年第1期；余大钧：《阻卜考》，《蒙古史论文选集》1，呼和浩特，1983年。

点[①]。同期，学者继续关注达怛问题，周良霄发表了《有关达靼族属的若干问题》[②]。王德厚就成果稍嫌薄弱的室韦与中原政权及周边民族关系进行研究，发表了《东魏至唐时期室韦与中原皇朝及毗邻民族的关系》[③]。

除了专题学术论文，20 世纪 80—90 年代出版的各种北方史地著作，如张博泉、苏金源、董玉瑛《东北历代疆域史》，张博泉《东北地方史稿》，傅朗云、杨旸《东北民族史略》，孙进已《东北民族源流》，干志耿、孙秀仁《黑龙江古代民族史纲》，张泰湘《黑龙江古代简志》，张锡彤、王锺翰、贾敬颜等《〈中国历史地图集〉释文汇编·东北卷》，孙进已、王绵厚、冯永谦主编《东北历史地理》，蒋秀松、朱在宪《东北民族史纲》，周清澍主编《内蒙古历史地理》，张碧波、董国尧主编《中国古代北方民族文化史》等[④]，

---

① 张久和：《南北朝隋唐时期室韦地域考——室韦史研究之一》，《内蒙古社会科学》（文史哲版）1991 年第 5 期；张久和：《关于室韦语言的几个问题——室韦史研究之二》，《内蒙古社会科学》（文史哲版）1992 年第 2 期；张久和：《北朝至唐末五代时期室韦的物质民俗及其经济类型的转变》，《内蒙古社会科学》（文史哲版）1995 年第 1 期；张久和：《北朝至唐末五代室韦部落的构成和演替》，《内蒙古社会科学》（文史哲版）1997 年第 5 期；张久和：《文献记载的达怛诸部》，《蒙古史研究》第五辑，内蒙古大学出版社，1997 年；张久和：《关于室韦的来源》，《黑龙江民族丛刊》1998 年第 1 期；张久和：《室韦地理再考辨》，《中国边疆史地研究》1998 年第 1 期；张久和：《室韦的经济和社会状况》，《内蒙古社会科学》（汉文版）1998 年第 1 期；张久和：《关于乌洛侯的几个问题》，《黑龙江民族丛刊》1998 年第 2 期；张久和：《室韦基本史料辨析》，《北方文物》1998 年第 4 期；张久和：《三十姓达怛与室韦的关系》，《内蒙古师范大学学报》（哲学社会科学版）1999 年第 1 期。

② 周良霄：《有关达靼族属的若干问题》，《历史研究》1995 年第 6 期。

③ 王德厚：《东魏至唐时期室韦与中原皇朝及毗邻民族的关系》，《民族研究》1994 年第 3 期。

④ 张博泉、苏金源、董玉瑛：《东北历代疆域史》，吉林人民出版社，1981 年；张博泉：《东北地方史稿》，吉林大学出版社，1985 年；傅朗云、杨旸：《东北民族史略》，吉林人民出版社，1983 年；孙进已：《东北民族源流》，黑龙江人民出版社，1987 年；干志耿、孙秀仁：《黑龙江古代民族史纲》，黑龙江人民出版社，1987 年；张泰湘：《黑龙江古代简志》，黑龙江人民出版社，1988 年；张锡彤、王锺翰、贾敬颜等：《〈中国历史地图集〉释文汇编·东北卷》，中央民族学院出版社，1988 年；孙进已、王绵厚、冯永谦主编：《东北历史地理》，黑龙江人民出版社，1989 年；蒋秀松、朱在宪：《东北民族史纲》，辽宁教育出版社，1993 年；周清澍主编：《内蒙古历史地理》，内蒙古大学出版社，1994 年；张碧波、董国尧主编：《中国古代北方民族文化史》，黑龙江人民出版社，2001 年。

都在有关章节对室韦问题做了详略不等的研究论述。另外，孙秀仁、孙进已、郑英德等《室韦史研究》[①]，张久和《原蒙古人的历史——室韦—达怛研究》[②]等专著也在这一时期出版。通过这一阶段的探索，室韦史研究取得了不小的成绩，突出特点是参与探讨的学者明显增多，发表和出版的成果大幅增加，视野更加开阔，论题涉及的范围更为广泛，研究更趋细化、深入，在一些莫衷一是的问题上有所突破，达成相当共识。但在取得成绩的同时，也存在一些问题。有些专题尚处于起步阶段，研究深度不够。对许多问题的看法需要进一步思考和完善，有待进一步开阔视野，深入研究。对文献史料的研究仍需要再下功夫，利用扎实可靠的一手资料进行研究是得出可信结论的基础和前提。充分运用新发现的考古资料，丰富室韦史研究内容。结合考古学、民族学、语言学等做多学科综合研究是室韦史研究的趋势。

进入21世纪，国内学界对于室韦问题的研究热潮趋于平静，就某一问题进行专门探讨的文章不多，论题较为分散，集中度不够，整体贡献度也不高。主要有钟焓《黑车子室韦问题重考——以〈会昌一品集〉与敦煌藏语文书为据》，吴扎拉·克尧《锡伯先民大黄头室韦追随耶律大石西迁初探》，范恩实《从历史学、考古学、民族学的多重视角看室韦起源问题》，赵国强、李磊、吴克尧等《金朝以来小黄头室韦相关问题考》，王禹浪《北室韦吐纥山地理位置考》等[③]。鉴于室韦史料编纂有一个历史过程，现存史书多有室韦集中史料，不同史书存在一定的传抄关系，研究者对史料的态度不一、看法分歧不小，导致结论众说纷纭，张久和在韩国《蒙古学》等刊物发表《〈魏书·乌洛侯传〉汇注》《〈魏书·失韦传〉

---

① 孙秀仁、孙进已、郑英德等：《室韦史研究》，北方文物杂志社，1985年。

② 张久和：《原蒙古人的历史——室韦—达怛研究》，高等教育出版社，1998年。

③ 钟焓：《黑车子室韦问题重考——以〈会昌一品集〉与敦煌藏语文书为据》，《西北民族研究》2000年第2期；吴扎拉·克尧：《锡伯先民大黄头室韦追随耶律大石西迁初探》，《黑龙江民族丛刊》2003年第4期；范恩实：《从历史学、考古学、民族学的多重视角看室韦起源问题》，《黑龙江民族丛刊》2017年第2期；赵国强、李磊、吴克尧等：《金朝以来小黄头室韦相关问题考》，《黑龙江民族丛刊》2017年第6期；王禹浪：《北室韦吐纥山地理位置考》，《黑龙江民族丛刊》2018年第2期。

汇注》《〈隋书·室韦传〉汇注》等室韦基本史料整理辨析的文章[①]，就中外学者对具体史文的不同观点做了归纳，对不同时代成书的相关史料做了对比校勘，试图弄清楚早期室韦基本史料的史源关系，评价其史料价值。另外，由于20世纪尤其是70—90年代室韦研究取得了较为丰硕的成果，21世纪出现若干篇对前期研究成果进行回顾总结的综述索引类文章，如王禹浪、翟少芳《近五十年室韦国内研究综述——以室韦的民族关系及其经济文化为中心》《南室韦历史地理研究综述》，王天姿《北魏失韦与隋代室韦五部地理分布研究综述》，吴博《唐代及其辽金室韦诸部地理分布研究综述》，程嘉静、索雅杰《20世纪以来（1915—2007）室韦研究目录索引》等[②]。相较于21世纪前20年以室韦为题发表的成果较少，这一时期研究者将学术目光放在与室韦相关的达怛、阻卜等问题上，并产出一批成果，主要有刘浦江《再论阻卜与鞑靼》，那顺乌力吉《论“鞑靼”名称的演变》，白玉冬《回鹘碑文所见八世纪中期的九姓达靼（Toquz Tatar）》《“阴山达靼”考辨》《十至十一世纪漠北游牧政权的出现——叶尼塞碑铭记录的九姓达靼王国》，赵琦《10世纪末九族达靼之构成——兼及九族达靼、阻卜词义之蠡测》等论文[③]。此外，白玉冬专

① 分别发表于韩国《蒙古学》2017年第49期；韩国檀国大学《北方文化研究》2017年第8期；韩国《蒙古学》2018年第53期。

② 王禹浪、翟少芳：《近五十年室韦国内研究综述——以室韦的民族关系及其经济文化为中心》，《哈尔滨学院学报》2018年第1期；王禹浪、翟少芳：《南室韦历史地理研究综述》，《黑龙江民族丛刊》2018年第4期；王天姿：《北魏失韦与隋代室韦五部地理分布研究综述》，《黑龙江民族丛刊》2017年第2期；吴博：《唐代及其辽金室韦诸部地理分布研究综述》，《黑龙江民族丛刊》2017年第2期；程嘉静、索雅杰：《20世纪以来（1915—2007）室韦研究目录索引》，《赤峰学院学报》（汉文哲学社会科学版）2010年第6期。

③ 刘浦江：《再论阻卜与鞑靼》，《历史研究》2005年第2期；那顺乌力吉：《论“鞑靼”名称的演变》，《内蒙古民族大学学报》（社会科学版）2008年第2期；白玉冬：《回鹘碑文所见八世纪中期的九姓达靼（Toquz Tatar）》，《元史及民族与边疆研究集刊》第21辑，上海古籍出版社，2009年；白玉冬：《“阴山达靼”考辨》，《西域历史语言研究集刊》第4辑，科学出版社，2010年；白玉冬：《十至十一世纪漠北游牧政权的出现——叶尼塞碑铭记录的九姓达靼王国》，《民族研究》2013年第1期；赵琦：《10世纪末九族达靼之构成——兼及九族达靼、阻卜词义之蠡测》，《元史及民族与边疆研究集刊》第34辑，上海古籍出版社，2017年。

著《九姓达靼游牧王国史研究（8—11世纪）》[①]也于2017年出版，在该专题研究上有了很大进展。总之，21世纪室韦及其相关问题的研究基本上传承了20世纪的题目、方法，并在此基础上有所深入和拓展，尤其是达怛研究取得新进展、新成果。

二、有关室韦考古学问题的探索

在室韦考古学文化的识别、认定和研究方面，学界做了不少尝试，提出来许多见解。20世纪50年代，苏联著名考古学家奥克拉德尼科夫首次提出黑龙江流域上游东后贝加尔地区的布尔霍图伊文化应该是室韦人创造的文化。20世纪90年代，我国学者对此提出不同看法，张碧波、董国尧认为布尔霍图伊文化并非单一文化，而是包含匈奴、鲜卑、突厥、回鹘、靺鞨、契丹等的复合型文化[②]。干志耿、孙进己认为从地域上看昂昂溪文化有可能是室韦文化[③]。孙秀仁等主张海兰泡地区的刀形薄石片文化，黑龙江中、上游石勒喀河、鄂嫩河沿岸的文化遗存（包括定名的布尔霍图伊文化），应为室韦考古学文化[④]。苏联学者先前的认识有所不同，奥克拉德尼克夫认为黑龙江中游布拉戈维申斯克（海兰泡）地区刀形薄石片文化是靺鞨文化。杰烈维扬科认为布尔霍图伊文化不会和蒙古祖先有什么联系[⑤]。20世纪90年代，赵越将内蒙古自治区呼伦贝尔市陈巴尔虎旗西乌珠尔古墓群认定是室韦遗迹，额尔古纳市奇乾半地穴式居住遗址是室韦人的遗址[⑥]。21世纪初，刘国祥、白劲松等进一步提出西乌珠尔墓葬是7—8世纪的室韦遗存，呼伦贝尔市海拉尔区谢尔塔拉墓葬是9—

① 白玉冬：《九姓达靼游牧王国史研究（8—11世纪）》，中国社会科学出版社，2017年。

② 〔苏联〕А. П. 奥克拉德尼科夫：《西南后贝加尔地区铁器时代的布尔霍图伊文化》，《苏联科学院西伯利亚总分院布里亚特综合科学研究所论丛》（东方学专辑），乌兰乌德，1960年；张碧波、董国尧主编：《中国古代北方民族文化史》，第207—211页。

③ 干志耿、孙进己：《室韦地理考述》，《社会科学战线》1983年第3期。

④ 孙秀仁、孙进己、郑英德等：《室韦史研究》，第39、41页。

⑤ 〔苏联〕Е. И. 杰烈维扬科：《靺鞨、室韦及其文化》，林树山译，《黑龙江文物丛刊》1982年第3期。

⑥ 赵越：《论呼伦贝尔发现的室韦遗迹》，《内蒙古文物考古文集》第1辑。

10 世纪的室韦遗存，二者组成“谢尔塔拉文化”，代表 7—10 世纪的室韦人遗存。呼伦贝尔市陈巴尔虎旗岗嘎墓地为 8—10 世纪（唐五代时期）室韦文化遗存[①]。近年，王禹浪、翟少芳、吴昊认为今黑龙江省黑河市爱辉区卡伦山墓葬很可能是室韦人的文化遗存，爱辉区西岗镇西沟达斡尔民族村老羌城遗址很可能与室韦有关[②]。可以说，21 世纪室韦研究的新气象是有关室韦考古学文化的发现、识别和研究。随着谢尔塔拉墓地、岗嘎墓地等考古发掘资料的发布，集中出现了一批有关室韦考古学文化研究的新成果，如中国社会科学院考古研究所内蒙古工作队、呼伦贝尔民族博物馆、海拉尔区文物管理所《内蒙古呼伦贝尔市海拉尔区谢尔塔拉墓地》[③]，中国社会科学院考古研究所、内蒙古自治区文物考古研究所、北京大学考古文博学院、呼伦贝尔民族博物院呼伦贝尔联合考古队《内蒙古陈巴尔虎旗岗嘎墓地》[④]，魏坚《蒙古早期遗存的考古学观察》[⑤]，内田宏美《唐代室韦墓葬和森林草原地带——以“角弓”的分析为中心》[⑥]，毕德广、曾祥江《西乌珠尔墓群族属补证的探讨》[⑦]等论著，增添了室韦研究的新资料，无疑将会起到促进研究的作用。此外，学者对黑龙江黑

① 中国社会科学院考古研究所内蒙古工作队、呼伦贝尔民族博物馆、海拉尔区文物管理所：《内蒙古呼伦贝尔市海拉尔区谢尔塔拉墓地》，《海拉尔谢尔塔拉墓地》；中国社会科学院考古研究所、内蒙古自治区文物考古研究所、北京大学考古文博学院、呼伦贝尔民族博物院呼伦贝尔联合考古队：《内蒙古陈巴尔虎旗岗嘎墓地》，《考古》2015 年第 7 期。

② 王禹浪、翟少芳、吴昊：《近五十年室韦考古发现研究综述》，《黑龙江民族丛刊》2017 年第 5 期。

③ 中国社会科学院考古研究所内蒙古工作队、呼伦贝尔民族博物馆、海拉尔区文物管理所：《内蒙古呼伦贝尔市海拉尔区谢尔塔拉墓地》，《海拉尔谢尔塔拉墓地》。

④ 中国社会科学院考古研究所、内蒙古自治区文物考古研究所、北京大学考古文博学院、呼伦贝尔民族博物院呼伦贝尔联合考古队：《内蒙古陈巴尔虎旗岗嘎墓地》，《考古》2015 年第 7 期。

⑤ 魏坚：《蒙古早期遗存的考古学观察》，《北方民族考古》第 1 辑，科学出版社，2014 年。

⑥ 〔日〕内田宏美：《唐代室韦墓葬和森林草原地带——以“角弓”的分析为中心》，《唐史论丛》第 12 辑，三秦出版社，2010 年。

⑦ 毕德广、曾祥江：《西乌珠尔墓群族属补证的探讨》，《文博》2014 年第 4 期。

河地区古城等遗址进行调查研究，发表了相关成果，如王禹浪、谢春河、王俊铮《黑龙江流域黑河地区古代民族筑城初步研究》，刘城《黑河老羌城为室韦国王城初探》《试论黑河老羌城区域为蒙古族发祥地》等文章[①]。王禹浪、翟少芳、吴昊还发表了《近五十年室韦考古发现研究综述》[②]，对室韦考古文化的识别、发现和研究做了总结。

① 王禹浪、谢春河、王俊铮：《黑龙江流域黑河地区古代民族筑城初步研究》，《哈尔滨学院学报》2017 年第 12 期；刘城：《黑河老羌城为室韦国王城初探》，《黑河学刊》2017 年第 3 期；刘城：《试论黑河老羌城区域为蒙古族发祥地》，《黑河学刊》2018 年第 1 期。

② 王禹浪、翟少芳、吴昊：《近五十年室韦考古发现研究综述》，《黑龙江民族丛刊》2017 年第 5 期。

第二章　室韦的名称与来源

室韦是南北朝时期始见汉文献记载的北方民族，主要活动于今嫩江中下游及以西地区。隋代，室韦分为五个部落群，大体分布于今嫩江、额尔古纳河和黑龙江上游流域。唐代，汉文献著录了有具体称谓的室韦部落20多个，其中“蒙兀室韦”是蒙古族祖先部落，发祥于今额尔古纳河下游东南。中唐以后，室韦诸部乘回鹘汗国衰亡之机，大规模西迁蒙古高原核心区域。蒙古部经过辽金时期的逐步发展壮大，最终统一蒙古高原诸部，以室韦部落为核心和主要成分，吸收契丹等蒙古语族和回鹘等突厥语族部落，建立大蒙古国，标志着古代蒙古民族共同体的形成。

研究者对室韦的名称、来源等多有探究，提出了许多看法。由于蒙古与室韦有一脉相承的关系，所以全面深入探讨室韦的来源，对于研究和认识蒙古族族源亦具有重要意义。

第一节　室韦与乌洛侯的名称

室韦是南北朝时期中原人对居住在契丹以北，源于北支鲜卑的许多族源相同、地域相连、习俗相近的各部落的泛称。“乌洛侯”一名早于“室韦”见载史乘，是中原人对一支室韦部落的专称。有研究者对室韦、乌洛侯名称的来历、含义等提出了看法，许多是需要斟酌和谨慎对待的。

一、“室韦”名称及其来历、含义

“失韦”一名始见于北齐天保五年（554）成书的《魏书》著录，《魏书》于正史中首设《失韦传》（图一），同书《豆莫娄传》《地豆于传》均作“失韦”，帝纪中记作“室韦”。自《北齐书》后，史书统作“室韦”。“失”“室”同音，《广韵》俱作式质切。失（或室，心质开三）韦（云微合三）的南北朝时音值可构拟作*ɕî̯et-ɣî̯uəi。

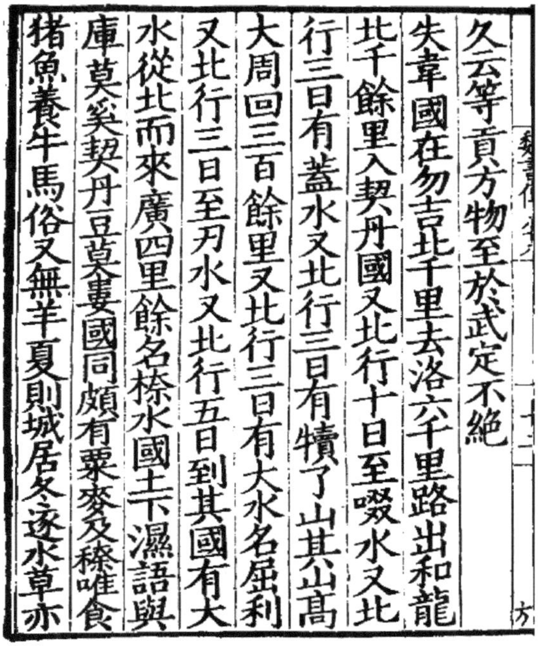
久云等貢方物至於武定不絶
失韋國在勿吉北千里去洛六千里路出和龍
北千餘里入契丹國又北行十日至啜水又北
行三日有蓋水又北行三日有犢了山其山高
大周回三百餘里又北行三日有大水名屈利
又北行三日至刃水又北行五日到其國有大
水從北而來廣四里餘名㮈水國土下濕語與
庫莫奚契丹豆莫婁國同頗有粟麥及穄唯食
猪魚養牛馬俗又無羊夏則城居冬逐水草亦

图一　百衲本《魏书》卷 100《失韦传》书影

对“室韦”一名的来源，白鸟库吉以《旧唐书·室韦传》称室韦“居猺越河北”而认为室韦和“猺越”的音声甚相类似，“猺越”二字发音为 jio-yüet 或 jio-yiet，土言 ji-we 或 ši-we，室韦部落因以猺越河为中心而以此河名族[①]。意即“室韦”名称来自河名“猺越”。猺（泥豪开一）越（喻月合三）的唐代音值为 *nau-ɣi̯uet，同白鸟库吉的构拟并不相同。至于所谓土言 ji-we 或 ši-we，白鸟库吉文中未做交代，更不知从何而来。“猺越河”始见诸唐代文献，白鸟库吉在《东胡民族考·失韦考》中认定是今俄罗斯境内的结雅河，在后来成文的《室韦考》中又改为今绰尔河，并认为与《魏书·失韦传》记载的刃水是同一条河流。我们姑且不论猺越河与刃水的关系，从猺越河始见唐代记载，室韦一名出现于北朝而言，室韦一名也不会来自猺越河。并且北朝时室韦南距刃水尚有 5 日行程，并不以刃水为中心地域，与刃水没有关系，族名自不可能与其相关。白鸟库吉的推测没有确凿可靠依据，结论难以使人信服。伯希和提出的说法较为可靠，更具有学术价值，即室韦和鲜卑的译名根据相同，都是来自

① 〔日〕白鸟库吉：《室韦考》，《白鸟库吉全集》第 4 卷，第 354—355 页。

*Serbi、*Sirbi 或 *Sirvi[1]。亦即两汉时使用汉语言文字的中原史官在译写 *Sirbi 时，根据当时的译写规则使用了“鲜卑”二字，而南北朝时则用了“失（室）韦”二字。不同时代使用的音写字虽然不同，但词源是同一个。

室韦的含义，论者多认为是蒙古语 Siɣui（森林之义）的对音，演绎为“林中人”，主要凭据是初见于史的室韦人生活在山林之中[2]。这种说法既没有追溯“Siɣui”一词的历史状态及其变化，也没有构拟复原“室韦”的古代音值，而是将现代蒙古语词“Siɣui”与汉语普通话“室韦”一词的发音进行简单比较，就轻易得出结论，这样的方法不可取，结论值得商榷。南北朝时期用“失”或“室”（*ɕi̯et）这一入声字对译的一定是有 -r、-l 韵尾的非汉语语词，以“室”（*ɕi̯et）对译“si-”，从古代的译音规则上肯定解释不通。而仅凭早期一些室韦人居于森林之中，实行树葬就遽下“室韦”意即蒙古语“森林”的断言，证据是极不充分的。室韦的原初含义，文献失载，已经难于稽考。如果承认伯希和的说法是正确的，那么“室韦”与“鲜卑”的含义应该相同。

二、“乌洛侯”名称及其含义

南北朝时期，“乌洛侯”一名见于北魏太平真君四年（443），先于“室韦”见载史册，直到东魏武定二年（544）室韦名称出现以前，北朝一直称嫩江上中游及以西大兴安岭山中的室韦部落为乌洛侯。544 年室韦与东魏建立关系后，“室韦”一名始成为东胡系民族鲜卑后裔诸部落的泛称。

关于“乌洛侯”的名称，研究者还将其与蒙古语词联系在一起。白鸟库吉认为乌洛侯（唐代又作“乌罗护”）是蒙古语 ulagu 的对音，乌罗浑是 ulagun 的对音，“赤”的意思[3]。我国清代学者丁谦的观点与此

① 〔法〕伯希和、烈维著，冯承钧译：《吐火罗语考》，第 79 页。

② 陈述：《契丹政治史稿》，人民出版社，1986 年，第 26 页；吕光天：《北方民族原始社会形态研究》，宁夏人民出版社，1981 年，第 420 页；干志耿、孙秀仁：《黑龙江古代民族史纲》，第 195 页。

③ 〔日〕白鸟库吉著，方壮猷译：《东胡民族考》下编，第 52 页；白鸟在《室韦考》中仍坚持这一观点，见〔日〕白鸟库吉：《室韦考》，《白鸟库吉全集》第 4 卷，第 449 页；孙秀仁等《室韦史研究》沿袭白鸟之说，见孙秀仁、孙进己、郑英德等：《室韦史研究》，第 51 页。

不谋而合，认为乌罗浑亦乌丸转音，蒙古语“赤”意[①]。近年对此问题提出看法者均认为是蒙古语“山里人”之意[②]。对乌洛侯的流向，也单纯从对音角度出发，认为是辽金时呼伦贝尔地区的乌古部，或蒙古兀鲁兀惕部或斡勒忽纳惕部或鄂伦春族等。这些观点，都没有史料根据，只是从彼此发音相近而得出的推测附会之辞。蒙古语“红”，《元朝秘史》作“忽剌安”（hulaḥan），与现代蒙古语“红”的区别在于有词首辅音 h[③]。而词首辅音 h 的消失是 16 世纪的事。今天蒙古语族的达斡尔语、东乡语中“红”的词首仍有辅音 h。蒙古语“山”，《元朝秘史》作“阿屼剌”（aḥula）；“人”，13 世纪蒙古语作 küḥün、kümün，《元朝秘史》作“古温”（güḥün）[④]。乌洛侯音值可作 *O-lak-ɣu，不可能和 hulaḥan 等对音。乌洛侯与乌古部及今天的鄂伦春族是否有关系，史籍中没有明确直接的正面材料；相反，许多史实证明上述推测是站不住脚的。至于兀鲁兀惕及斡勒忽纳惕两部名称皆出自人名，《元朝秘史》和《史集》有明确记载，历史远没有乌洛侯长[⑤]。在没有明确释义的文献记载条件下，所谓对音是谈不上的，由此得出的结论是靠不住的，这种做法是不能效仿的。

---

① 丁谦：《后汉书·乌桓鲜卑传地理考证》，《浙江图书馆丛书》第一集，2015 年浙江图书馆刻本，1915 年。丁氏认为乌罗浑系乌丸转音。在同一考证中，又说乌丸（桓）是蒙古语“乌兰”（红）的转音，即认为乌罗浑为蒙古语“红”的意思。

② 张泰湘：《从北魏祖庙石室看乌洛侯的位置及其他》，《求是学刊》1981 年第 3 期；米文平：《鲜卑石室所关诸地理问题》，《民族研究》1982 年第 4 期；干志耿、孙秀仁：《黑龙江古代民族史纲》，第 203 页；傅朗云、杨旸：《东北民族史略》，第 95 页。

③《元朝秘史》中还有许多词词首带辅音 h，而在现代蒙古语中则消失了。如“哈儿班”，今作 arban；“桓”，今作 on；“忽客儿”，今作 üker；“许孙”，今作 üsü；等等。

④〔法〕伯希和：《评长春真人西游记译文》，冯承钧译，《西域南海史地考证译丛五编》，中华书局，1956 年，第 31 页；亦邻真：《中国北方民族与蒙古族族源》，《内蒙古大学学报》（哲学社会科学版）1979 年第 Z2 期。

⑤《元朝秘史》，第 46、47 节；〔波斯〕拉施特著，余大钧、周建奇译：《史集》第 1 卷，第 1 分册，商务印书馆，1983 年，第 267、301 页；余大钧：《关于蒙古兀鲁兀惕部的起源》，《内蒙古大学学报》（哲学社会科学版）1978 年第 3、4 期。

第二节　室韦来源诸说述评与考察

室韦的来源，是重要的学术课题，关涉蒙古族源等重大问题。由于史料零散匮乏，近百年来中外研究者见解不一，大体有东胡鲜卑说、肃慎或通古斯族系说、丁零说、豖韦说、自成一系说、混合说等。对室韦来源诸说加以归纳总结和评述，进一步论证东胡鲜卑说，或许对室韦来源认识的深入有所裨益。

一、室韦来源诸说述评

关于室韦的来源，研究者仁者见仁，智者见智。除了东胡鲜卑说以外，大致还有以下诸说。

（一）肃慎或通古斯族系说

林惠祥、冯君实、赵展主张肃慎或通古斯族系说。林惠祥认为“室韦亦肃慎一支”[①]。与这一观点相近似，冯君实认为“构成室韦主要组成部分的是通古斯语族各部”[②]。赵展认为隋代室韦五部，除呼伦贝尔地区室韦为蒙古族，大室韦为突厥族外，“其主体部分皆属通古斯族系”[③]。在另一篇文章中，赵展进一步阐述他的看法，认为嫩江流域的室韦，“无论从生产或从生活上看，他们都与东胡系统的民族迥然不同”“仅就养猪来说，足见其人是通古斯族系……从风俗习惯来看，具有通古斯族系的特征”“北室韦各部属于通古斯族系。毫无疑问，属于北室韦的‘蒙兀室韦’当然也是通古斯族系”“室韦‘与靺鞨语言相通’，说明他们是同一族系，室韦与契丹语言不通，表明他们是两个不同的民族”[④]。

该说最主要的论据是所谓室韦语与靺鞨语相通，室韦语是靺鞨语的文献记载。实际上，由《通典》肇始，《唐会要》《新唐书》相继沿袭下

---

① 林惠祥：《中国民族史》上册，上海书店，1984 年，第 188 页。

② 冯君实：《鄂伦春族探源》，《吉林师大学报》1979 年第 2 期。

③ 赵展：《锡伯族源考》，《社会科学辑刊》1980 年第 3 期。

④ 赵展：《对蒙古族起源于“蒙兀室韦”说的质疑》，《学习与探索》1982 年第 2 期。

来的这条记载是一种误记，与早期《魏书·失韦传》关于室韦语言弥足珍贵的记载相抵牾，是传抄过程中的以讹传讹，不足为凭[①]。有关室韦语言，最早记载室韦历史的《魏书·失韦传》明确说室韦“语与库莫奚、契丹、豆莫娄国同”，说明室韦应属东胡族系，其语言属于东胡系诸后裔语言的一支。至于仅就养猪等个别生产、生活习俗来论证室韦属通古斯族系，是没有说服力的。在相同的地理环境、自然条件下，不同起源、不同族系的民族共有某些相同的习俗是不足为奇的。室韦与通古斯语族部落为邻，在某些方面互相影响也是可以相信的，这与族源族属没有必然联系。室韦属肃慎或通古斯族系说没有充分证据，不足凭信。

（二）丁零说

吕光天、古清尧依据《新唐书·室韦传》“室韦，契丹别种，东胡之北边，盖丁零苗裔也”的记载，主张室韦为丁零后裔[②]。

通过对《新唐书·室韦传》的史料辨析可知，《新唐书·室韦传》为抄录改写《旧唐书》《唐会要》《册府元龟》而成，而《新唐书·室韦传》所本各书并无室韦是丁零后裔的相关记载，因之室韦为“丁零之苗裔”这一说法没有任何根据，是宋代史臣的无端臆造，是对室韦族源所做的离开历史实际的大胆发挥，不足凭信。室韦属丁零后裔说既与前出史书的有关记载相矛盾，又没有其他任何史料能够证明室韦与丁零具有渊源关系，因此，这一观点很难取信于人，不能成立。

（三）豕韦说

徐中舒、傅朗云、杨旸等主张豕韦说。徐中舒认为，“夏之属国豕韦北迁后称失韦、室韦”。傅朗云、杨旸也认为“‘豕韦’是室韦本来的族名，即中原的豕韦民族，进入东北后，始称室韦，继而译作失韦”[③]。

豕韦是中原地区的一个古老氏族部落，与夏结为同盟，商汤时被灭。

---

① 亦邻真对此有过具体排比辨析，提出了精辟见解。参阅亦邻真：《中国北方民族与蒙古族族源》，《内蒙古大学学报》（哲学社会科学版）1979年第3、4期。

② 吕光天、古清尧：《论陶鬲向北方的延布》，《学习与探索》1982年第1期。

③ 徐中舒：《夏史初曙》，《中国史研究》1979年第3期；傅朗云、杨旸：《东北民族史略》，第71页。

史书中没有材料能够证明中原地区的豕韦迁徙到了东北的嫩江流域，并且从商、周一直延续到了北朝；也没有什么相关记载能将室韦与豕韦联系起来。这一说法无疑是从“室韦”与“豕韦”用字、发音相近而生发出来的附会之说。望音生义，是靠不住的。

（四）自成一系说

孙进己提出该说，认为“不论从地域和经济类型，还是从习俗和语言看，室韦都应自成一系”。在地域方面，“拓跋族和室韦起源于同一地点……拓跋族的先人应当就是室韦族先人”。在经济方面，“室韦的经济类型是以渔猎经济为主，和鲜卑、乌桓、契丹等族以畜牧为主不同”。在习俗方面，室韦的发式、葬俗等与东胡系、肃慎系部族不同。在语言方面，“室韦语基本上属于蒙古语族”“较大的可能是古代蒙古语族分为东胡、秽貊、室韦三大语支”①。

首先应该明确，拓跋鲜卑祖先发源于大兴安岭北部地区，属东胡系鲜卑的一支，依鲜卑诸部分布地域也可以称之为北部鲜卑。及至迁徙到“大泽”（今内蒙古自治区呼伦贝尔市呼伦湖）周边，与匈奴、高车等部落融汇后始称拓跋。将拓跋鲜卑划出东胡系民族显然是错误的。承认室韦与拓跋鲜卑的起源地相同，继承了早期拓跋鲜卑地域，正说明室韦与东胡系拓跋鲜卑祖先应有渊源关系。室韦的经济确实与乌桓、鲜卑等有差异。经济发展水平固然是衡量某一古代人们共同体生产力发展进步与否的标准，但并不能用它作为划分族系、探讨族源的尺度。由于自然条件的差异，历史的和社会的各种因素制约，即使近现代民族，也存在着社会发展的不平衡性。同一民族的人们，由于地理、气候等条件不同，周邻民族的影响不一样，所从事的生产也许不同。古代民族的经济发展水平更大程度上受自然条件的限制，常常是适应自然和利用自然。乌桓、东部鲜卑和契丹所处的地理环境、历史和社会条件都不一样，拓跋鲜卑也是迁出大兴安岭地区以后，才发展起了典型意义上的游牧业。室韦原居区森林茂密，河流如网，适宜发展渔猎经济。以汉代的鲜卑已经进入了畜牧经济，而北魏隋唐的室韦却还处于渔猎经济的发展阶段来否定室

① 孙进己：《室韦的起源》，《求是学刊》1985年第1期。

韦与鲜卑的关系，理由是不充分的。族源族属和经济活动没有直接的必然联系。同样，相同起源，同一族系的不同部落、部族的习俗也不可能全部相同。不能将室韦发式等与东部鲜卑等不同而将室韦划出东胡系。关键是，室韦与拓跋鲜卑、柔然等东胡系后裔发式相同。发式等习俗相同与否，只能作为判定某一古代民族起源和归属的相对条件。事实证明，处在相同社会发展阶段和生态环境下的不同族系的古代民族，习俗也有相同之处，反之，具有相同起源的古代民族，由于各自所处的地理环境不同，相邻的民族影响有别，社会发展水平有高低，各自的习俗也会有差异。文献记载表明，室韦语与契丹语、鲜卑语有密切关系，将室韦语定为与东胡、秽貊并列的三大语支之一，是没有史料作证明的。室韦语与契丹、奚相同，是东胡系后裔诸语言的一支。自成一系说提供的证据并不充分，尚难自圆其说。

（五）混合说

学界关于室韦起源还有源于多族的说法，我们归称为混合说，主要有三种看法。

王金铲认为室韦来源于东胡、匈奴和靺鞨。"契丹族先世宇文氏由辽西向北移至黑龙江南部，即南室韦与北室韦。由贝加尔湖向东移至黑龙江中、上游一带的丁零族，便是大室韦。""宇文氏既属鲜卑族，而鲜卑族又是东胡支系，因此，室韦族最初来自东胡族系。""《新唐书》载，室韦族为丁零的苗裔……丁零与匈奴不能说完全同族，然而至少可知丁零为匈奴族支系。室韦为丁零苗裔，依此而论，室韦当属匈奴之裔。""南室韦、北室韦与大室韦，都是东胡与匈奴两族的末梢部分。深末怛室韦距靺鞨较近，可谓有靺鞨族成分。"[①]

宇文氏本匈奴南单于远属，世居阴山，后迁居辽西，控制了一部分鲜卑部众。在鲜卑占强势环境下，逐步鲜卑化。后被慕容鲜卑攻破，部众散为契丹和库莫奚，主要居于今西拉木伦河、老哈河和西辽河流域。没有任何史料能够证明宇文氏曾由辽西向北移至黑龙江南部，并演变成南室韦、北室韦部落。将室韦与宇文鲜卑联系起来没有文献根据，过于

① 王金铲：《室韦族琐谈》，《辽宁大学学报》（哲学社会科学版）1983 年第 4 期。

牵强。同样，文献没有丁零由贝加尔湖向东移至黑龙江中、上游一带的记载，所谓大室韦由丁零演化而来只能是一种缺乏根据的推测。况且《新唐书》中室韦为丁零后裔的说法是宋代史臣的一种观点，根本不可凭信，与匈奴搭挂上更嫌牵涉玄远。深末怛室韦居于室韦分布区的西北，靺鞨位于室韦以东，二者地理并不相近。并且仅以地理相近就说室韦有靺鞨成分，实在不够严谨。该说最为欠缺之处是没有具体确凿的史料依据，得出的推测结论不符合史实和逻辑。

干志耿、孙秀仁则认为室韦由东胡、勿吉—靺鞨、突厥语族部落构成，称在室韦分布区，“中部室韦属东胡系统，而东部、东南及北部室韦则属勿吉—靺鞨系统”，大室韦“归入原始突厥语族”①。

根据记载，北朝时期室韦主要分布于嫩江中下游及以西地区，隋至唐早期，室韦部落大体分布于东至今嫩江流域，西达呼伦湖周围、额尔古纳河，北及黑龙江上游两岸，南止霍林河流域这一地域范围。据《魏书·失韦传》载，嫩江中下游及以西地区的室韦人语言与契丹相同，应属阿尔泰语系蒙古语族，是东胡系鲜卑后裔，显然将这些处于室韦分布区东部和东南部的室韦部落归入满洲—通古斯语族的勿吉—靺鞨系统是不对的。该说在缺乏扎实可靠史料根据的情况下，任意推测，实不可取。

苏日巴达拉哈认为北室韦、钵室韦及大室韦为丁零苗裔，深末怛为靺鞨部落②。林树山认为室韦来源于丁零、鲜卑、北夫余和靺鞨。大室韦是丁零人苗裔，深末怛室韦、南室韦系鲜卑后裔，钵室韦是北夫余人，属秽系民族，北室韦是古通古斯人余部或靺鞨边民③。

这两种说法虽有差别，但都较为具体地指出了见诸《隋书》的室韦各部的族属来源。我们认为，由于相关史料的匮乏，对室韦来源的考察宜粗不宜细。文献记载没有提供具体的论据，靠主观想象得出的具体结

① 干志耿、孙秀仁：《黑龙江古代民族史纲》，第 195 页。同书同页中又记载，室韦中“包含有不同的族属，即主要是通古斯北支的东进和南迁，还有东胡鲜卑的孑遗，可能还有别的族系，如北突厥等”。这里又将通古斯作为室韦的主要部分，观点互相矛盾。

② 苏日巴达拉哈：《蒙古族族源新考》，民族出版社，1986 年，第 71—72 页。

③ 林树山：《东后贝加尔地区的室韦文化源流及其成分》，《北方文物》1989 年第 4 期。

论恐怕难以使人信服。

另外，许多研究者还对乌洛侯的来源提出了看法，大致有五种观点：第一种，乌洛侯人当属东胡族系，为鲜卑人的一支；第二种，乌洛侯言讹为乌护，乌护即铁勒中的乌护，即高车中的韦护之东迁者；第三种，古代诸稽民族北上的一支为乌集族，即乌洛护，与勿吉同源；第四种，铁勒於尼讙与大兴安岭之乌罗护同音，或许是同族，乌罗护（该观点提出者意即“於尼讙”）东迁似在5世纪以前；第五种，乌洛侯应属肃慎—挹娄—勿吉系统而非东胡，它是通古斯西向深入东胡系地域之一旅，应是通古斯的南支[①]。我们的观点是：乌洛侯虽比室韦早见史册百年，但它无疑是泛称室韦中的一部，其来源与室韦最主要部分相同，属东胡系鲜卑后裔。

关于室韦的族属来源，研究者进行了有益的探索，提出一些有见地的观点，同时，也存在着一些问题：首先，由于对相关史料缺乏比较研究和必要的考释，一些研究者利用晚期史书所载后出史料作论据得出结论，而这些史料往往与前期史书的记载不相一致，并且通过史料间的比较研究，可证实后出史料的一些说法是没有根据的，有的是根本错误的。比如肃慎说或通古斯族系说所依据成说的室韦“言语与靺鞨相通”“其语言，靺鞨也”两则史料，与《魏书·失韦传》的记载相矛盾，被证明是《通典》在抄录《魏书》时凭空妄加的，《唐会要》《新唐书》又相沿成错的。再如丁零说所据《新唐书》室韦“盖丁零苗裔也”这则史料，也是没有根据、经不住推敲的宋代史臣的看法。其次，有的研究者仅靠族名汉字发音相近，而不管有没有史实或史实是否可靠，证据是否充分，就将室韦或乌洛侯与他族相联系。如豕韦说，乌洛护即铁勒乌护或铁勒於尼讙或诸稽的北上一支乌集说等，都是没有提出任何证明，仅凭字音相类便做断语的。最后，有些说法没有任何史料根据，只是提出观点，论证又不充分，主观推断的成分过多。如具体将诸部室韦划归不同族系各说，均因不能提供具体论据而使结论显得苍白无力。

---

① 张泰湘：《从北魏祖庙石室看乌洛侯的位置及其他》，《求是学刊》1981年第3期；贾敬颜：《东北古地理古民族丛考》，《文史》第12辑；傅朗云、杨旸：《东北民族史略》，第95—96页；苏日巴达拉哈：《蒙古族族源新考》，第106页；干志耿、孙秀仁：《黑龙江古代民族史纲》，第203—204页。

二、室韦来源考察

关于室韦的来源，有价值的文献缺乏直接明确的记载，晚出的史书甚至存在误记。研究者更是众说纷纭，莫衷一是。提出较早并产生一定影响的是东胡系鲜卑后裔说。早期外国学者如伯希和、白鸟库吉，中国学者吴廷燮、方壮猷、金毓黼等都曾概括性地指出：室韦属东胡族系、鲜卑后裔[①]。20 世纪 70—80 年代以来，国内研究者继续探索室韦来源问题，提出了许多新看法。其中一些对室韦属东胡系鲜卑后裔这一观点做了进一步的阐述，有的则表示赞同这一看法[②]。前人的有益探索，无疑为后来者提供了许多启示和可资借鉴之处。

我们认为，要考察某一古代人们共同体的来源，应从这样几个方面入手：第一，某一古代人们共同体名称出现前后，其与本地区或相邻地域古代部落、部族可能存在的关系；第二，称谓尤其是部落或部族名称往往具有稳定性，古代人们共同体名称相同，可以作为确定起源相同或有源流关系的一个依据；第三，地域上有承继关系，并且文献史料中又无其他人群迁入的记载，也可以作为判断古代人们共同体渊源的重要依

---

① 伯希和认为鲜卑“此名代表之原文，与后译之室韦所本者同”，参阅〔法〕伯希和、烈维著，冯承钧译：《吐火罗语考》，第 79 页；“昔之鲜卑，即唐宋时之室韦”，参阅〔法〕伯希和：《吐谷浑为蒙古语系人种说》，冯承钧译，《西域南海史地考证译丛七编》，第 32 页；白鸟库吉《东胡民族考》中《失韦考》，显然是将室韦归为东胡族系，参阅〔日〕白鸟库吉著，方壮猷译：《东胡民族考》下编，第 25 页；吴廷燮《室韦考略》指出：“室韦本鲜卑”，参阅吴廷燮：《室韦考略》，《四存月载》第 74 期，1922 年；方壮猷《室韦考》说“失韦与鲜卑及其同名异译之师比、私鈚、胥纰、犀比、犀毗、西卑皆相近似”，参阅方壮猷：《室韦考》，《辅仁学志》第 2 卷第 2 期，1931 年；他在《鞑靼起源考》中更直接说“室韦为鲜卑遗类”，参阅方壮猷：《鞑靼起源考》，《国立北京大学国学季刊》第 3 卷 2 号，1932 年；金毓黻在《东北通史》中写道：“室韦为东胡族之一系，与契丹为近”，参阅金毓黻：《东北通史》第 3 卷，五十年代出版社，1943 年。

② 亦邻真：《中国北方民族与蒙古族族源》，《内蒙古大学学报》(哲学社会科学版)1979 年第 3、4 期；王颋：《室韦的族源》，《内蒙古社会科学》1984 年第 3 期；叶幼泉、王慎荣：《关于勘证室韦、蒙兀室韦、蒙古的几点看法》，《北方文物》1985 年第 1 期；韩儒林主编：《元朝史》上册，人民出版社，1986 年；张泰湘：《黑龙江古代简志》；林幹：《东胡史》，内蒙古人民出版社，1989 年。

据之一；第四，语言的共同性是民族特征的第一要素，语言相同或相近，无疑是判定古代民族起源的重要条件；第五，有特征性、稳定性的风俗习惯相同或相近，也是一个重要的权衡标准；第六，文献中有关某一人们共同体起源的直接记载，即古人的看法，也是重要依据之一。根据上述条件或考察标准，在吸收前人成果，辨析相关史料基础上，对室韦的来源做一深入考察。

（一）拓跋鲜卑的迁徙和室韦的见载于史

根据《魏书·序纪》记载，拓跋鲜卑祖先发祥于大鲜卑山。经考古发现证实，大鲜卑山就是今大兴安岭北段[①]。后来，他们从大兴安岭北部迁徙到了呼伦湖地区。一系列的考古发现[②]，证明《魏书》所载拓跋鲜卑“南迁大泽”的说法是可靠的。到了首领洁汾时，再次南迁，“始居匈奴之故地”。至此，拓跋鲜卑完成了由大兴安岭北部西南迁至呼伦湖地区，再辗转南迁阴山北部一带的大迁徙。时间大概从西汉末年到东汉末年。考古学者也从不同时代鲜卑物质文化的内涵，探索了拓跋鲜卑的迁徙路线[③]。

查考东汉末至北朝以来史籍，拓跋鲜卑迁离呼伦贝尔地区以后，在这一历史时期，古代北方各族的居地都和今呼伦贝尔高原即拓跋鲜卑原居区没有直接联系。无论是大漠南北的柔然、敕勒，还是东北地区的勿吉、契丹和奚，都没有资料说明它们有迁入大兴安岭北部及呼伦贝尔地区的迹象。由此，北朝时室韦人出现于这一地区，最大可能或最具说服

---

① 米文平：《鲜卑石室的发现与初步研究》，《文物》1981年第2期。

② 内蒙古自治区文物工作队：《内蒙古陈巴尔虎旗完工古墓清理简报》，《考古》1965年第6期；郑隆：《内蒙古扎赉诺尔古墓群调查记》，《文物》1961年第9期；内蒙古文物工作队：《内蒙古扎赉诺尔古墓群发掘简报》，《考古》1961年第12期；内蒙古文物考古研究所：《扎赉诺尔古墓群1986年清理发掘报告》，《内蒙古文物考古文集》第1辑；程道宏：《伊敏河地区的鲜卑墓》，《内蒙古文物考古》1982年第2期；内蒙古文物考古研究所、呼伦贝尔盟文物管理站、额尔古纳右旗文物管理所：《额尔古纳右旗拉布达林鲜卑墓群发掘简报》，《内蒙古文物考古文集》第1辑。

③ 宿白：《东北、内蒙古地区的鲜卑遗迹——鲜卑遗迹辑录之一》，《文物》1977年第5期；吴松岩：《拓跋鲜卑的考古学研究》，上海古籍出版社，2018年。

力的解释就是，未随拓跋鲜卑主体部分迁徙而留居原地的部民，在经过近 300 年的发展之后，部众日益增多，实力有所增强，通过与中原政权的交往而以鲜卑的另一种译名形式——室韦见载于史。

据《魏书》的一些记载可以知道，并不是所有拓跋鲜卑的部众或者曾统御过的族属相同的部众都迁离了原居区。史载拓跋鲜卑世居大鲜卑山时期，曾“世为君长”。毛作部落首领时“统国三十六，大姓九十九，威振北方，莫不率服”[①]大概建立了由 36 个部落组成的大联盟。毛下传 4 世至越时，诸部仍有 99 姓，大致是 99 个氏族。此后首领推寅迁居呼伦湖地区，生息繁衍，“至献帝时，七分国人”，组成“十姓”，以“十姓”为核心组成 10 个部落[②]。可见，游牧于呼伦湖地区的拓跋鲜卑部众比原居大鲜卑山时的“统国三十六，大姓九十九”少了许多，可证迁居呼伦湖一带的只是一部分拓跋鲜卑人。依此推测，从大泽地区向匈奴故地迁移过程中，拓跋鲜卑亦未必悉数迁离[③]。承认这一史实，才可以理解和解释隋代以前室韦有五大部落分布在今大兴安岭和呼伦贝尔地区的缘由。

北魏太平真君四年（443），室韦乌洛侯人与拓跋魏建立联系。东魏武定二年（544），正式以室韦名义通贡于东魏。室韦乌洛侯派使者来见拓跋魏统治者的目的之一，是告知在乌洛侯居地西北，有拓跋鲜卑祖先居住过的“石室”遗迹，乌洛侯人常往祭拜。后来，北魏派人前往致祭祖先，乌洛侯“益神奉之”[④]。对拓跋鲜卑祖先的顶礼膜拜，表明了乌洛侯人的认同心理。室韦乌洛侯部民认为，他们与拓跋鲜卑有共同的祖先，是同族人。

---

① （北齐）魏收：《魏书》卷 1《序纪》，中华书局点校本，1974 年，第 1 页。

② 《魏书》卷 113《官氏志》，第 3005 页。

③ 呼伦贝尔地区的几处拓跋鲜卑墓群，虽同属东汉时期，但有早晚之别，说明北部鲜卑部落可能是分批迁来，陆续迁出甚或留居不迁的。

④ 据《魏书·乌洛侯传》记载：“世祖真君四年来朝，称其国西北有国家先帝旧墟……室有神灵，民多祈请。”《魏书》卷 100《乌洛侯传》，第 2224 页；《魏书·礼志一》载：“真君中，乌洛侯国遣使朝献，云石庙如故，民常祈请，有神验焉。其岁，遣中书侍郎李敞诣石室，告祭天地，以皇祖先妣配……其民益神奉之。咸谓魏国感灵祇之应也。”《魏书》卷 108《礼志一》，第 2738—2739 页。所谓“石室”“石庙”，乃一天然山洞即嘎仙洞，洞中石壁上刻有李敞祭文。

（二）失（室）韦的译名根据与鲜卑相同

伯希和认为室韦的译名根据和鲜卑相同，他在《吐火罗语考》一文中指出：鲜卑，“此名代表之原文，与后译之室韦所本者同，似为*Serbi、*Sirbi、*Sirvi 等对音，我们在此处又见一用 -n 译 -r 之例，唯在汉代同汉以前译法如是，后来则用具有齿音尾声之字”[①]。鲜（心仙开三）卑（帮支开三），两汉时音值可构拟作*Si̯an-pi̯e。根据先秦、秦汉时期汉文史籍中用 -n 韵尾字译写北方族语言中带 -r 音结尾字的译例和习惯[②]，*Si̯an 的 -n 韵尾译写的是非汉语语言的 -r 尾音，即*Si̯an 可作 siar；Pi̯e 与 bi、vi 音同，则鲜卑译自*Serbi、*Sirbi 或*Sirvi 较为可信。失（或室，心质开三）韦（云微合三）的魏晋南北朝时期音值可构拟作*ɕi̯et-ɣi̯uəi。*ɕi̯et 与*Ser 等比较，声母 ɕ 与 S 均为清擦音，发音部位相近。魏晋南北朝以后用 -t 等齿音尾入声字对译非汉语的 -r 尾音，即*ɕi̯et 可作 ɕi̯er；*ɣi̯uəi 的声母 ɣ 为发音甚轻的舌根擦音，则 -uəi 与 vi 或 bi（b 弱化即为 V）几无差异。室韦也译自*Serbi、*Sirbi 或 *Sirvi。从汉语音韵学角度看，“失（室）韦”与“鲜卑”这两个不同的汉字译写形式所根据的原文确实是同一个，“室韦”就是“鲜卑”。

南北朝时期见载史乘的室韦当是继承了鲜卑的称谓。拓跋鲜卑贵族之所以用“室韦”一名称呼同族人，其原因：一方面，室韦与东魏建立联系时，拓跋贵族已在中原创建帝业，统治中国半壁江山。虽然政权岌岌可危，辖地紧蹙，但毕竟深深地濡染了中原文化，并以正统王朝自居，当然不愿意承认来自偏远一隅被视为夷狄的室韦与自己起源相同，所以，利用南北朝时期的译写惯例，将其同族人称作室韦。另一方面，进入中原地区近一个半世纪（从北魏建国的 398 年到室韦出现的 544 年）高度汉化了的拓跋鲜卑人，不但在生活地域、生产方式、语言、心理素质、风俗习惯等方面发生了重大甚至根本的改变，而且在体质方面也与早期

---

① 〔法〕伯希和、烈维著，冯承钧译：《吐火罗语考》，第 79 页。

② 〔法〕伯希和：《库蛮》注⑭，冯承钧译，《西域南海史地考证译丛续编》，商务印书馆，1935 年。

的拓跋鲜卑人有了区别[①]。所以，用室韦而不用鲜卑称写自己原居地的同族人，也是双方确实已经存在一定差别使然。但这不能抹杀室韦与早期拓跋鲜卑同源的事实。

（三）室韦与早期拓跋鲜卑地域相同

拓跋鲜卑在迁居匈奴故地之前，曾在大鲜卑山即今大兴安岭北部地区生活了很长的历史时期。迁居大泽即今呼伦湖地区以后，又在这里居住了很久[②]。室韦人初见于史，即在大兴安岭北部地区。

室韦的大致方位，可从《魏书》所记室韦的四邻部族确定。据《魏书》卷100《失韦传》记载，室韦东邻豆莫娄，二者均“在勿吉北千里，去洛六千里”之地。地豆于在室韦“西千余里”。乌洛侯则“在地豆于之北”[③]。据此，室韦、豆莫娄、地豆于大致在同一横向地带。室韦居中，乌洛侯在室韦以西的地豆于之北，则它处在室韦西北。又乌洛侯西北有“国家先帝旧墟”即考古发现的嘎仙洞，位于嫩江支流甘河上游。那么，乌洛侯在今嘎仙洞东南的甘河两岸，乌洛侯东南的室韦当在嫩江中下游流域。

室韦自东魏武定二年（544）见诸史籍，这与乌洛侯在北魏太平真君

---

① 人所共知，北魏道武帝以来实行了一系列汉化政策，尤其是孝文帝的改革措施，几乎使拓跋鲜卑在各方面都换了面貌。拓跋鲜卑人的人类学体质也在迁徙过程中发生了变化。参阅潘其风、韩康信：《东汉北方草原游牧民族人骨的研究》，《考古学报》1982年第1期；朱泓：《从札赉诺尔汉代居民的体质差异探讨鲜卑族的人种构成》，《北方文物》1982年第2期等论著。文献记载也有拓跋鲜卑人在从大泽向匈奴故地迁徙过程中与异族通婚的证据。如诘汾与天女成婚并生有始祖力微的传说，当时的民谚“诘汾皇帝无妇家，力微皇帝无舅家”等，都曲折地反映了拓跋鲜卑与异族同化的史实。及至游牧阴山地区时，拓跋氏已吸收了匈奴、丁零、柔然、乌桓、东部鲜卑等共31姓成员。参见姚薇元：《北朝胡姓考》（修订本），中华书局，1962年，第25—166页；马长寿：《乌桓与鲜卑》，上海人民出版社，1962年，第249—254页。

② 据考，拓跋力微元年庚子年即曹魏黄初元年（220）。《魏书》说力微父诘汾时迁离大泽，八世祖推寅时迁居大泽。这期间每代估以30年或25年计，则在呼伦湖地区生活了200—240年。而推寅南迁大泽前，拓跋鲜卑据称已积72世，即在大鲜卑山地区生活了2000年左右。我们说《魏书·序纪》所载拓跋祖先历史虽有浓厚的神话传说色彩，但考古发现证实，他们确曾在大鲜卑山地区活动了很长时期。《魏书》的一些记载是可靠的。

③ 《魏书》卷100《失韦传》《地豆于传》《乌洛侯传》，第2121—2122、2124页。

四年（443）就与拓跋魏建立联系相差百年。“室韦”一名出现后，实际上在这一泛称下包括了乌洛侯和其他许多室韦部落，其地域亦不仅限于嫩江流域。因为仅过了三四十年，隋代史书已记载了室韦五个部落群，其地域达到了黑龙江上游和额尔古纳河沿岸。隋代记载的室韦五大部落群的地域分布应该说也大体反映了南北朝时期的情况。这一时期，史籍中新出现的古代北方民族有契丹、库莫奚、地豆于、勿吉、豆莫娄、柔然、敕勒等。公元344年，鲜卑宇文部被慕容部击破以后，大部分部众散居松漠之间，以契丹和库莫奚的名号出现。松漠，指今西拉木伦河、老哈河及西辽河一带的千里松林。南北朝期间，契丹人的驻牧地大致在西拉木伦河、老哈河及西辽河流域。库莫奚东邻契丹，主要在西拉木伦河上游南部地区。又据后出史书记载，契丹祖先驻牧于松漠一带的潢河（今西拉木伦河）、土河（今老哈河）之间[①]。地豆于“在失韦西千余里。多牛羊，出名马，皮为衣服，无五谷，惟食肉酪”[②]。这与以牲畜饲养业、渔猎业为主，兼营粗放农业的室韦和乌洛侯的经济不同，地理环境也有差别。地豆于应在适宜游牧经济的呼伦贝尔草原南缘一带，西与柔然为邻。勿吉即两汉时期的挹娄，属于肃慎族系。其“国有大水，阔三里余，名速末水”。速末水，即今北流松花江。“国南有徒太山，魏言‘大白’。”[③]徒太山即今长白山。勿吉地域应大致在北流松花江以东和东流松花江以南地区，南部有长白山。豆莫娄，北扶余后裔。“在失韦之东，东至於海，方二千里……於东夷之域最为平敞。”[④]《新唐书·流鬼传》载：“高丽灭其（北扶余）国，遗人度那河，因居之。”[⑤]那河，今嫩江及东流松花江。豆莫娄人应居住在嫩江中下游以东、东流松花江以北的今松嫩平原上。南北朝时期，柔然出现并兴起于今乌兰察布高原。5世纪初，柔然首领社仑率领部众北迁漠北，兼并敕勒—高车部落，于今蒙古国土

---

① 《魏书》卷100《库莫奚传》《契丹传》，第2222—2223页；（北宋）欧阳修、宋祁：《新唐书》卷219《契丹传》，中华书局点校本，1975年，第6167页；（元）脱脱等：《辽史》卷32《营卫志》，中华书局点校本，1974年，第378页。

② 《魏书》卷100《地豆于传》，第2222页。

③ 《魏书》卷100《勿吉传》，第2220页。

④ 《魏书》卷100《豆莫娄传》，第2222页。

⑤ 《新唐书》卷220《流鬼传》，第6210页。

拉河畔建立游牧政权，鼎盛时期控制地域“西则焉耆之北，东则朝鲜故地之西”[①]“北则渡沙漠，穷瀚海，南则临大碛”[②]，主要是今阴山以北、贝加尔湖以南、阿尔泰山以东、呼伦湖和额尔古纳河以西这一范围。敕勒，即魏晋以前的丁零，汉文献又称高车。南北朝时期，大漠南北都分布有敕勒人。漠北地区的敕勒人主要在贝加尔湖以南。

从魏晋南北朝时期中国北方各族的地理分布格局上看，新出现的各族都没有进入拓跋鲜卑人原居区。从部分拓跋鲜卑人迁出原居区到室韦人出现在这一地区期间，文献中也没有留下任何北方民族大规模迁入的记载。所以，室韦人在部分拓跋鲜卑人没有西南迁徙之时就是这里的原住居民，是拓跋鲜卑的同源部落。

（四）室韦的语言与鲜卑相通

据《魏书·失韦传》载，室韦“语与库莫奚、契丹、豆莫娄国同”。又据巴黎收藏的敦煌藏文书卷P1283号记载：契丹“语言与吐谷浑大体相通”。吐谷浑是从鲜卑慕容部分出西迁的鲜卑人。契丹与吐谷浑的语言大体相通，亦即与地道的东部鲜卑语言相通。室韦语既与契丹语同，则与鲜卑语理应相通。鲜卑语、契丹语、室韦语都应属于东胡后裔诸语言。综合多种因素，室韦语言与早期拓跋鲜卑语言的关系应比室韦语与东部鲜卑的语言更为近切。从语言方面看，室韦与拓跋鲜卑是同源的。

（五）室韦有特征性的风俗与拓跋鲜卑相同

据《南齐书》卷57《魏虏传》载，拓跋鲜卑“披发左衽，故呼为索头”。可见，由于拓跋鲜卑人的发式是披发，因此南朝人即以此特征称呼其为索头。索头即索发，大致是蓄留全发后披，有的长到一定长度则以绳索扎系。

文献中室韦人的发式是索发，又作被（披）发。《魏书》《北史》的《室韦传》说室韦“丈夫索发”，《魏书·乌洛侯传》称乌洛侯“绳发”。用字虽略有不同，但含义是一致的。汉字“绳”“索”往往连称，索发、绳发是同一种发式，即披发。到隋唐时期，文献对室韦人的发式直接记

---

① （唐）杜佑：《通典》卷196《蠕蠕》，中华书局校点本，1988年，第5378页。
② 《魏书》卷103《蠕蠕传》，第2291页。

载为披发。《隋书》《旧唐书》的《室韦传》载室韦“丈夫皆被发”“被发左衽”。由此可知，室韦发式与拓跋鲜卑相同。

在古代各种风俗习惯当中，发式是一项具有稳定性和特异性的习俗，它往往成为古代某一人群独有的习俗，因而也往往成为与其他部族相区别的标识。室韦与拓跋鲜卑发式相同，而与同是东胡后裔的南部鲜卑及其后裔契丹的发式（都是髡发）有别，说明室韦与拓跋鲜卑的关系更为近切，应属泛称东胡名下的同一支，即二者的起源相同。只是由于后来的历史际遇不同，形成了不同的古代民族共同体。可以说，索发（披发）是拓跋鲜卑、室韦这一支东胡后裔有传承性、特征性的习俗。

（六）文献记载把室韦看作是鲜卑后裔

隋代以前的文献对室韦的族属起源未做直接记载。降及隋代，《隋书·室韦传》说：“室韦，契丹之类也。其南者为契丹，在北者号室韦”[①]，分明将室韦、契丹看作族属相同的同类，只因居地一南一北而名号有别。《北史》《通典》等初唐史籍的编撰者也都采纳认可这一看法。“类”，有种类、族类之意。“室韦，契丹之类”即室韦与契丹的种类亦即起源相同。众所周知，契丹源出宇文鲜卑，被视作东胡鲜卑后裔，那么，说室韦是东胡拓跋鲜卑后裔或是留居大鲜卑山地区鲜卑一支的后裔，与《隋书》的记载不相矛盾。

《旧唐书》以后，从字面上文献有了新的说法。《旧唐书·室韦传》说室韦是“契丹之别类”，《唐会要》《太平寰宇记》《册府元龟》《新唐书》称是“契丹之别种”，《册府元龟》又说南室韦、北室韦是“契丹别部”[②]。“别”，古字有“分出”之意。“别类”“别种”“别部”可以理解为

---

① （唐）魏徵等：《隋书》卷84《室韦传》，中华书局点校本，1973年，第1882页。

② 后晋史臣所撰《旧唐书》改《隋书》“之类”为“别类”，不过是要对室韦和契丹稍作区分；宋代史臣改“类”为“种”，不过是不同时代史家对“类”与“种”所含相同意义的不同表达方法。因为从《唐会要》以降，各种史书对室韦的大量记载都是抄录的先前史书，如果“别种”有祖源不同之意，《唐会要》等的“别种”之载也是没有根据的。所以，对历史典籍中的“别类”“别种”等的分析，必须结合具体的文献、史实，并对文献的源流进行辨析。对“别种”“别部”的讨论，可参阅张博泉：《“别种”刍议》，《社会科学战线》1983年第4期；刘庆：《“别种”杂说》，《北方文物》1988年第1期。

“分出的种类、部落”，意为室韦与契丹的起源相同而又有所区别。按此，室韦与契丹都是东胡鲜卑后裔，而各属不同分支。至于《新唐书》室韦是“丁零苗裔”一说，不过是宋代史臣的臆测，不足凭信。隋唐宋时期形成的历史文献几乎一致认为室韦和契丹祖源相同，各属鲜卑后裔不同分支。

以上从名称、地域、语言、风俗等几方面论述了室韦来源于东胡鲜卑，尤其与东胡及其后裔历史民族区内的北部鲜卑即拓跋鲜卑祖先的关系更为近切。需要说明的是，南北朝时期的室韦名称在一定程度上带有泛指的性质，是散布在大兴安岭地区和呼伦贝尔草原许多部落的总称。中原史家对具体情况的不了解，致使早期文献史料对室韦的起源缺乏记载，即便隋唐时期史家在提及相关问题时也是认识模糊，语焉不详，所以还不能肯定地说凡是被称作室韦的部落都是东胡鲜卑后裔。然而可以确定的是，“语言属于东胡后裔诸语言的总要占室韦人的主要部分”[①]。这里讨论的就是作为主要部分的室韦来源，至于个别的例外，我们并不想排除。

① 亦邻真：《中国北方民族与蒙古族族源》，《内蒙古大学学报》（哲学社会科学版）1979年第3、4期。

第三章　室韦部落的历史变迁

室韦部落自南北朝时期见载史籍，起初以乌洛侯名义出使北魏，东魏后以室韦作为嫩江中下游流域及以西地区鲜卑后裔各部落的泛称。隋代记录有南室韦、北室韦、钵室韦、深末怛室韦和大室韦五大部落群，开皇、大业年间均出使隋朝。突厥启民可汗觐见隋炀帝时，亦有室韦酋长同在。唐代文献记载有具体名称的室韦部落 20 个左右，与前代相比，又有了较大变化。自武德、贞观以后，"朝贡不绝"。中唐以后，突厥人又称室韦为达怛，唐末、五代，中原人也接受了这一称谓。辽金时期，契丹、女真又开始称迁入蒙古高原腹地的室韦为阻卜。从室韦一名的初现到消失，在历史上绵延了 600 余年，经历了较为复杂的历史变迁过程。室韦部落的历史发展和演变与中原诸政权及相邻诸族的历史密切相关，尤其是迁入蒙古高原及其缘边地带的室韦部落，到 12—13 世纪逐步凝聚成古代蒙古民族共同体的主要部分。

第一节　南北朝时期的乌洛侯与室韦

南北朝时期的室韦部落首先以乌洛侯一名见载于史籍，《魏书》首设《乌洛侯传》[①]。史载，北魏太平真君四年（443），乌洛侯派出使者，到北魏首都平城（今山西省大同市）"朝贡"，自此为拓跋魏统治者所知。乌洛侯使者告知在其居地西北有拓跋魏祖先"旧墟石室"。同年，太武帝拓跋焘派中书侍郎李敞等人前往祭祀，并"刊祝文于室之壁而还"。考古发现证实，所谓"石室"即今嘎仙洞（图二；图版 1），位于今内蒙古自治区呼伦贝尔市鄂伦春自治旗阿里河镇西北 10 千米[②]。表明北魏时期的乌洛

① 南北朝室韦演变，参阅《魏书》《北史》之《乌洛侯传》和《室韦传》。

② 米文平：《鲜卑石室的发现与初步研究》，《文物》1981 年第 2 期。

图二　嘎仙洞西壁太平真君四年（443）石壁祝文拓片

侯居地主要在“石室”东南的甘河流域，位于地豆于以北，各部落尚处于分散状态，各有世袭的部落酋长，没有形成联盟后产生的联盟长。

乌洛侯通使北魏之后，这一支东胡鲜卑后裔的情况始为中原所知。从“无大君长，部落莫弗皆世为之”看，“乌洛侯”一名所指并非单独一个部落，而是囊括了多个部落，是北魏对嫩江上中游及以西大兴安岭山中的鲜卑后裔诸部落的泛称。

乌洛侯自太平真君四年与北魏往来，至东魏武定二年（544）室韦见载史籍，百年间不再见于史册，其演变脉络无迹可寻。至隋，《隋书》没有为乌洛侯立传，相关隋代文献亦未提及。虽然《隋书·室韦传》记载的隋代室韦已有五个部落群，但也没有任何关于乌洛侯的记载。及至唐初李延寿私撰《北史》之时，沿袭《魏书》设立《乌洛侯传》，从成书背景、史料来源和具体比对史文等方面，可以看出《北史·乌洛侯传》几乎是抄录因袭《魏书·乌洛侯传》而成，只是做了个别字词的增删改写，并没有增加什么新材料。这说明隋代已将乌洛侯看作是室韦的一部分。从地域分布看，《隋书》所记室韦地域也包括了乌洛侯活动范围。到唐代，《旧唐书·室韦传》已明确把乌洛侯作为南部室韦的一部，与其他南部室韦部落毗邻而居。

对乌洛侯的流向，学界说法颇多，如乌洛侯即蒙古兀鲁兀惕部[①]，即

① 傅朗云、杨旸：《东北民族史略》，第95页注①；张博泉：《东北地方史稿》，第149页。

蒙古斡勒忽那惕部[①]，即辽金时的乌古[②]，即现代鄂伦春先民[③]，或与那礼、和解形成黑车子室韦[④]，等等。这些论点所依论据，大致可分为二类。一是从对音角度，即认为乌洛侯（乌罗护、乌护）与兀鲁兀、斡勒忽那惕、乌古、鄂伦春等音近。二是所谓乌洛侯与鄂伦春有地域和习俗的一致性或乌洛侯风俗在南北朝时与勿吉同，唐时与靺鞨同。没有明确释义的文献记载做前提条件，没有任何史料能够证明其中存在的历史关系，对音的方法是不可行的，结论也是靠不住的。至于仅凭某些个别习俗相同而不考虑其他因素就将乌洛侯定为靺鞨，是没有说服力的。北朝乌洛侯与鄂伦春并没有地域和习俗的一致性。因为唐代乌洛侯已经南迁近塞，唐以后并不见于史。鄂伦春族自 17 世纪中叶才迁至今大兴安岭地区。将历史相隔如此之长的两部分人联系起来是难以想象的。

乌洛侯见载史书百年之后，室韦于东魏时见于文献记载。据《魏书·孝静帝纪》载，武定二年夏四月，“室韦国遣使朝贡”。是为“室韦”一名见载史乘和与东魏建立联系之始。《魏书》首设《失韦传》，亦载，“失韦国，在勿吉北千里，去洛六千里……武定二年四月，始遣使张焉豆伐等献其方物，迄武定末，贡使相寻”。其中居地内有从北而来向南流，宽约 4 里有余的㮈水（今嫩江），证明其依傍今嫩江流域及其以西各支流而居，主要从事牲畜饲养、渔猎和粗放农业的生产生活方式[⑤]。此后，室韦使者又分别于东魏武定四年（546）、武定六年（548）、武定七年（549），北齐天保二年（551）、河清二年（563）、天统三年（567）等多次往还于东魏、北齐与其居地之间，“朝贡”室韦的土特物产，同时得到东魏、北齐的大量物资“赏赐”[⑥]，实力有所增强，地域进一步扩展。史

---

① 苏日巴达拉哈：《蒙古族族源新考》，第 76 页。

② 贾敬颜：《东北古地理古民族丛考》，《文史》第 12 辑。

③ 郑英德：《乌洛侯地理位置再探》，《黑龙江文物丛刊》1983 年第 1 期。

④ 孙秀仁、孙进己、郑英德等：《室韦史研究》，第 90 页。

⑤ 《魏书·失韦传》：“颇有粟麦及穄，唯食猪鱼，养牛马，俗又无羊……亦多貂皮。”《魏书》卷 100《失韦传》，第 2221 页。

⑥ 《魏书》卷 12《孝静帝纪》，第 308、311—312 页；（唐）李百药：《北齐书》卷 4《文宣帝纪》，中华书局点校本，1972 年，第 55 页；《北齐书》卷 7《武成帝纪》，第 91 页；《北齐书》卷 8《后主纪》，第 100 页。

载北齐时室韦人的活动范围有时已经接近营州（今辽宁省朝阳市）北界，一度对北齐边地州县构成威胁，曾被营州刺史陆士茂设计杀害 800 余人，导致室韦断绝了与北齐的“朝贡”关系。王峻上任营州刺史后，“分命将士，要其行路，失韦果至，大破之，虏其首帅而还。因厚加恩礼，放遣之。失韦遂献诚款，朝贡不绝”[①]。从史文分析，室韦至北齐营州等边地之间有基本固定通行的道路，有的室韦部落已经进入营州地界活动，不外乎进行贸易交换，或者抢夺北齐边郡的物资财富。

关于乌洛侯和室韦的关系，人们多认为北魏乌洛侯和东魏室韦是先后见载于史的两部分。实际上，东魏以后泛称的室韦名下已经包括了乌洛侯。从《魏书》对室韦和乌洛侯的记载上看，二者在地理环境、经济生活、风俗习惯等方面有许多共同之处[②],《魏书》记载的室韦内容实际上也反映了东魏以后的乌洛侯历史状况。因此，北朝文献记载的室韦和乌洛侯大体是指同一部分人，乌洛侯一名先见于史，所指部落数比室韦略少，所占地域略小；室韦一名比乌洛侯见于史册晚百年，名称所指更为宽泛，其中已包括乌洛侯。自室韦名见于史后，遂成为北部鲜卑后裔诸部落的泛称。

第二节　隋代的五个室韦部落群

隋代，文献记载的室韦部落比北朝时期有所增加，内容更为丰富。根据《隋书·室韦传》记载，可以看出隋朝史官对室韦总体有较为清晰的认识。“室韦，契丹之类也。其南者为契丹，在北者号室韦，分为五部，不相总一，所谓南室韦、北室韦、钵室韦、深末怛室韦、太（大）

① 《北齐书》卷 25《王峻传》，第 364 页。

② 据《魏书·失韦传》和《魏书·乌洛侯传》记载：室韦“国土下湿”；乌洛侯“其土下湿，多雾气而寒”。室韦“有大水从北而来，广四里余，名㮈水”；乌洛侯“其地小水皆注于难（即㮈），东入于海”。室韦“颇有粟麦及穄，唯食猪鱼”；乌洛侯“多豕，有谷麦”。室韦“亦多貂皮”“用角弓，其箭尤长”；乌洛侯“好猎射”。室韦“丈夫索发”“男女悉衣白鹿皮襦裤”“俗爱赤珠”；乌洛侯“其俗绳（即索）发，皮服，以珠为饰”。室韦“其国少窃盗，盗一征三”；乌洛侯“民尚勇，不为奸窃，故慢藏野积而无寇盗”。用字用词或表述虽略有差别，但实际内容大致相符。

室韦。并无君长，人民贫弱，突厥常以三吐屯总领之。”[①] 由此可见，隋代中原史家对室韦的情况有了更多的了解，将其视为与契丹同类，因地分南北而名号有别，并明确记载了各具名称、各有居地、不相统一、没有君长、人民贫弱、附属于突厥的五大部落，表明自北朝至隋，室韦部落发生了较为明显的演变。

隋代室韦分布区最南部的部落被中原史官记称为南室韦，其逐渐分化演替成25个小部落，应该是由北朝的室韦演变而来。通过对比《魏书·失韦传》《隋书·室韦传》的相关记载，可证隋代南室韦与北朝室韦在地理环境、气候、经济生活、社会组织、风俗习惯等诸方面大致相同[②]，北朝时的室韦和乌洛侯到隋代被称作南室韦当无疑义。杜佑《通典》室韦条在记述南室韦方位一句后，抄引《后魏书》有关室韦道里一段内容，虽未明确指出南室韦就是北朝时的室韦，但显然把南室韦看作是北朝室韦。此后，《唐会要》编纂者也同意并沿袭了这一看法。可见，古人已认为隋代南室韦与北朝室韦是一致的。隋代，由于中原对室韦状况了解加深，增加了除北朝室韦以外的四个部落群，并因地理方位的关系，将室韦居住区南部的部落称作南室韦。

隋代的南室韦由北朝时期的室韦发展演变而来，北室韦、钵室韦、深末怛室韦和大室韦则是新见于汉文文献记载的室韦部落。隋代室韦部落群的分布范围，东到嫩江流域，西滨额尔古纳河两岸，北至黑龙江上

---

① 《隋书》卷84《室韦传》，第1882页。隋代室韦部落变迁，主要依据《隋书·室韦传》。

② 我们将《魏书》和《隋书》记录的相关内容稍作摘录比较，可以清楚地看出南室韦与北朝室韦的相同点，只不过个别习俗如丧葬等发生了一定变化。《隋书》记南室韦“土地卑湿”“气候多寒”；《魏书》记室韦和乌洛侯“国土下湿”“其土下湿，多雾气而寒”。《隋书》：“无羊，少马，多猪牛”“多貂”“造酒”；《魏书》：“唯食猪鱼，养牛马，俗又无羊”“亦多貂皮”“多豕”“有曲酿酒。”《隋书》：“丈夫皆被发，妇人盘发”；《魏书》：“丈夫索发”“女妇束发（即盘发），作叉手髻。”《隋书》：“每部有余莫弗瞒咄，犹酋长也。死则子弟代立，嗣绝则择贤豪而立之”；《魏书》：“无大君长，部落莫弗皆世为之。”《隋书》：“人皆巢居”；《魏书》：“夏则城（巢）居。”《隋书》：“部落共为大棚，人死则置尸其上。居丧三年，年唯四哭”；《魏书》：“父母死，男女众哭三年，尸则置于林树之上。”隋代南室韦就是北朝时的室韦，包括乌洛侯。

游南北，南及洮儿河流域。与北朝时期的室韦地域相比，有了很大的扩展和变迁。《隋书》记载的室韦部落，有的是用方位词来称呼的，并不是室韦人的自称，如南室韦、北室韦，大体以所处室韦分布区的地理位置而得。钵室韦在北室韦以北，深末怛室韦在钵室韦西南，“因水为号”，此二部应是自称。大室韦冠以“大”字，不知缘何而来，似乎不是由于实力强大而得。隋代的五大部室韦中的各部落当各有具体称谓，隋人尚未逐一知悉，故以方位或已知其中某一部的名称来指代，并划为五个部分。其中南室韦有25部，北室韦分9部，钵室韦人众比北室韦多，但不知有几个部落，深末怛室韦和大室韦内分几部，史籍亦未详载。由于地理环境有所差异，隋代室韦部落的经济生活和风俗习惯也有了较大不同。

按《魏书》成于北齐天保五年（554），至室韦第一次与隋交往（开皇十三年，593）相隔39年，距最后一次朝贡隋朝（610）相隔56年，何以半个世纪左右室韦部落已扩充为五大部落群，地域也由嫩江流域而扩及额尔古纳河中下游和黑龙江上游沿岸？这不仅单纯是因部落人口增多而发生分化以及地域变迁的结果。我们认为，由《魏书》的乌洛侯、室韦而至《隋书》的五部分室韦，这种详略不同的记载实际上更多地反映了中原对室韦的认识了解有一个不断加深的过程。北齐以来，尤其是隋代室韦日益活跃，与中原交往更为频繁，引起中原政权的重视，从而更注意对室韦情况做深入的了解。《魏书》记载的室韦在北朝时的分布格局、部落构成等，与隋代的五个部落群不会有多大不同。只因北室韦、钵室韦、深末怛室韦和大室韦等与中原地区没有交往，或者仅泛称室韦中的一部分为中原所知[①]，《魏书·失韦传》的记载才略于《隋书》。《隋书》在泛称室韦之外，又对室韦五部冠以较为具体的称谓，内容也详于《魏书》，也可证明隋人对室韦的了解更进了一步。

《隋书》中的五部分室韦哪一部与《魏书》室韦相当，看法不一致。

① 中原汉文史籍中的古代北方各族，大都因与中原政权有通贡关系或地域邻近、骚扰边界等而被记录下来。拓跋魏祖先就因“不交南夏，是以载籍无闻焉”（《魏书》卷1《序纪》，第1页）。东部鲜卑亦因“与乌桓相接，未常通中国焉”（《后汉书》卷90《乌桓鲜卑列传》，第2985页）。迟至东汉建武二十五年（49）通译使于汉时才为中原人所知。室韦也不外于此类情况。一则室韦初时落后，活动能力有限；二则与中原间隔契丹、奚、霫等族。

津田左右吉提出北朝时室韦即隋代南室韦的看法[1]，但未做论述。方壮猷以《隋书·室韦传》所载“北室韦时遣使贡献，余无至者”为据，认为北室韦是北朝时室韦[2]。研究者多袭方氏之说。通过考辨所记内容，我们认为津田说有充分依据。而北室韦即北朝室韦说，除“北室韦时遣使贡献，余无至者”一条，再无凭证。《隋书》说北室韦有九部落，绕吐纥山而居。部落酋长称乞引莫贺咄，每部又有莫何弗三人辅佐。冬天气候寒冷，以致牲畜多被冻死。积雪深厚，以致没马。部民冬季入山穴居，出行以滑雪板代步。多獐、鹿等野生动物。以捕貂捕鱼射猎为业，用貂、狐兽皮和鱼皮做衣帽。这些显然与《魏书》记载的北朝时代室韦的地理、气候、经济生活、风俗习惯等不同，从文献内容上看，北室韦也不是北朝室韦。

文献记载的北室韦与北朝室韦历史内容的实质差异，引导我们应该重新审视导致得出北室韦即北朝室韦这一结论的史料。《隋书·室韦传》应是根据出使隋朝的室韦使者或是曾拜谒过隋炀帝的室韦酋长及其随从提供的情况记录成文的，反映了隋代室韦的历史状况。《隋书》首载“北室韦时遣使贡献”这则史料，语意模糊，并未明确说是自元魏以来室韦前来朝贡，所以，此“时”应指隋代。《北史》作者李延寿认为室韦分为五部是在“齐受东魏禅，亦岁时朝聘”之后[3]，即时约当在隋，因此，他照抄此条史料，没做任何改动；而《通典》却与后魏以来室韦联系起来，作“北室韦，后魏武帝（‘帝’误，应为‘定’）、隋开皇大业中，并遣使朝献”[4]。杜佑改编的这则史料是与《魏书》《隋书》不相符合的，也与《通典》引《后魏书》文“南室韦在契丹北三千里”，亦即认为南室韦相当于北朝室韦的认识相矛盾。此后，《唐会要》《太平寰宇记》等均沿袭了这一错误记载，从而使遵循这一则史料的研究者也步入了误区。通过梳理诸种文献记载的这条史料，也可以证明北室韦是隋代文献新记载的室韦部落，其与中原政权建立联系是在隋代，与北朝室韦没有直接演变关系。

有研究者认为南室韦与东胡系统的民族迥然不同，“南室韦衣服与契

---

① 〔日〕津田左右吉：《室韦考》，汉译文载《王国维遗书》第14册。

② 方壮猷：《室韦考》，《辅仁学志》第2卷第2期，1931年。

③ （唐）李延寿：《北史》卷94《室韦传》，中华书局点校本，1974年，第3129页。

④ （唐）杜佑：《通典》卷200《室韦》，第5488页。

丹同，车式如突厥状，又与靺鞨同俗。是为靺鞨部族吸取了契丹突厥文化而已”[①]。民俗现象，往往受所处生态环境、地理条件和社会发展水平的制约。不同起源的部落、民族，在相同的客观条件下，可能具有相同或相近的物质文化特征。同样，相同起源的人们，由于地理环境的变迁、邻近民族的影响和社会的发展等因素，物质文化也会改变而产生差异。所以，民俗方面的相同特征不宜作为确定族属的绝对根据，而应与语言、地域、名称等诸方面因素结合起来考察，才能得出较为符合实际的结论。隋唐时代的文献记载把室韦和靺鞨分得很清楚，将南室韦当作靺鞨部落显然是错误的。对北室韦、钵室韦和深末怛室韦这些《隋书》新记载的室韦部落，研究者也推测了它们各自的流向[②]。不能说这些尝试一无可取之处，但最大的缺陷是没有史料根据，或论据极不充分，没有说服力。

考察史料，《隋书》是将室韦视作契丹同类，即同为东胡鲜卑后裔看待的。南室韦、北室韦、钵室韦和深末怛室韦的主体部分与拓跋鲜卑有渊源关系，史书中没有与此相矛盾的记载。至于是否有靺鞨等成分掺杂其中，仅凭个别习俗的相似还不能完全肯定地说明问题。随着室韦的发展，一些地域与其紧邻、习俗与其相同或相近的他族部落融入室韦之中，或被中原人误称作室韦是有可能的。但就文献记载来看，似还不能具体确定哪一部分室韦是非东胡系后裔。

在部落来源和构成这一点上，大室韦也许是个例外。《隋书·室韦传》说大室韦在深末怛室韦西北数千里，“径路险阻，语言不通”。《北史》作“言语不通”，《唐会要》《太平寰宇记》作“言语不同”。研究者

① 苏日巴达拉哈、苏鲁格：《室韦考辨》，《蒙古史文稿》第4期，1984年。

② 如赵展《对蒙古族起源于“蒙兀室韦”说的质疑》一文认为：“钵室韦与深末怛室韦俗皆同北室韦，也都是鄂伦春族之祖先。”赵展：《对蒙古族起源于“蒙兀室韦”说的质疑》，《学习与探索》1982年第2期；冯继钦《室韦民族共同体类型》认为：“鄂温克族则渊源于北室韦和钵室韦。”冯继钦：《室韦民族共同体类型》，《黑龙江文物丛刊》1983年第1期；干志耿《靺鞨族及黑龙江流域的靺鞨遗存》则认为钵室韦、深末怛室韦和唐代的落坦室韦实即靺鞨的思慕、郡利二部，并同意落坦室韦、钵室韦、深末怛室韦“是鄂温克、鄂伦春和萨吉玛尔（乌尔奇）人的祖先。这些族均属通古斯语族”的说法。干志耿：《靺鞨族及黑龙江流域的靺鞨遗存》，《北方文物》1985年第1期。文献没有提供鄂温克、鄂伦春源于室韦的可信资料。

根据这一记载，普遍认为大室韦的来源、族属有所不同[①]。在部落构成上，大室韦与隋代其他室韦相同，也是由若干个部落组成的部落群。语言与属于东胡后裔的其他室韦部落语言不通，一种可能表明大室韦的部落组成比较复杂，其中有的部落的族源可能和属于东胡鲜卑后裔的室韦部落的起源不同，因此，可以理解为文献记载的“语言不通”确实是大室韦中有的部落语言与南室韦等其他室韦部落语言不同。隋唐时期，大室韦地处室韦居住区偏西，先后与突厥、回鹘等突厥语族部落毗邻，在大室韦名下有可能混入突厥语族语言部落，也有可能其语言受到突厥语族语言的影响，故使中原史家认为大室韦与其他室韦语言不通。史载，9世纪中期，有回鹘“二部东北奔大室韦”[②]。在回鹘汗国衰亡过程中，此二部余众既不随大众西迁河西走廊和西域地区以图东山再起，也不谋求南下中原北部边地投靠附属唐朝，而是直接往东北投奔大室韦，不免让人产生投亲靠友的联想。但是，从族名的相同上，似乎又不能简单地完全排除大室韦中有东胡系民族成分。汉文史籍对不同历史时期出现的中国古代北方各部族的来源，大体上是分得清楚的。大室韦未被归为隋唐时期的突厥、回鹘或靺鞨等部落，而是被中原人冠以室韦之称，说明它的主要部落应与其他室韦部落同源。只是由于史料的缺乏和表述的含糊不清，要想明确证明大室韦的来源和部落构成几乎是不可能的。

---

① 主要有四种说法。a. 柔然大檀苗裔，方壮猷：《鞑靼起源考》，《国立北京大学国学季刊》第3卷2号，1932年；孙秀仁、孙进己、郑英德等：《室韦史研究》，第87、110页。b. 东胡鲜卑后裔，张博泉、苏金源、董玉瑛：《东北历代疆域史》，第89页；叶幼泉、王慎荣：《蒙古名称及其族源的若干问题》，《中国蒙古史学会论文选集（1983）》，第97页。c. 丁零后裔，王金铲：《室韦族琐谈》，《辽宁大学学报》（哲学社会科学版）1983年第4期；苏日巴达拉哈：《蒙古族族源新考》，第71、74页；林树山：《东后贝加尔地区的室韦文化源流及其成分》，《北方文物》1989年第4期。d. 突厥系统部落，赵展：《锡伯族源考》，《社会科学辑刊》1980年第3期；干志耿、孙秀仁：《黑龙江古代民族史纲》，第244页。方氏认为柔然亡后，其余众东北奔附室韦，为避突厥人耳目，自称室韦。突厥既与大檀关系密切，以大檀为柔然通称，则突厥人对此部分柔然余众或称为大檀室韦，略称为大室韦。柔然部众大规模东北迁移并被称为大室韦，这没有丝毫根据。突厥以大檀为柔然通称或柔然曾自称檀檀，也仅有《宋书·索虏传》附“芮芮”条孤证，伯希和就认为是史文误记。

② （后晋）刘昫等：《旧唐书》卷195《回纥传》，中华书局点校本，1975年，第5214页。

到唐代，随着室韦与中原关系的进一步密切，文献中出现了更多的具有专称的室韦部落，反映了室韦进一步的发展变迁。

第三节 唐代早期的室韦诸部

唐代对室韦情况的了解更进了一步，文献记载较前代更为详细。开元二十七年（739）修成的《唐六典》记载：开元年间，“凡四蕃之国经朝贡已后自相诛绝及有罪见灭者，盖三百余国。今所在者，有七十余蕃”。接下注有各部族名称，其中包括“室韦、和解乌罗护、乌素固、达末娄、达垢”[①]等室韦部落。始撰于大历元年（766）的《通典》在新增唐代室韦内容中说：“大唐所闻有九部焉，屡有朝贡。所谓岭西室韦、山北室韦、黄头室韦、大如者室韦、小如者室韦、讷北室韦、婆萬室韦、达末室韦、骆驼室韦。”[②]《旧唐书·室韦传》“我唐有九部焉”一条应抄《通典》，但将“达末室韦”脱漏，只记8部。除此之外，《旧唐书》又记有乌素固、移塞没、塞易支、和解、乌罗护、那礼、大室韦、西室韦、蒙兀室韦、落俎室韦、东室韦等11部，计19部。《新唐书·室韦传》说室韦“分部凡二十余”，但具体部名仅载18个（漏东室韦）。其中《旧唐书》的“骆驼（室韦）”，《新唐书》作“骆丹（部）”，均排在讷北部后，是为一部。《旧唐书》“讷北（支）部”，《新唐书》一处作“讷比支部”，另一处作“讷北”。《旧唐书》“落俎室韦”，《唐会要》作“赂丹室韦”，《太平寰宇记》作“落怛室韦”，《新唐书》作“落坦部”。《旧唐书·室韦传》系采自唐代不同时期史料编缀而成，《唐会要》《太平寰宇记》《新唐书》又不同程度地抄录改写了《旧唐书》内容，所以《旧唐书》记载的“骆驼室韦”和“落俎室韦”当为一部重出。结合“驼”与“丹”“怛”“坦”音近，《旧唐书》书“俎”字当误，这一点已为多数研究

---

① （唐）李林甫等：《唐六典》卷4《尚书礼部》主客郎中条，中华书局，1992年，第129页。

② 《通典》所载室韦九部，山北室韦原脱“山”，讷北室韦原脱“北室韦”，据《旧唐书》《唐会要》等补。达末室韦，“末”原讹为“木”，据明刻本等改。研究者多认为《通典》先云九部，实载八部。实际是没注意到讷（纳）后当脱“北室韦”三字。参考《通典》卷200注㉒、㉓、㉕等，第5505—5506页。

者首肯。实际《旧唐书》只载18部。又《新唐书·流鬼传》根据新材料，认为“达姤，室韦种也”。《旧唐书》虽未明言达姤系室韦部落，但也载有此部，并言“黄头室韦东北与达姤接”。《唐六典》则作“达垢”。“垢”与“姤”音近，《集韵》一作丘候切，一作居候切，故应将达姤补入。达末室韦，白鸟库吉《室韦考》认为即达末娄[①]。《唐六典》在列举开元年间（713—741）所存诸民族部落时，将达末娄列在乌素固和达姤之间。达末与达末娄名称基本相同，《魏书·失韦传》又载室韦语与豆莫娄（即达末娄）相同，把达末娄归入室韦部落集团不是没有根据。《魏书·豆莫娄传》《新唐书·流鬼传》等均说达末娄系北夫余后裔，据此，唐代把北夫余后裔纳入了室韦名下，亦即唐代室韦部落中增加了非东胡系后裔成分。

综合各种史籍，唐代早期有确切名称的室韦部落共20个，为凑够室韦“分部凡二十余”的数目，有的研究者认为应将乌丸、鞠和霫列入，共计23部[②]。或主张钵室韦、深末怛室韦在唐仍存在，钵室韦不是唐代的婆莴室韦，总计22部[③]。将乌丸、鞠、霫算作室韦部落，没有可靠的史料证据。从文献所记乌丸、鞠、霫的地理位置、风俗习惯等都难以将其与室韦联系起来[④]，尤其是托名音韵学手段所做的具体论证，充满了任意

① 〔日〕白鸟库吉：《室韦考》，《白鸟库吉全集》第4卷，第357页；《室韦史研究》认为达末即达姤。孙秀仁、孙进己、郑英德等：《室韦史研究》，第89页。

② 郑英德、刘光胜：《室韦部落新探》，《中央民族学院学报》1982年第2期。所计23部，未算达末室韦，将黄头室韦分作二部，将乌丸、鞠、霫移录补入。

③ 干志耿、孙进己：《室韦地理考述》，《社会科学战线》1983年第3期。所计22部，未列达末室韦，把骆驼部与落坦部当作两部，补入钵室韦、深末怛室韦。

④ 唐代文献对乌丸、鞠、霫的记载较为清楚和准确，并没有将其归为室韦部落。《旧唐书·室韦传》：“乌罗护之东北二百余里，那河（今嫩江）之北有古乌丸之遗人，今亦自称乌丸国。”《旧唐书》卷199下《室韦传》，第5357页；《新唐书·回鹘传》：“又有鞠，或曰祴，居拔野古东北，有木无草，地多苔。无羊马，人豢鹿若牛马，惟食苔，俗以驾车。又以鹿皮为衣，聚木作屋，尊卑共居……大汉者，处鞠之北……与鞠俱邻于黠戛斯剑海（今俄罗斯叶尼塞河）之濒。”《新唐书》卷217下《回鹘传》，第6146页；《旧唐书·霫传》：“霫，匈奴之别种也，居于潢水（今西拉木伦河）北，亦鲜卑之故地，其国在京师东北五千里。东接靺鞨，西至突厥，南至契丹，北与乌罗浑接。地周二千里，四方有山，环绕其境。人多善射猎，好以赤皮为衣缘，妇人贵铜钏，衣襟上下悬小铜铃，风俗略与契丹同。”《旧唐书》卷199下《霫传》，第5363页。

性[①]，结论显然是不对的。钵室韦到唐代称作婆莴室韦，大体是可信的[②]。深末怛室韦，两《唐书》已不见载，当被其他名称替代，不应作为唐代室韦部落。唐代有具体名称的室韦部落是：岭西室韦、山北室韦、黄头室韦、大如者室韦、小如者室韦、讷北（支）室韦、婆莴室韦、骆驼（落俎、赂丹、落怛、落坦）室韦、达末室韦、大室韦、西室韦、蒙兀室韦、东室韦、乌素固部、移塞没部、塞曷支部、和解部、乌罗护部、那礼部，达姤（垢）部，共20部。

《隋书·室韦传》大致是将室韦分作五个部落群加以记载的。如南室韦有25部，北室韦有9部，钵室韦人众多于北室韦，部落数应多于9部。《旧唐书》等唐代文献则较为具体地记载了室韦的部落名称，但也可能有某几个部落共同使用同一名称或被中原人冠以同一名称的情况。《旧唐书》所载"塞曷支部落……人户亦多"，《新唐书》称它为室韦"最强部"。黄头室韦也是"部落兵强，人户亦多"，"强部也"。到唐末，黄头室韦已分为大黄室韦和小黄室韦[③]。可以推想，作为强盛部落的塞曷支部和黄头部控制着其他一些弱小的部落，这些小部落有可能自称或被称为塞曷支室韦或黄头室韦。

唐代早期的室韦诸部落是由隋代的五大部演变而来的。唐武德八年（625），即唐建立政权第8年，室韦派出使者朝贡，与唐朝建立了联系[④]。"贞观三年（629），遣使贡丰貂，自此朝贡不绝。"[⑤]同年，唐派六路大军攻击突厥。次年（630），突厥政权灭亡。役属于突厥的室韦转而归附唐

---

① 如郑英德、刘光胜《室韦部落新探》文中所说："乌丸的乌 wū，可以转化为室韦的韦 wéi，这是旁转"，"鞠 jū 与室韦的韦 wéi，应该都是从乌丸的乌 wū 转音来的，都是旁转"等。这些杜撰的"音转"论，其随意性是惊人的。郑英德、刘光胜：《室韦部落新探》，《中央民族学院学报》1982年第2期。

② 钵（*puat）同婆莴（*bua-ua）可以勘同，方壮猷：《鞑靼起源考》，《国立北京大学国学季刊》第3卷2号，1932年。

③《辽史·兵卫志》属国军条并列记载着黄室韦、大黄室韦和小黄室韦，《辽史》卷36《兵卫志》，第431页；《辽史·营卫志》说辽太祖耶律阿保机曾以计降服大黄室韦、小黄室韦，《辽史》卷33《营卫志》，第387页。

④（北宋）王溥：《唐会要》卷96《室韦》，上海古籍出版社点校本，2006年，第2039页。

⑤《旧唐书》卷199下《室韦传》，第5357页。

朝。室韦贡使频繁地进入中原，使唐廷对室韦各部情况比前代更为熟悉。所以，对室韦部落的记载方式已不同于隋代，内容较前代更为具体翔实，室韦部落绝大多数也有了专称，单从名称上已很难看出与隋代室韦的联系。然而从唐代室韦部落的大体分布上，仍能寻出各部与隋代五大部室韦的承继关系。

隋代南室韦有 25 个小部落，不排除当时已经有了具体的名称，只不过不为隋朝史官所知而已。唐代文献记载的乌素固、移塞没、塞曷支、和解、乌罗护、那礼、山北室韦、东室韦、黄头室韦、达姤室韦和达末室韦大致分布在室韦居住区的南部地带，大致由隋代的南室韦部落群发展演变而来。有研究者认为“和解与塞曷支当是同音异译，合则为一部，称大、小和解室韦……分则为二部，单称和解室韦、塞曷支室韦”[①]。这一说法，没有任何史料根据。所谓同音异译，更不能成立。和解，伯希和构拟作*Ghuâkâi、*Ghuâhâi 或*Vaghai[②]。和（匣戈合一）解（见蟹开二），唐代音值可构拟作*ɣua-kai，与伯氏所拟相符。塞（心德开一或心代开一）曷（匣曷开一）支（章支开三）的唐代音值可构拟作*Sək（sai）-ɣat-tɕi，与*ɣua-kai（和解）相去甚远。王国维以乌罗护与契丹交界，那礼部与乌罗护犬牙而居，认为那礼是契丹耶律氏始祖泥礼所统部落[③]。泥礼、那礼音虽相近，但没有根据说那礼部是因契丹泥礼这一人名而得的部名。史籍对契丹与室韦的记载泾渭分明，不致混淆。并且契丹在潢水（今西拉木伦河）南，霫在潢水北，那礼南与霫相接，没有理由说那礼部是契丹耶律氏祖先部落。乌罗护即北朝的乌洛侯，唐代又称为乌罗浑，言讹为乌护。有专文认为“乌罗浑（乌洛侯）与乌罗护当是两个不同民族，二者不应混淆”[④]。理由是《通典》只载乌罗浑是北朝乌洛侯，而没说又称乌罗护；乌罗浑与乌罗护地域不一，生活习俗有别。但《通典》明言“乌罗浑国亦谓之乌护，乃言讹也”，即乌护为乌罗护急读。关键是唐代乌罗护已向南迁，成了室韦南部诸部之一。有的研究者认为乌罗护或

① 郑英德：《室韦地理新探》，《社会科学辑刊》1983 年第 4 期。

② 〔法〕伯希和：《评王国维遗书》，冯承钧译，《西域南海史地考证译丛五编》，第 67 页。

③ 王国维：《黑车子室韦考》，《观堂集林》，第 624 页。

④ 王德厚：《乌罗浑与乌罗护辨析》，《民族研究》1987 年第 4 期。

即靺鞨部落[①]，这种没有注意到北朝至唐代乌洛侯（乌罗护）的历史变迁，将二者联系起来加以考察，而仅凭某些个别习俗相同就将乌罗护定为属于靺鞨部落的说法，是没有说服力的。唐代乌罗护与乌罗浑是一部之称，是北朝乌洛侯的延续，属唐代南部室韦部落是不成问题的。豆莫娄在北朝室韦以东，主要活动在松花江以北的松嫩平原上，属北夫余后裔部落。唐代文献记称达末室韦，显然将其归为了室韦部落。所谓“钵室韦亦可称作豆莫（达木）室韦”[②]，即达末室韦由钵室韦演化而来的观点不符合《魏书》《隋书》所载豆莫娄和钵室韦的情况，二者地域、生产方式、生活习俗都各不相同[③]。达姤室韦在达末室韦西南、黄头室韦以东，应属隋代南室韦部落群之一部。有研究者提出达姤疑即达末[④]，《新唐书·流鬼传》清楚明确地记载二部同时朝贡，地域相邻，这种说法不能成立。山北室韦、东室韦当以地理方位得名，不一定仅指一个部落。从地理分布判断，也是由隋代的南室韦演变而来。

唐代文献记载的岭西、讷北支、大如者、小如者等室韦部落与隋代北室韦地域相符，大概是从北室韦分化出来的。史载，北室韦分为9部，从岭西名称看，是以处于某山岭以西得名，不是部落自称，有可能泛指几部。有人根据《通典》等所载“大唐所闻有九部焉”正与《隋书》所载“北室韦分为九部落”相合，因此，将黄头室韦、达末室韦、婆莴室韦和骆驼（落坦）室韦归入隋代北室韦[⑤]。这是一种误解。《通典》所谓唐代所知室韦九部，是唐代早期整理记录下来的材料。这条史料又被《唐会要》《旧唐书》《太平寰宇记》等抄袭。《唐会要》抄改作“大唐有九部焉”，《太平寰宇记》删“大唐”二字，径作“有九部焉”。与前文北室韦

---

① 干志耿、孙秀仁：《黑龙江古代民族史纲》，第245—246页。

② 林树山：《东后贝加尔地区的室韦文化源流及其成分》，《北方文物》1989年第4期。

③ “豆莫娄国……在失韦之东……其人土著，有宫室仓库……地宜五谷……其君长皆以六畜名官……饮食亦用俎豆。有麻布，衣制类高丽而幅大，其国大人，以金银饰之……”钵室韦在北室韦之北，“用桦皮盖屋，其余同北室韦”。而北室韦情况与豆莫娄迥然有别。

④ 《室韦史研究》又说达姤疑即达末。孙秀仁、孙进己、郑英德等：《室韦史研究》，第138页。

⑤ 孙秀仁、孙进己、郑英德等：《室韦史研究》，第89页。

联系，更易使人产生误解[①]。实际上，《通典》“大唐所闻有九部焉”是指唐朝初年所知的室韦部落，并非指隋代北室韦。经考证，黄头室韦、达末室韦、婆莴室韦和骆驼室韦地域，均不在北室韦范围。黄头、达末地在室韦居住区南缘，婆莴、骆驼在黑龙江上游南北，所以，不应将其划为隋代北室韦九部。大、小如者当为一部二分，文献又记作如者、俞折。

大室韦名称未变，当由隋时大室韦演变而来。有研究者认为唐代大室韦与隋代大室韦名同而实异。唐代大室韦在今黑龙江省漠河市一带，隋代大室韦在今雅布洛诺夫山脉一带，并将唐代大室韦归入隋代北室韦，以鞠相当于隋代大室韦[②]。我们认为，现存《隋书》对室韦各部地望大多只知大致方位，而不晓确切位置，尤其对大室韦所在，漫漶一指在深末怛室韦西北数千里。但据《唐会要》所引《隋书》，大室韦在望建河之南，即今额尔古纳河和黑龙江上游以东、以南地。唐代，中原人对望建河大致流向及所经室韦各部的记载基本清楚，大室韦在额尔古纳河下游、黑龙江上游一带。隋唐时期，文献记载的大室韦应为同一个。至于唐代是否有部落从大室韦中分离出来，以新的名号见载史籍，还须斟酌[③]。

西室韦，唐代始见。《旧唐书·室韦传》说望建河“屈曲东流，经西室韦界”，则西室韦大致在今额尔古纳河上、中游两岸。隋代深末怛室韦分布在额尔古纳河东岸支流激流河流域，处于室韦部落活动区较为靠西的部落。隋末唐初，深末怛室韦有可能乘强大的突厥政权衰亡、部众南迁、漠北地空之际，稍向西迁，因地处室韦各部之西，被唐人称为西室

① 如《〈中国历史地图集〉释文汇编·东北卷》引《太平寰宇记》时，断句为“北室韦，后魏武帝，隋开皇、大业中，并遣使来朝贡有九部焉。所谓岭西室韦……”张锡彤、王锺翰、贾敬颜等:《〈中国历史地图集〉释文汇编·东北卷》，第54页。

② 郑英德:《室韦地理新探》，《社会科学辑刊》1983年第4期。作者并认为，唐代岭西、山北、讷北支、乌丸、霫等亦应归入隋代南室韦，大、小如者室韦相当于深末怛室韦。

③ 《元朝史》认为蒙兀室韦似是大室韦分部，是以地域相邻得出结论的。然据《隋书》，大室韦与诸室韦语言不通，研究证明，蒙古语属东胡后裔诸语言一支，是室韦语突厥化后的产物。蒙兀室韦与大室韦的关系缺乏文献记载，要想得出确切结论难度很大。韩儒林主编:《元朝史》上册，第5页。

韦。有研究者认为西室韦由隋代北室韦演变而来[①]，在地理分布上讲不通。西室韦最有可能与深末怛室韦有关系。

婆莴室韦由隋代钵室韦演化而来，已为多数研究者认同。蒙兀室韦地与钵室韦相近，可能是隋代钵室韦部落群中的一支。唐代，“蒙兀”从中分出，是汉语系民族对译“Mongghol”的最早汉字形式，也是蒙古族名见诸史乘之始，是13世纪初期初步形成的蒙古民族共同体的核心部分。有人否认蒙古族起源于蒙兀室韦，认为蒙兀室韦属于通古斯族系的说法[②]，已为大多数学者的研究结果所否定。认定蒙兀是蒙古先民，蒙兀是东胡系民族鲜卑后裔室韦一支，是确定蒙古族起源的重要前提。有的研究者认为深末怛室韦位于石勒喀河流域，是唐代的蒙兀室韦[③]。这不符合隋代深末怛的地理分布，也与《旧唐书》望建河（今额尔古纳河和黑龙江上游）向东流经蒙兀室韦居地之北的记载不符。

落坦部，与蒙兀部隔河相望。多认为是隋代深末怛室韦[④]。按落坦部在额尔古纳河下游和黑龙江上游以北，深末怛在额尔古纳河中游东岸来看，二者地域不同。没有史料证明落坦是由深末怛居地东北迁移至黑龙江上游北岸的。二者音值亦不相同。落坦为*lak-tan，深末怛是*ɕi̯əm-muat-tat。这一说法是错将深末怛和落坦两部居地都定在结雅河流域造成的。

唐代早期室韦诸部与隋代室韦部落具有承继关系。由于唐代室韦与中原关系的进一步密切和室韦部落的进一步分化，唐人对室韦各部有了更深入的了解和更详细的记载。体现在部落名称上，唐代史籍记载了室韦各部的具体称谓，如为《隋书》所未载的乌素固、移塞没、塞曷支、和解、乌罗护、那礼、小如者、大如者、讷北支、蒙兀、落坦、达姤、达末等，这些都应当是室韦各部的自称；此外，与隋代室韦名称相同的有大室韦、婆莴（钵）室韦；还有一些可能不知具体名称，或含有几个部落难以区分，而以所处方位、山脉和体质特征形式记载下来的部落名，

---

① 郑英德：《室韦地理新探》，《社会科学辑刊》1983年第4期。

② 赵展：《对蒙古族起源于“蒙兀室韦”说的质疑》，《学习与探索》1982年第2期。

③ 林树山：《东后贝加尔地区的室韦文化源流及其成分》，《北方文物》1989年第4期。

④ 赵展：《对蒙古族起源于“蒙兀室韦”说的质疑》，《学习与探索》1982年第2期；张博泉：《东北地方史稿》，第197页。

如岭西室韦、山北室韦、东室韦、西室韦、黄头室韦等。在唐代早期室韦部落大多有了具体名称的情况下，室韦一名具有了更为泛指的性质。唐代史籍在记录室韦各部朝贡、扰边、归附等史实时，也多以泛称室韦指代而很少言及具体部落名称。

及至唐中晚期至辽金时期，除了泛称室韦和与契丹地域相邻的一些有具体称谓的室韦部落之外，唐人受突厥语族部落影响，对室韦又泛称达怛，契丹人、女真人又称迁徙到蒙古高原腹心地带的室韦部落为阻卜、阻轐，文献中出现了一些新的具体称谓，反映了室韦部落的历史变迁。

第四节　唐中晚期至辽金时期的室韦—达怛部落

唐代古突厥文《阙特勤碑》《毗伽可汗碑》记载有 Otuz Tatar（三十姓达怛），在《毗伽可汗碑》和回纥《铁尔痕碑》《磨延啜碑》中数见 Toquz Tatar（九姓达怛）和泛称 Tatar（达怛）[①]。亦邻真认为，语言属于东胡后裔诸语言的这一部分室韦人又称作达怛人。突厥碑铭记载的三十姓达怛的地理位置正好相当于汉籍中记载的室韦人所占据的空间。八九世纪之交，在洮儿河流域以北直到石勒喀河流域的室韦人就是突厥碑铭中的达怛人。当时已经有了大约 30 个部落，所以称为三十姓达怛。这就是说，在更古的泛称之外，又有了另一个泛称达怛。室韦、达怛这两个名称在汉籍中可以互通互易，有理由把这两个名称连起来使用，称为室韦—达怛[②]。

达怛一名来自呼伦贝尔草原的塔塔儿[③]。“他们的名称自古以来即闻名于世。”“他们在远古的大部分时间内，就〔已经〕是大部分〔蒙古〕部落和地区的征服者和统治者，〔以其〕伟大、强盛和充分受尊敬〔而出类

① 突厥文碑铭汉译文参阅林幹《突厥史》和林幹、高自厚《回纥史》附录中的耿世民译文。林幹：《突厥史》，内蒙古人民出版社，1988 年；林幹、高自厚：《回纥史》，内蒙古人民出版社，1994 年。

② 亦邻真：《中国北方民族与蒙古族族源》，《内蒙古大学学报》（哲学社会科学版）1979 年第 3、4 期。

③ 余元盦：《内蒙古历史概要》，上海人民出版社，1960 年，第 14 页。

拔萃〕。由于〔他们〕极其伟大和受尊敬的地位，其他突厥部落，尽管种类和名称各不相同，也逐渐以他们的名字著称，全都被称为塔塔儿。这些各种不同的部落，都认为自己的伟大和尊贵，就在于跻身于他们之列，以他们的名字闻名。”[①]14 世纪初成书的拉施特《史集》的表述，大致说明了达怛名称的起源和嬗变的历史过程。唐中期以后，中原人受到突厥语族部落影响，也开始对室韦人使用达怛这一称呼。汉文史籍记载达怛始于唐代李德裕的《会昌一品集》，此后历代汉文献对 Tatar 的汉字对译形式有很多种[②]。虽然 Tatar 的汉字译写形式很多，在不同历史时期的具体史料中所指也不全是相同的部落（包括族属相同或不相同者），但它们都滥觞于 Tatar 一词，是不同时期汉文献编纂者使用不同汉字对 Tatar 的对译。

八九世纪，一些室韦—达怛的部落居地发生了变化，分几支向近塞地区及蒙古高原迁移。尤其自 9 世纪中期回鹘汗国衰亡以后，基本结束了突厥语族部落统治漠北地区的历史。室韦—达怛人趁势西迁，逐步填充了回鹘人所余空地。随着地域变迁，室韦—达怛人同突厥、回鹘、沙陀突厥、党项、吐谷浑、奚、契丹等族有了更频繁的交往，同唐、后唐的关系更为密切。中原人接受了突厥语族部落对室韦的称谓——达怛，

---

① 〔波斯〕拉施特著，余大钧、周建奇译：《史集》第 1 卷，第 1 分册，第 166 页。

② 如达怛，（唐）李德裕：《会昌一品集》卷 5，四部丛刊本；达靼，《旧唐书》卷 19 下《僖宗纪》，第 707 页；鞑靼，（宋）王钦若等：《册府元龟》卷 7《帝王部·创业三》，中华书局影印本，1960 年；塔坦，（南宋）李焘：《续资治通鉴长编》卷 10《太祖·开宝二年》，中华书局点校本，2004 年，第 237 页；达坦，（南宋）王明清：《挥麈前录》卷 4 引王延德《使高昌记》，四部丛刊本；挞笪，（明）余靖：《武溪集》卷 18，北京图书馆古籍珍本丛刊本；挞靼，（北宋）曾公亮：《武经总要·北蕃地理》，商务印书馆点校本，第 259 页；达妬，陈述辑校：《全辽文》卷 6《韩椅墓志铭》，中华书局点校本，1982 年，第 120 页；塔塔，（元）脱脱等：《宋史》卷 485《夏国传》，中华书局点校本，1985 年，第 13996 页；达打，（南宋）叶隆礼：《契丹国志》卷 22《四至邻国地里远近》，中华书局点校本，2014 年，第 239 页；靼鞑、怛怛，李范文编释：《西夏陵墓出土残碑粹编》，文物出版社，1984 年，第 39 页；达旦，《辽史》卷 1《太祖纪》，第 12 页；达达，《辽史》卷 30《天祚帝纪》，第 355 页，（明）宋濂：《元史》卷 59《地理志二》，中华书局点校本，1976 年，第 1400 页；塔塔儿，《元朝秘史》，四部丛刊三编本。

如《会昌一品集》记称黑车子室韦（见于《辽史》）为黑车子达怛，《三朝北盟会编》等又称阴山室韦（见于《辽史》）作阴山达怛。一些在土拉河、色楞格河及鄂尔浑河流域活动的室韦人被称为九姓达怛。河西地区也活动着一支达怛部落。总的看，自唐中期以后，室韦—达怛部落逐渐发展壮大起来，成为中国北方草原地带举足轻重的一支力量。在不同历史时期，室韦—达怛部落参与了一系列历史事件，对中国历史产生了深远影响。九姓达怛深入蒙古高原腹地，同突厥、回鹘的斗争虽常遭失败，但它终于在突厥语世界里站稳了脚跟，为其他室韦—达怛部落继之而后西迁蒙古高原开辟了道路。入辽以后，九姓达怛（北阻卜）不甘屈服，不断掀起反辽斗争浪潮，打击了辽王朝的统治。黑车子达怛与回鹘、唐朝均有密切交往，被契丹征服后在辽这一由多民族组成的政权里，占有重要位置。阴山达怛挽救了沙陀贵族遭覆灭的历史命运。如果没有阴山达怛在经济上的接济和军事上的增援，辽朝也许亡得更快。河西达怛地当丝绸之路，它的活动对唐末至北宋的中原与西域的经济、文化交往都起过重要作用，对回鹘、西夏、北宋等都有程度不同的影响。

唐末五代，中原人除对近塞室韦称达怛的同时，对留在原居地的室韦部落仍循旧称，称作室韦。文献当中除泛称室韦屡见于史，和解室韦、大室韦和黄头室韦偶尔见载史籍以外，其他前此见诸记载的室韦部落名称已不复见。这与各部室韦的地域变迁、部落演变、名称改换和中原政权与室韦各部关系疏远等因素有关。10 世纪以后，契丹人居地与室韦毗邻，语言相通，建国之初就收服了许多室韦人口，对室韦十分熟悉。在室韦泛称之外，契丹人又对室韦—达怛原居地部落使用了一些专称，主要有黑车子室韦（七姓室韦）、大黄室韦、小黄室韦、臭泊室韦、兽室韦等。同时，契丹人又赋予迁入蒙古高原腹地的室韦—达怛部落以“阻卜”的泛称，也有北阻卜、西阻卜等专称。文献中还记载了活动于今呼伦贝尔草原及其周边地区的一些部落，虽然未和室韦连称，但有可能与唐代早期的室韦部落相关。如乌古（于厥）、敌烈、韈劫子等。对乌古、于厥是否为同名异写，乌古、于厥来源是否相同等，虽有不同看法，但都认为是由唐代室韦部落演变而来。从地域分布及其变迁历程看，五代辽金时期在室韦原居地以新名称出现的部落应当与唐代室韦有密切关系。这时，蒙古部已由额尔古纳山林迁徙到斡难河流域，室韦—达怛各部名称也更为具体化，演变成为蒙古高原诸部。经过历史变迁，蒙古部逐步兴起，到成吉思汗时代，先后征服塔塔儿、克烈等东胡系后裔诸室韦—达怛部落和乃蛮等突厥语族部落，统一蒙古高原，于1206年建立大蒙古国，标志着以室韦—达怛部落为主、突厥语族部落等为辅的古代蒙古民族共同体的初步形成。

第四章　室韦的地域分布

不同历史时期室韦的地域分布是史学界颇感兴趣、较为关注的问题，研究者发表了许多成果，提出了很多看法，但在一些具体问题上分歧很大。北朝至隋唐时期的文献资料，对室韦在不同时代的地理位置有一些记载，依靠这些材料，结合考古资料，大体上可以勾画出各个历史时期室韦部落的分布格局。由于文献记载的简略、模糊并且前后没有连续性，对室韦部落的地望大多只能做大致的推定。

第一节　南北朝时期室韦的地望

南北朝时期室韦、乌洛侯的地理分布是个引起广泛探讨、说法纷纭的问题。关于北朝室韦、乌洛侯地域，学界各有10余种说法。就北朝室韦地域而言，主要有分布于今哈拉哈河流域一带，今扎赉特旗等地，今齐齐哈尔及其附近，黑龙江流域，今黑龙江、齐齐哈尔一带，老头山附近，霍林河流域，嫩江中游以西、大兴安岭以东地区，嫩江流域一带，活动范围包括黑龙江省西部和内蒙古兴安盟、呼伦贝尔市一带，当在绰尔河以西，呼伦、贝尔两湖以南之地，绰尔、诺敏二河间为南室韦居地等看法[①]。

① 分别见于方壮猷:《室韦考》,《辅仁学志》第2卷第2期，1931年；吴廷燮:《室韦考略》,《四存月载》第74期，1922年;〔日〕津田左右吉:《室韦考》，汉译文载《王国维遗书》第14册;〔日〕白鸟库吉著，方壮猷译:《东胡民族考》下编《失韦考》，第25—56页；张博泉、苏金源、董玉瑛:《东北历代疆域史》，第65—75页；孙秀仁、孙进己、郑英德等:《室韦史研究》，第13—18页；王德厚:《室韦地理考补》,《北方文物》1989年第1期；张锡彤、王锺翰、贾敬颜等:《〈中国历史地图集〉释文汇编·东北卷》，第54页；郑英德:《室韦地理新探》,《社会科学辑刊》1983年第4期；叶幼泉、王慎荣:《蒙古名称及其族源的若干问题》,《中国蒙古史学会论文选集（1983）》，第97—115页；王颋:《室韦的族源和各部方位》,《中国蒙古史学会论文选集（1983）》，第128—138页。

关于乌洛侯地域，根据考订的大体范围，可分为三种意见：第一种认为在今齐齐哈尔附近或以南地。有洮儿河流域，齐齐哈尔河附近，洮儿河北、绰尔河上游，归流河左近地，齐齐哈尔市以西直到大兴安岭一带山地等具体诸说。第二种认为在以今甘河流域为中心的嫩江上中游一带。具体有在嫩江上中游一带，以今甘河流域为中心、北不过伊勒呼里山、南达诺敏河流域，南起绰尔河、北至甘河、嫩江以西、大兴安岭以东的嫩江中游西侧地区等诸说。第三种是四至范围最大的一说，以齐齐哈尔为中心，北至小兴安岭南麓，南止于吉林白城一带，西抵大兴安岭东麓，东至克山、拜泉一带等[①]。总的看，充分依据和辨析文献记载，尤其是以考古发现的嘎仙洞作为可靠的地理坐标是确定其地域分布的关键。

《魏书》卷100《失韦传》和相关传记记载了室韦及其邻族的大致地理状况，根据室韦同周邻部族的方位和从北朝边地和龙（今辽宁省朝阳市）到达室韦居地的路线里程可以大致确定它的地望。

根据《魏书》记载，室韦和豆莫娄均位于勿吉北千里，南距洛阳6000里之地，豆莫娄在室韦以东。地豆于在室韦以西千余里[②]。乌洛侯在地豆于之北，离代都（今山西省大同市）4500余里。从室韦与地豆于和乌洛侯与地豆于间的相互位置，可知乌洛侯应在室韦以北[③]。从乌洛侯和

---

① 〔日〕白鸟库吉：《室韦考》，《白鸟库吉全集》第4卷，第25—26页；佟柱臣：《嘎仙洞拓跋焘祝文石刻考》，《历史研究》1981年第6期；张博泉、苏金源、董玉瑛：《东北历代疆域史》，第65—75页；孙秀仁、孙进己、郑英德等：《室韦史研究》，第13—18页；米文平：《鲜卑石室所关诸地理问题》，《民族研究》1982年第4期；干志耿、李士良：《乌洛侯与黑龙江历史地理诸问题》，《求是学刊》1981年第4期；王德厚：《室韦地理考补》，《北方文物》1989年第1期；张锡彤、王锺翰、贾敬颜等：《〈中国历史地图集〉释文汇编·东北卷》，第54页；张泰湘：《从北魏祖庙石室看乌洛侯的位置及其他》，《求是学刊》1981年第3期等。

② 《魏书》所载室韦与勿吉、地豆于等异族间道里数当为约数，很难有准确性可言。这种里数有一个起止点从何算起问题。比如室韦到勿吉之间，如从勿吉中心地域到室韦中心地域当为一种结果，从勿吉北界到室韦南界又将是另外一种结果。实际上，勿吉与豆莫娄仅为一江（松花江）之隔，室韦又东邻豆莫娄，所谓室韦、豆莫娄在勿吉北千里肯定不实。

③ 孙秀仁等《室韦史研究》认为北朝室韦当隋朝北室韦，乌洛侯当南室韦。乌洛侯应在北朝室韦西南800里。孙秀仁、孙进己、郑英德等：《室韦史研究》，第87页。

室韦距中原地区的里程估算[①]，乌洛侯也当在室韦北部。可以确定，室韦东西与豆莫娄和地豆于相邻，南北与勿吉和乌洛侯相毗。豆莫娄在松花江以北、嫩江中下游以东的松嫩平原上。地豆于大致在适宜发展游牧业的呼伦湖南部一带的草原上。勿吉境内南有长白山，北界松花江。乌洛侯境内西北有拓跋魏祖先“旧墟石室”，它应在甘河两岸，东傍嫩江上游。那么，室韦当沿嫩江中下游及以西各支流居住。这一位置与史书记载的室韦四邻部族地望相符。

考证《魏书·乌洛侯传》和《魏书·失韦传》记载的地理名称，结合考古发现，也可得出相同结论。据《魏书·乌洛侯传》，乌洛侯使者于太平真君四年来到北魏代都，告诉太武帝拓跋焘在乌洛侯居地西北有拓跋祖先遗迹——“旧墟石室”。随后，拓跋魏统治者派中书侍郎李敞等人前往祭祀，并在石室西壁刊刻了“祝文”。《魏书·礼志》记载了同一件事情，并收录有“祝文”全文。1980年，考古工作者在今鄂伦春自治旗境域的嘎仙洞内发现了太平真君四年的祭祖“祝文”，证实所谓“石室”实际是一座天然山洞，即位于今大兴安岭北部顶巅东麓，嫩江西岸支流甘河上游，地理坐标为北纬50° 30′，东经123° 36′的嘎仙洞[②]，这一重大的考古发现不但证实了《魏书·序纪》记载的可靠性，澄清了鲜卑史中的一些模糊问题，而且为考订乌洛侯、室韦等的地理方位提供了一个可靠的地理坐标。史载“石室”位于乌洛侯西北，部民以“室有神灵”，多往“祈请”。李敞等人代表北魏统治者对拓跋氏祖迹进一步确定认同后，乌洛侯部民“益神奉之”。可见，乌洛侯居地当在“石室”东南不远，应在

---

① 史载乌洛侯“去代都四千五百余里”，室韦“去洛六千里”。前文已证，乌洛侯和室韦是北朝先后出现的部落名称。乌洛侯使者朝贡时（443），北魏尚未迁都洛阳，是到的平城（今山西省大同市）；室韦与东魏建立联系时（544），应该到的是东魏都城邺城（今河北省临漳县），所以，《魏书》因乌洛侯和室韦使者所到地点不同而记载有别。不过，这里的室韦“去洛六千里”，史家选定的距离坐标是洛阳。以今日舆图推算，由今大同（北魏代都）至洛阳，直线距离约在600千米。如果将古里小于今里（两汉至晋代的里约比今里小三分之一，隋唐时约比今小十分之一多）、贡使不可能直线行走等因素考虑进去，这段路按古代计法也应在2000里以上，亦即乌洛侯至洛阳距离当在6000里之上，路程比室韦“去洛六千里”要长。

② 米文平：《鲜卑石室所关诸地理问题》，《民族研究》1982年第4期。

甘河流域两岸。《魏书·乌洛侯传》又载："其国西北有完水，东北流合于难水，其地小水皆注于难，东入于海。又西北二十日行有于巳尼大水，所谓北海也。"完水是今额尔古纳河[①]，难水是今嫩江及东流松花江，于巳尼大水是今贝加尔湖。乌洛侯在甘河流域，符合在今额尔古纳河和贝加尔湖东南的记载。"其地小水皆注于难"，是指今嫩江西岸各支流注入嫩江而言。据此，乌洛侯南界应到诺敏河或雅鲁河一带。东界傍嫩江，西界当在大兴安岭山中。处于乌洛侯以南的室韦则在今嫩江中下游西岸地区。

考证出使室韦的路线、里程也大致可知其分布地域。《魏书·失韦传》记载有从和龙到室韦居地的路程和经历的山水。传文说，"路出和龙北千余里，入契丹国[②]，又北行十日至啜水，又北行三日有盖水，又北行三日有犊了山，其山高大，周回三百余里，又北行三日有大水名屈利，又北行三日至刃水，又北行五日到其国。有大水从北而来，广四里余，名㮈水"。可见，从契丹到室韦地，跋山涉水，大致需行 27 日。所经行

---

① 对完水有不同看法。白鸟库吉《室韦考》认为完水为额尔古纳河是误指，他认为是雅鲁河或甘河。见〔日〕白鸟库吉：《室韦考》，《白鸟库吉全集》第 4 卷，第 345 页。佟柱臣《嘎仙洞拓跋焘祝文石刻考》认为完水或系甘河。《乌洛侯传》文说完水东北流，合于难水。嫩江西岸诸支流（包括雅鲁河、甘河）均为东南流，与完水流向不符。完水东北流合于难水，是指额尔古纳河和黑龙江的最初流向及最终与松花江汇合的情况，中间流程的具体流向则未作记录。见佟柱臣：《嘎仙洞拓跋焘祝文石刻考》，《历史研究》1981 年第 6 期。马长寿《乌桓与鲜卑》引曹廷杰《东三省舆地图说》的考证，认为完水是归流河，实误。见马长寿：《乌桓与鲜卑》，第 116—117 页。《太平寰宇记》本言完水在乌洛侯西北，曹氏错引为西南。《魏书》《北史》《通典》等均说完水在乌洛侯西北即可证明。另，马长寿书第 239 页又认为完水是额尔古纳河，这是对的。张博泉等《东北历代疆域史》第 35 页注①认为《太平寰宇记》完水非《魏书》完水，显然是不对的。因从《太平寰宇记》行文看，有关乌洛侯的文字主要抄自《魏书·乌洛侯传》，多出的内容则摘自《通典》乌洛侯条；因《通典》乌洛侯条唐以前部分系抄自《魏书》，所以有可能径直抄录《通典》。各史所记完水实则为一，指额尔古纳河无疑。

② 另据《魏书·契丹传》，契丹在"和龙之北数百里"。时契丹在西拉木伦河一带，到和龙没有千余里。《魏书·失韦传》"路出和龙北千余里，入契丹国"一句夸大不实。《魏书》卷 100《失韦传》《契丹传》，第 2221、2223 页。

的第一条河流啜水，南距契丹居地10日路程，是较重要的一条河流。对它的考证，分歧很大[①]。我们认为啜水是指今霍林河更符合文献记载。据《魏书·勿吉传》载，从如洛瑰水（今西拉木伦河）到太鲁水（今洮儿河）需行15日[②]。绰尔河、哈拉哈河均在洮儿河北，亦即从西拉木伦河一线到上述两河的时间要多于15天。因此，距契丹10日程的啜水不会是绰尔河或哈拉哈河，更不会是西拉木伦河。因为北朝时期契丹"在库莫奚东"，"于和龙之北数百里"，即今老哈河下游以东、西辽河以南一带是契丹中心地域，西拉木伦河下游南部已是契丹西界，再往西是奚地[③]。史书所说的契丹国地域无疑包括西拉木伦河下游及西辽河流域，不同时代史籍均说契丹位于潢水（今西拉木伦河）之南。另外，西拉木伦河自汉代以来有作乐水、饶乐水、弱乐水、如洛瑰水、洛孤水、枭罗个没里等称谓，都是译自含义为"黄水""黄河"的同一个非汉语语词，《魏书·失韦传》所谓的啜水，显然不会是指如洛瑰水即今西拉木伦河。啜水应为南距今西拉木伦河一线10日路程的一条河流，而霍林河在西拉木伦河北，洮儿河南，距契丹10日行程与此大致相符。啜水即今霍林河。渡啜水后，又经盖水、犊了山、屈利水、刃水等[④]，费时17天始抵

① 大致有霍林河（参阅丁谦：《魏书外国传地理考证》，《浙江图书馆丛书》第1集；张柏忠：《霍林河名称沿革考》，《黑龙江文物丛刊》1984年第2期），西拉木伦河（〔日〕津田左右吉：《室韦考》，汉译文载《王国维遗书》第14册），绰尔河（〔日〕白鸟库吉著，方壮猷译：《东胡民族考》下编《失韦考》，第25—56页）和哈拉哈河（王国维：《黑车子室韦考》，《观堂集林》，第623—634页；张锡彤、王锺翰、贾敬颜等：《〈中国历史地图集〉释文汇编·东北卷》，第54页）四说。白鸟后著《室韦考》又转而赞同津田西拉木伦河为啜水说，张锡彤等所主哈拉哈河说为所附原稿，已改从白鸟原说绰尔河说，而白鸟则放弃了自己原来的说法。

② 《魏书·勿吉传》载，"如洛瑰水，水广里余，又北行十五日至太鲁水"。《魏书》卷100《勿吉传》，第2220页。

③ 《魏书·勿吉传》："至太泺河（今洮儿河），沉船于水，南出陆行，渡洛孤水（即西拉木伦河），从契丹西界达和龙。"《魏书》卷100《勿吉传》，第2220页。同书《库莫奚传》："登国三年，太祖亲自出讨，至弱洛水（今西拉木伦河）南，大破之……"《魏书》卷100《库莫奚传》，第2222页。

④ 盖水等诸山水名称，因无确凿史文可证，这里暂不作推断。研究者虽多有拟定，但皆因所定啜水不同而异。

室韦地。有宽4里余大水，从北向南流，名“㮈水”，就是《魏书·乌洛侯传》的“难水”，同书《勿吉传》的“难河”。“㮈”与“难”音近而字异，即今嫩江及东流松花江[①]。因南北朝时期的室韦部落主要分布于嫩江中下游及以西流域，所以《魏书·失韦传》所记仅为南北流的一段㮈水而未及东流的松花江部分。或认为㮈水特指嫩江上游[②]，白鸟库吉更认为是今黑龙江[③]，丁谦则说是诺敏河[④]，都不符合记载。由“从北而来，广四里余”，可知是指嫩江中下游一段。

根据以上论证，北朝室韦在嘎仙洞这一可靠地理坐标的南部地区。东邻豆莫娄，西毗地豆于，东南与勿吉邻近，北与乌洛侯相连，沿嫩江中下游及以西各支流居住。乌洛侯则在嘎仙洞东南的甘河两岸，南界至诺敏河甚至雅鲁河。室韦一名出现后，应该包括了乌洛侯，那么，乌洛侯地域亦应算作室韦地域的一部分。南北朝时期，嫩江流域及其以西各支流均分布有室韦人，中心地域当在雅鲁河和阿伦河之间。到隋代，随着中原地区对室韦情况的了解更为详细，史书记载的室韦部落分布地域有所扩大。

第二节　隋代室韦的地域分布

《隋书·室韦传》记载的室韦有五大部，“所谓南室韦、北室韦、钵室韦、深末怛室韦、大室韦”。《隋书》依次记述了隋代室韦的地理方位。

“南室韦在契丹北三千里”，肯定夸大不实。而有关南室韦道里又仅此一句，所以我们只能根据南室韦同南北朝时期室韦的关系来考订它的地理位置。将《隋书·室韦传》记载的内容与《魏书·失韦传》对比，可见二书所载相关部分，除用字稍有删改，略有不同外，隋代南室韦与南北朝室韦的地理环境、经济生活、风俗习惯等内容大致相同，可以确证《隋书》南室韦指的是《魏书》室韦。亦即到了隋代，南北朝时期的室韦因为活动地域处于室韦分布区的南部，因此被记作南室韦。由此，南室

---

① 孙进己、干志耿、孙秀仁：《松花江沿革考》，《北方论丛》1982年第1期。

② 张锡彤、王锺翰、贾敬颜等：《〈中国历史地图集〉释文汇编·东北卷》，第60页。

③〔日〕白鸟库吉著，方壮猷译：《东胡民族考》下编《失韦考》，第28—33页。

④ 丁谦：《魏书外国传地理考证》，《浙江图书馆丛书》第1集。

韦当与南北朝室韦地域相当，在今嫩江中下游及以西各支流居住。《隋书》又载南室韦“至夏则移向西北贷勃、欠对二山”，此二山必为大兴安岭山脉中段山峰，显示南室韦西部至少已达大兴安岭山中。又《隋书》南室韦条尝提及“与靺鞨同俗”“其国无铁，取给於高丽”，可视作南室韦与靺鞨、高丽邻近。隋代，靺鞨部落活动范围大致西迄松花江南源（即西流松花江，原称第二松花江）东岸，高丽北界亦达今吉林省农安一带，则南室韦南界至少在洮儿河流域，东南与靺鞨、高丽相邻。东界则为嫩江，嫩江东岸的松嫩平原则为秽貊—夫余系后裔豆莫娄居地，北面活动范围至少可达嫩江支流甘河流域。到唐代初期，室韦南部、西部地域进一步扩大。

“南室韦北行十一日至北室韦，分为九部落，绕吐纥山而居。”吐纥山，或说是诺敏河南的土库尔山[①]，或说是小兴安岭北端[②]，或说是大兴安岭东侧的古利牙山（即大吉鲁契那山）[③]。以嘎仙洞为地理坐标确定的乌洛侯的地域在甘河两岸，乌洛侯“民冬则穿地为室，夏则随原阜畜牧”[④]。北室韦也是“冬则入山，居土穴中”[⑤]。二者冬季居住方式相同，所处自然环境大致相近，北室韦应在乌洛侯以北。以九部落人众绕居的吐纥山，应是今伊勒呼里山。

以日程推算也大致不错。《宋书·吐谷浑传》说“日移一顿，顿八十里”，《旧唐书·安禄山传》说马行日 60 里。《吉林通志》卷 57 引《柳边纪略》说：“边外驿站，相去不一，或百里，或百余里，或七八十里。七八十里者，三九月间，亦必走马竟日乃得到。”这种里数，并非直线距离，道路迂折、翻山绕岭等亦应估算在内。假使室韦人乘马而行，每天行程在 60—80 里，11 日可走 600 余里至 800 余里。南室韦既在嫩江中下游流域，中心地域在雅鲁河至阿伦河之间，从这里算起到伊勒呼里山麓，大致需 11 日行程，北室韦当分布在今伊勒呼里山周围。

关于北室韦地望，研究者意见不一致，一些定在今黑龙江省齐齐哈

① 丁谦：《魏书外国传地理考证》，《浙江图书馆丛书》第 1 集。

② 张锡彤、王锺翰、贾敬颜等：《〈中国历史地图集〉释文汇编·东北卷》，第 55 页。

③ 王德厚：《室韦地理考补》，《北方文物》1989 年第 1 期。

④ 《魏书》卷 100《乌洛侯传》，第 2224 页。

⑤ 《隋书》卷 84《室韦传》，第 1883 页。

尔市或嫩江市一带[①]，与文献所载不符。另一些考在今黑龙江省呼玛县、黑河市一带[②]，大致不差。

从北室韦"又北行千里，至钵室韦，依胡布山而住"。对胡布山的考证不一，导致对钵室韦地望的认识各有差异。归纳起来，主要有两种意见：一种认为胡布山在今俄罗斯谢列姆札河或结雅河上游以南，或布列亚河以南[③]；另一种认为在嫩江发源处一带[④]。由此，对钵室韦居地所在也分成在今俄罗斯或今中国黑龙江北部两种意见[⑤]。我们认为方壮猷所考

---

① 白鸟库吉《室韦考》认为在今嫩江市附近，参阅〔日〕白鸟库吉：《室韦考》，《白鸟库吉全集》第4卷，第348页。吴廷燮认为在嫩江、讷河、呼玛等地，参阅吴廷燮：《室韦考略》，《四存月载》第74期，1922年。方壮猷《室韦考》、孙秀仁等《室韦史研究》认为在齐齐哈尔附近，参阅方壮猷：《室韦考》，《辅仁学志》第2卷第2期，1931年；孙秀仁、孙进已、郑英德等：《室韦史研究》，第19页。王德厚《室韦地理考补》认为在今齐齐哈尔西北之地，参阅王德厚：《室韦地理考补》，《北方文物》1989年第1期。

② 张博泉等《东北历代疆域史》认为在嫩江上游、小兴安岭及爱辉地方，参阅张博泉、苏金源、董玉瑛：《东北历代疆域史》，第72页；干志耿、孙秀仁《黑龙江古代民族史纲》认为在呼玛、爱辉境，参阅干志耿、孙秀仁：《黑龙江古代民族史纲》，第217页；张锡彤等《〈中国历史地图集〉释文汇编·东北卷》认为在嫩江上游地区至结雅河下游东岸地区，参阅张锡彤、王锺翰、贾敬颜等：《〈中国历史地图集〉释文汇编·东北卷》，第55页。

③ a. 雅玛岭，（清）屠寄：《黑龙江舆图说·总图说》，王有立主编《中华文史丛书》之107，清光绪十三年辽海丛书刊本，第255页；张博泉、苏金源、董玉瑛：《东北历代疆域史》，第73页。b. 札格德山，张锡彤、王锺翰、贾敬颜等：《〈中国历史地图集〉释文汇编·东北卷》，第127页；干志耿、孙秀仁：《黑龙江古代民族史纲》，第218页。

④ a. 嫩江发源处之格尔布尔山，丁谦：《魏书外国传地理考证》，《浙江图书馆丛书》第1集，第6页。b. 伊勒呼里山，张伯英：《黑龙江志稿》卷1，黑龙江人民出版社，1992年，第12页；吴廷燮：《室韦考略》，《四存月载》第74期，1922年；金毓黻：《东北通史》第3卷，第26页。

⑤ 郑英德：《室韦地理新探》，《社会科学辑刊》1983年第4期；张锡彤、王锺翰、贾敬颜等：《〈中国历史地图集〉释文汇编·东北卷》，第56页；张博泉、苏金源、董玉瑛：《东北历代疆域史》，第73页；干志耿、孙秀仁：《黑龙江古代民族史纲》，第218页；〔日〕白鸟库吉：《室韦考》，《白鸟库吉全集》第4卷，第348页；吴廷燮：《室韦考略》，《四存月载》第74期，1922年；方壮猷：《室韦考》，《辅仁学志》第2卷第2期，1931年；孙秀仁、孙进已、郑英德等：《室韦史研究》，第20页；王颋：《室韦的族源和各部方位》，《中国蒙古史学会论文选集（1983）》，第128—138页。

钵室韦在盘古河一带的观点较为合理。这一地区同史载钵室韦的方位、道里基本吻合。北室韦在伊勒呼里山南麓，以今日舆图推算，到盘古河流域近 600 里。《吉林通志》说，“汉、晋千里，大抵得今里六百有余”。如考虑到北室韦北距钵室韦的“千里”之数本为约数及贡使或部人绕路行走等因素，实不足千里，钵室韦在盘古河流域大体可靠，胡布山不无可能是今额木尔山。隋人虽不知钵室韦有几部落，但人众比北室韦多，并依山而住。今黑龙江上游南岸一带，额木尔山最大，钵室韦当依额木尔山东麓而居。

“从钵室韦西南四日行，至深末怛室韦，因水为号也。”深末怛水，研究者多同意屠寄所云“昔林木迪，即深末怛之异文”的意见，定作今俄罗斯境内的谢列姆札河，即深末怛在谢列姆札河流域。考证史文，这种说法与深末怛在钵室韦西南、北室韦西北的记载相矛盾。根据《隋书·室韦传》，北室韦以北是钵室韦，钵室韦西南是深末怛室韦，则深末怛当在北室韦西北。这一推定正与《唐会要》卷 96 引《隋书·室韦传》所载相符，“室韦有五部落：一南室韦，二北室韦，三钵室韦，在北室韦之北，四深末怛室韦，在北室韦之西北”。钵室韦既在盘古河流域，依额木尔山而居。由此西南行 4 日约 300 里之地，即当今额尔古纳河东岸支流激流河流域。这一带正在钵室韦西南、北室韦（伊勒呼里山一带）西北。

虽然研究者多未注意到《唐会要》摘引的这则史料，但通过研究，仍有许多人把深末怛排定在额尔古纳河东南，区别在于多数认为在额尔古纳河东南的大兴安岭山中或东麓①，有的认为在大兴安岭西麓②。我们认

---

① 如白鸟库吉《室韦考》认为：深末怛当在嫩江上源地的钵室韦西南、嫩江市地的北室韦西北处的嫩江支流流域。深末怛河可拟为甘河或诺敏河水域。丁谦《魏书外国传地理考证》说应在诺敏河源庆吉勒绰尔河附近，参阅丁谦：《魏书外国传地理考证》，《浙江图书馆丛书》第 1 集，第 6 页。方壮猷《室韦考》说在嫩江上游与额尔古纳河之间，参阅方壮猷：《室韦考》，《辅仁学志》第 2 卷第 2 期，1931 年。

② 杨保隆：《隋唐时期室韦区域东至考》，《中国民族史研究》，第 393 页；王德厚《室韦地理考补》认为在根河流域，参阅王德厚：《室韦地理考补》，《北方文物》1989 年第 1 期。

为应在大兴安岭西麓与额尔古纳河之间的激流河流域，至于将深末怛定在石勒喀河流域[①]，则与钵室韦、北室韦的方位、里数不合。

深末怛“又西北数千里，至大室韦”。关于大室韦地望，研究者的意见也不相同。大致有今石勒喀河及额尔古纳河下游以西地区；贝加尔湖以东至黑龙江上游；雅布浩诺夫山脉一带；黑龙江与额尔古纳河会流处以东，外兴安岭以南，黑龙江以北广大地区；傍额尔古纳河和黑龙江以居；石勒喀河一带等几种说法[②]。我们认为,《隋书》所记大室韦道里,因“径路险阻”，不大可能是实地踏勘得出的结果，而是取自传闻或约略估算，大室韦不会距额尔古纳河过远。据《唐会要》引录今已失传的《隋书·室韦传》说：“大室韦，在室建河之南，深末怛室韦之西北。”室建河,《旧唐书·室韦传》作望建河，即今额尔古纳河及黑龙江上游。隋代文献明确说大室韦在望建河之南，深末怛室韦的西北，则隋代大室韦当在额尔古纳河下游右岸而居，到唐代其地域有了变化。

综上所述，隋代室韦部落的地域范围大致东到今嫩江流域，与夫余后裔豆莫娄、肃慎后裔靺鞨相邻，西濒今额尔古纳河和黑龙江上游，与突厥为邻，南界洮儿河流域，与契丹等毗邻，北至黑龙江上游两岸。到唐代，文献对室韦部落的地理分布有了较为具体详细的记载，由此可以考订唐代室韦诸部的地理位置。

第三节　唐代室韦诸部的地理位置

有唐一代，史书记载的室韦共分 20 余部,《旧唐书》等主要以俱轮泊、望建河作为地理坐标，对室韦部落的地理方位做了排定。

---

① 林树山:《东后贝加尔地区的室韦文化源流及其成分》,《北方文物》1989 年第 4 期。

② 张博泉、苏金源、董玉瑛:《东北历代疆域史》，第 73 页；傅朗云、杨旸:《东北民族史略》，第 72 页；杨保隆:《隋唐时期室韦区域东至考》,《中国民族史研究》，第 393 页；郑英德:《室韦地理新探》,《社会科学辑刊》1983 年第 4 期；张锡彤、王锺翰、贾敬颜等:《〈中国历史地图集〉释文汇编·东北卷》，第 55 页；干志耿、孙秀仁:《黑龙江古代民族史纲》，第 222 页；王颋:《室韦的族源和各部方位》,《中国蒙古史学会论文选集（1983）》，第 128—138 页。

在具体记载室韦诸部分布地域时，《旧唐书·室韦传》首先记载说乌素固部，“室韦最西与回纥接界者”“当俱轮泊之西南”。此处用“回纥”而非“回鹘”，说明该段史料的形成时间是回纥汗国时期由“回纥”改称“回鹘”之前[①]，即 9 世纪初年，室韦诸部中最西与回纥相邻的是乌素固部。俱轮泊，史界公认为今呼伦湖（图版 2）。据《新唐书》卷 43《地理志七·羁縻州》记载，“回鹘有延娖伽水，一曰延特勒泊，曰延特勒那海……泊东北千余里有俱轮泊，泊之四面皆室韦”。今呼伦湖可以作为考订唐代室韦诸部地理位置的一个可靠地理坐标。乌素固位于今呼伦湖西南，当在克鲁伦河下游沿岸。

乌素固部是唐代室韦地理方位较为明确的部落之一，研究者大都把它放在呼伦湖西南一带。但由于史书只记其方位而未载具体里数，所以，研究者的具体结论又有差别。例如，白鸟库吉认为乌素固部在呼伦湖西南至贝尔湖之间，包括乌尔逊河流域。或认为在今呼伦贝尔市新巴尔虎右旗一带，或说在今鄂温克旗境，还有认为在今蒙古国扎尔加兰图南一带，或分布于克鲁伦河流域[②]。结合唐代突厥、回纥汗国先后控制的东部地域以及其他部落的分布情况，室韦乌素固部不会距呼伦湖西南过远，以定在克鲁伦河下游沿岸为宜[③]。

乌素固“次东有移塞没部落”。研究者有位于今霍林河西北与呼伦湖以东之地、伊敏河流域、乌尔逊河及贝加尔湖地区、乌拉盖河流域、海

---

① 根据《旧唐书·回纥传》记载，唐宪宗元和元年（806），回纥取“回旋轻捷如鹘”意，奏请唐朝允许它改称回鹘。另有记载说回纥奏改“回鹘”在贞元四年（788）年或五年，据考当误。参阅宋肃瀛：《回纥改名“回鹘”的史籍与事实考》，《民族研究》1995 年第 6 期。从《旧唐书·室韦传》用“回纥”二字，可知这段文字取自公元 806 年以前形成的材料。

② 〔日〕白鸟库吉：《室韦考》，《白鸟库吉全集》第 4 卷，第 365 页；郑英德：《室韦地理新探》，《社会科学辑刊》1983 年第 4 期；王颋：《室韦的族源和各部方位》，《中国蒙古史学会论文选集（1983）》，第 128—138 页，此说方位有误；孙秀仁、孙进己、郑英德等：《室韦史研究》，第 21 页，此说似过南；干志耿、孙秀仁：《黑龙江古代民族史纲》，此说囊括克鲁伦河全流域，似过西。

③ 张锡彤、王锺翰、贾敬颜等：《〈中国历史地图集〉释文汇编·东北卷》，第 81 页；谭其骧主编：《中国历史地图集》第 5 册，中国地图出版社，1982 年，第 50—51 页。

拉尔区一带、哈拉哈河西南、东达乌拉盖河流域等不同说法[1]。辨析两《唐书》室韦史料可以看出，《新唐书·室韦传》第二段内容是抄录改写《旧唐书·室韦传》的相关内容。此处《新唐书》作者将乌素固“次东有移塞没部落”改为“自泊（今呼伦湖）而东有移塞没部”是错误的。如果以此为据，移塞没等部的地望将会有很大不同。因为乌素固在今呼伦湖西南，次在其东的移塞没只能在呼伦湖的南部或东南，而不会是呼伦湖东。所以，应以《旧唐书》移塞没在乌素固东为是。那么，根据《新唐书》而推导出来的移塞没部在伊敏河流域或海拉尔区一带的说法就不够准确。乌素固在克鲁伦河下游以南，东界大致到贝尔湖，则移塞没当在哈拉哈河流域，南达乌拉盖河一带。

移塞没“次东又有塞曷支部落，此部落有良马，人户亦多，居啜河之南，其河彼俗谓之燕支河”。我们认为，《旧唐书》的啜河即《魏书》的啜水，啜水为霍林河较为合乎史书记载。白鸟库吉《东胡民族考·失韦考》（1910年）曾认为啜河与《魏书》啜水同为今绰尔河。后来他的《室韦考》（1919年）改从津田左右吉之说，认为啜水为今西拉木伦河，与啜河同名异水，啜河为今哈拉哈河。丁谦在定啜水为今霍林河以后，也因无法解释唐代塞曷支部已居啜河南侧的矛盾而认为啜河与啜水不是同一条河流。这种见解并为大多数人所接受，但不为人重视的一个重要史实是，唐代一些室韦部落已逐渐南迁。如《新唐书·地理志三》蓟州渔阳郡条记载：“自古卢龙北经九荆岭、受米城、张洪隘度石岭至奚王帐六百里。又东北行傍吐护真河五百里至奚、契丹衙帐。又北百里至室韦帐。”吐护真河即今老哈河，奚、契丹部落毡帐均在老哈河下游一带，又北百里即为室韦部落居住区。又据文献记载，开元年间，室韦数扰唐边，天宝年间置平卢军节度使镇抚室韦，都说明室韦部落已南迁近塞。了解了这一基本史实，就不会对为什么啜水在南北朝时期不在室韦境而唐代已有室韦部落居其南侧迷惑不解了。塞曷支部当在霍林河发源处以

① 干志耿、孙秀仁：《黑龙江古代民族史纲》，第221页；张博泉、苏金源、董玉瑛：《东北历代疆域史》，第101页；张锡彤、王锺翰、贾敬颜等：《〈中国历史地图集〉释文汇编·东北卷》，第82页；孙秀仁、孙进己、郑英德等：《室韦史研究》，第21页；郑英德：《室韦地理新探》，《社会科学辑刊》1983年第4期；王德厚：《室韦地理考补》，《北方文物》1989年第1期等。

南地区，由于部众多，实力强，成为室韦较靠南部，接近唐朝北方边地的部落[①]。

和解部方位，《旧唐书》于塞曷支史文下作“次又有和解部落”，《唐会要》作“又有和解部落”，《新唐书》则谓“盖东有和解部”，是和解部在塞曷支部以东，位于霍林河上游一带。学界大体分为三种说法：一说在哈拉哈河流域[②]；一说在绰尔河北[③]；一说在霍林河北[④]。

和解部“东又有乌罗护部落”，即南北朝时期的乌洛侯，唐时归入南部室韦部落。《通典·边防》乌洛侯条新增部分说乌罗护“东与靺鞨，西与突厥，南与契丹，北与乌丸接”。据两《唐书》记载，乌罗护东邻黄头室韦和达姤室韦部落，西有和解、塞曷支、移塞没、乌素固等室韦部落，所以东西分别与靺鞨、突厥相接的记载是不准确的[⑤]。《旧唐书·霫传》称霫“居于潢水北……东接靺鞨，西至突厥，南至契丹，北与乌罗浑接”。霫既在今西拉木伦河北，约在今达拉尔河流域，则乌罗护南也不与契丹接。只有北与乌丸相接是准确的。据《旧唐书·室韦传》等载，“乌罗护之东北二百余里，那河之北有古乌丸之遗人，今亦自称乌丸国”。唐代文献均说乌罗护在和解部东，同时，《唐会要》《太平寰宇记》又有乌罗护“居磨盖独山北，啜河之侧”的记载。磨盖独山，史籍无证，具体难考[⑥]。

---

① 塞曷支位置即因所定啜河不同而有在哈拉哈河南（白鸟等），绰儿河南（张博泉等），霍林河南（孙进己、干志耿、孙秀仁等）诸说。

② 〔日〕白鸟库吉：《室韦考》，《白鸟库吉全集》第4卷；张锡彤、王锺翰、贾敬颜等：《〈中国历史地图集〉释文汇编·东北卷》，第82页；王颋：《室韦的族源和各部方位》，《中国蒙古史学会论文选集（1983）》，第128—138页。

③ 张博泉：《东北地方史稿》，第196页；郑英德：《室韦地理新探》，《社会科学辑刊》1983年第4期。

④ 孙秀仁、孙进己、郑英德等：《室韦史研究》，第21页；王德厚：《室韦地理考补》，《北方文物》1989年第1期。

⑤ 如果相信《通典》《旧唐书》的这一记载，则只有将《乌罗浑传》视作是南部诸室韦之传，或者说唐代一些材料仍将南部室韦诸部统称为乌罗护，才可能解释通。

⑥ 王德厚前引文认为磨盖独山即今老头山，定乌罗护在老头山北，东至乌兰浩特一带。参阅王德厚：《室韦地理考补》，《北方文物》1989年第1期；《室韦史研究》亦主此说，参阅孙秀仁、孙进己、郑英德等：《室韦史研究》，第21页。

啜河既为今霍林河，则磨盖独山应为霍林河北大兴安岭山脉某一山峰。唐代乌罗护人业已南迁，大致在霍林河中游北侧至洮儿河之间。

由于对啜河的认识不一，对唐代室韦乌罗护部的地望看法也不相同，大体有洮儿河上游至绰尔河南；大兴安岭以东、洮儿河中游流域；绰尔河下游及今齐齐哈尔、嫩江流域东西地带：鄂伦春旗至乌兰浩特一线等看法[①]。

那礼部，《旧唐书》未明方位。《唐会要》《太平寰宇记》说“与乌罗护犬牙而居”。《新唐书》有“盖东有和解部、乌罗护部、那礼部”之载。那礼部与乌罗护、和解部大致在同一横向地带，也在霍林河中游北侧[②]。

乌洛侯、那礼二部“又东北有山北室韦”。从名称看，是因居于某一大山之北而得名。所以，研究者多定于伊勒呼里山北[③]，或谓当指小兴安岭西支脉[④]，或说是萨起山[⑤]，或说当指吐纥山，即丁谦所拟土库尔山[⑥]。各种史籍既然在乌罗护、那礼部后说“又东北至山北室韦”，则距二部北界不应过远，应在绰尔河与雅鲁河之间的某一大山之北。

山北部“又北有小如者室韦”。据《新唐书·回鹘传》和同书《地理志七》下记载：“又有鞠，或曰裓，居拔野古东北”“其（鞠）东十五日行有俞折国，亦室韦部落”“地差大。”俞（喻虞合三）折（照薛开三）的唐代音值可构拟作*Ji̯u-tɕi̯æt，如（疑鱼合三）者（照马开三）的音值可构拟作*ŋi̯o-tɕi̯a，俞折、如者属同音异写。拔野古在今蒙古国东方省的

---

① 〔日〕白鸟库吉：《室韦考》，《白鸟库吉全集》第4卷；张锡彤、王锺翰、贾敬颜等：《〈中国历史地图集〉释文汇编·东北卷》，第54、55页；张博泉、苏金源、董玉瑛：《东北历代疆域史》，第65—75页；干志耿、孙秀仁：《黑龙江古代民族史纲》，第115—118页。

② 那礼部位置的考订，多与乌罗护联系在一起，大致有雅鲁河流域，雅鲁河北，阿伦河一带，鄂伦春旗至乌兰浩特一线、白城以北等。

③ 张博泉：《东北地方史稿》，第197页；郑英德：《室韦地理新探》，《社会科学辑刊》1983年第4期；干志耿、孙秀仁：《黑龙江古代民族史纲》，第221页；王德厚：《室韦地理考补》，《北方文物》1989年第1期。

④ 〔日〕白鸟库吉：《室韦考》，《白鸟库吉全集》第4卷。

⑤ 张锡彤、王锺翰、贾敬颜等：《〈中国历史地图集〉释文汇编·东北卷》，第80页。

⑥ 王颋：《室韦的族源和各部方位》，《中国蒙古史学会论文选集（1983）》，第128—138页。

北部或西伯利亚外贝加尔地区南部，其东北的鞠当在石勒喀河上、中游两岸。由此东行 15 日之地约在今伊勒呼里山一带，小如者就在这里。大如者部，只见其名，方位不明。从部名相同及地域分析，与小如者原为一部，后因人口增多，分为二部，地域应与小如者相邻，也在伊勒呼里山周围。

关于如者地望，有如下几说：当以今嫩江市为中心，沿嫩江西岸居住；黑龙江以北相应地；小如者在雅鲁河流域，大如者在伊敏河流域；呼玛河流域；昔林木迪河流域；今鄂伦春旗境；甘河流域；小如者在今呼伦湖以北的额尔古纳河上游，大如者在小如者西，地当呼伦湖与额尔古纳河以西、鄂嫩河以东①。

小如者"又北有婆莴室韦"，一般认为即隋代的钵室韦。隋代钵室韦在今盘古河流域，依额木尔山而居。小如者在伊勒呼里山一带，位在其北的婆莴部当仍在盘古河一带。

对婆莴部地理位置的认识也不一致。有在嫩江上源地；昔林木迪河东北、外兴安岭南，昔林木迪河源处；阿伦河流域；雅玛岭一带；盘古河流域；石勒喀河以东、加集木耳山一带诸说②。归纳起来，一种意见认为在今俄罗斯谢列姆札河流域，一种在石勒喀河流域以东，一种在大兴安岭北部，分歧是比较大的。

《旧唐书·室韦传》于婆莴室韦文后作"东又有岭西室韦"，这不是

---

① 〔日〕白鸟库吉：《室韦考》，《白鸟库吉全集》第 4 卷；干志耿、孙秀仁：《黑龙江古代民族史纲》，第 221 页；孙秀仁、孙进己、郑英德等：《室韦史研究》，第 22 页；傅朗云、杨旸：《东北民族史略》，第 72 页；张博泉：《东北地方史稿》，第 197 页；郑英德：《室韦地理新探》，《社会科学辑刊》1983 年第 4 期；王颋：《室韦的族源和各部方位》，《中国蒙古史学会论文选集（1983）》，第 128—138 页；张锡彤、王锺翰、贾敬颜等：《〈中国历史地图集〉释文汇编·东北卷》，第 81 页；王德厚：《室韦地理考补》，《北方文物》1989 年第 1 期。

② 〔日〕白鸟库吉：《室韦考》，《白鸟库吉全集》第 4 卷；张博泉：《东北地方史稿》，第 197 页；干志耿、孙秀仁：《黑龙江古代民族史纲》，第 222 页；孙秀仁、孙进己、郑英德等：《室韦史研究》，第 22 页；郑英德：《室韦地理新探》，《社会科学辑刊》1983 年第 4 期；张锡彤、王锺翰。贾敬颜等：《〈中国历史地图集〉释文汇编·东北卷》，第 81 页；王德厚：《室韦地理考补》，《北方文物》1989 年第 1 期。

说在婆萬部东，而是指位于今呼伦湖东，有《新唐书》记载为证："自泊而东有……乌罗护部、那礼部、岭西部。"基于此，研究者多把岭西部定在小兴安岭西的讷漠尔河或乌裕尔河或嫩江市东、小兴安岭以西地[①]，这是有道理的。结合隋代北室韦在伊勒呼里山周围而居，岭西部当属隋代北室韦，在今小兴安岭北端以西，甘河以北，伊勒呼里山以南地带。

《旧唐书·室韦传》于岭西室韦文后作"又东南至黄头室韦，此部落兵强，人户亦多，东北与达姤接"。此"东南"也是指位于今呼伦湖东南而言，而不是在岭西部东南。据《新唐书·流鬼传》记载："达姤，室韦种也，在那河阴，涑末河之东，西接黄头室韦，东北距达末娄。"那河，即南北朝时的棕水、难水、难河，今嫩江及东流松花江，此段史文特指东流松花江。涑末河，今松花江南源（西流松花江，原称第二松花江）。达姤部在那河阴、涑末河东，即位于松花江上游以南和松花江南源下游以东地带，东北与居于松花江北岸的达末娄（即豆莫娄）相邻，西接（《旧唐书》作西南接）黄头室韦。黄头室韦应在松花江南源下游以西、霍林河下游两岸。

黄头室韦、达姤室韦也是唐代文献记载的地理位置较为明确的室韦部落。但中外研究者对黄头室韦地望的考订仍有很大分歧。如白鸟库吉认为当在洮儿河下游至嫩江下游间；津田左右吉认为黄头室韦当散居于嫩江流域的下游地区；松井考在今俄罗斯布列亚河东南、黑龙江以北地方；张博泉说在今松嫩两江合流后以北地；傅朗云、杨旸认为在松花江下游北岸；郑英德更置于今黑龙江省齐齐哈尔市一带；杨保隆认为约以

---

① 分别为张锡彤、王锺翰、贾敬颜等：《〈中国历史地图集〉释文汇编·东北卷》，第79页；张博泉《东北地方史稿》第197页略同。〔日〕津田左右吉：《室韦考》，汉译文载《王国维遗书》第14册；孙秀仁等《室韦史研究》第22页同。郑英德：《室韦地理新探》，《社会科学辑刊》1983年第4期。但白鸟库吉《室韦考》说在小兴安岭西的通肯河流域则过南。干志耿、孙秀仁《黑龙江古代民族史纲》说在西林木迪河以东和王德厚《室韦地理考补》说"岭"指大兴安岭，在今海拉尔河流域的看法，我们不敢苟同。参阅〔日〕白鸟库吉：《室韦考》，《白鸟库吉全集》第4卷；干志耿、孙秀仁：《黑龙江古代民族史纲》，第22页；王德厚：《室韦地理考补》，《北方文物》1989年第1期。

今内蒙古自治区乌兰浩特市以北地为中心，散居在北至绰尔河的洮儿河中游流域，东南方向约至今吉林省白城市附近；王德厚也将其北置绰尔河流域；张锡彤等认为在今嫩江与松花江合流处以西，洮儿河以南地，亦即今吉林省农安、乾安、长岭一带①。

“岭西室韦北又有讷北支室韦，此部落较小。”《新唐书》作岭西部“直北曰讷北支部”。岭西部在小兴安岭北端以西，伊勒呼里山以南，则部落较小的讷北支部在伊勒呼里山南麓②。讷北支北面的大山即今伊勒呼里山。

《旧唐书·室韦传》于讷北支文后作“其北大山之北有大室韦部落，其部落傍望建河居。其河源出突厥东北界俱轮泊，屈曲东流，经西室韦界，又东经大室韦界”。《新唐书·室韦传》于讷北支文下接“北有大山，山外曰大室韦，濒於室建河。河出俱伦，迤而东”。望（室）建河，今额尔古纳河及黑龙江③。额尔古纳河上源本为发源于大兴安岭西麓的海拉尔河（图版3），由东向西流至满洲里扎赉诺尔北部的阿巴盖图山附近后折向东北流，即为额尔古纳河（图版4）。汛期的额尔古纳河由达兰鄂洛木

---

① 〔日〕白鸟库吉：《室韦考》，《白鸟库吉全集》第4卷；〔日〕津田左右吉：《室韦考》，汉译文载《王国维遗书》第14册；〔日〕松井：《渤海国的疆域》，《满洲历史地理》卷1，丸善株式会社，1913年，第435页；张博泉：《东北地方史稿》，第197页；傅朗云、杨旸：《东北民族史略》，第72页；郑英德：《室韦地理新探》，《社会科学辑刊》1983年第4期；杨保隆：《隋唐时期室韦区域东至考》，《中国民族史研究》，第393页；王德厚：《室韦地理考补》，《北方文物》1989年第1期；谭其骧主编：《中国历史地图集》第5册，第50—51页；张锡彤、王锺翰、贾敬颜等：《〈中国历史地图集〉释文汇编·东北卷》，第79页。

② 对讷北支地望的看法也是众说纷纭。白鸟库吉《室韦考》说与隋时深末怛殆同，应在诺敏河流域；郑英德《室韦地理新探》说在小兴安岭北段山区一带；张博泉《东北地方史稿》认为在嫩江上游一带；孙秀仁等《室韦史研究》定在讷漠尔河流域；干志耿、孙秀仁《黑龙江古代民族史纲》排在外兴安岭西北；张锡彤等《〈中国历史地图集〉释文汇编·东北卷》考在伊勒呼里山一带；杨保隆《隋唐时期室韦区域东至考》认为应在嫩江市北的嫩江东岸附近；王德厚《室韦地理考补》说在根河流域。

③ 《新唐书》“望”作“室”。白鸟库吉《室韦考》认为室建河与望建河不同，室建为石勒喀译音，室建河为石勒喀河，实误。因两“唐书”明言望（室）建河源出俱轮泊（呼伦湖），显然与石勒喀河无关。

河与呼伦湖相通，古人误认为其河源出于呼伦湖，故两《唐书》记载为望建河发源于俱轮泊，实误。《唐会要》转引佚失的《隋书·室韦传》说隋代大室韦在望建河南。唐代，从大室韦濒于望建河而居，并且河水东经其界分析，大室韦居地稍有变化，已由望建河南岸迁移至望建河西岸，如此才符合“又东经大室韦界”的记载。据此，唐代大室韦活动地域已向西移动，应较隋代活动范围增大，濒临额尔古纳河中下游西岸，西北可能达到石勒喀河下游流域。

研究者对大室韦地域多有考证，如白鸟库吉定在额尔古纳河中游；张锡彤等考在大兴安岭以北、额尔古纳河下段，当今石勒喀河下游与黑龙江中游南北，约当今呼玛以上、雅克萨一带；傅朗云、杨旸认为在贝加尔湖以东至黑龙江上游；张博泉考在石勒喀河至额尔古纳河下游地区；孙秀仁等定在额尔古纳河下游之南；干志耿、孙秀仁认为在额尔古纳河和黑龙江上游地区；郑英德放在漠河市一带；王德厚置于大兴安岭北段以北的黑龙江两岸①。虽所定范围大小不一，表述不尽相同，但大致不离左右。

西室韦，史载望建河先经其界，当位于今呼伦湖以北额尔古纳河上游流域。但究竟在额尔古纳河哪一段，研究者对它的排定稍有差异。有在额尔古纳河上游、呼伦湖西岸、呼伦湖北、额尔古纳河东西、额

---

① 如白鸟库吉《室韦考》定在额尔古纳河中游，参阅〔日〕白鸟库吉：《室韦考》，《白鸟库吉全集》第4卷；张锡彤等《〈中国历史地图集〉释文汇编·东北卷》考在大兴安岭以北、额尔古纳河下段，当今石勒喀河下游与黑龙江中游南北，约当今呼玛以上、雅克萨一带，参阅张锡彤、王锺翰、贾敬颜等：《〈中国历史地图集〉释文汇编·东北卷》，第79页；傅朗云、杨旸《东北民族史略》认为在贝加尔湖以东至黑龙江上游，参阅傅朗云、杨旸：《东北民族史略》，第72页；张博泉《东北地方史稿》考在石勒喀河至额尔古纳河下游地区，参阅张博泉：《东北地方史稿》，第197页；孙秀仁等《室韦史研究》定在额尔古纳河下游之南，参阅孙秀仁、孙进己、郑英德等：《室韦史研究》，第22页；干志耿、孙秀仁《黑龙江古代民族史纲》认为在额尔古纳河和黑龙江上游地区，参阅干志耿、孙秀仁：《黑龙江古代民族史纲》，第222页；郑英德《室韦地理新探》放在漠河市一带，参阅郑英德：《室韦地理新探》，《社会科学辑刊》1983年第4期；王德厚《室韦地理考补》置于大兴安岭北段以北的黑龙江两岸，参阅王德厚：《室韦地理考补》，《北方文物》1989年第1期。

尔古纳河发源处、额尔古纳河流域和黑龙江上游地区、满洲里市一带、额尔古纳河全流域、呼伦湖至根河段额尔古纳河附近等说法[①]。据《旧唐书·室韦传》载，额尔古纳河源出自今呼伦湖，东北向蜿蜒流经西室韦界，西室韦当在今额尔古纳河“屈曲东流”即东北流过一段之地，所以在呼伦湖西岸、额尔古纳河发源处、满洲里市一带、呼伦湖至根河段额尔古纳河附近的说法都与此不符。史文又云大室韦“傍望建河居”，望建河经西室韦界后，“又东经大室韦界，又东经蒙兀室韦之北，落俎室韦之南”，显然，西室韦北邻大室韦，大室韦北部有蒙兀室韦、落坦室韦，所以，西室韦分布于额尔古纳河全流域甚至黑龙江上游地区的说法也不准确。西室韦应大致在今呼伦湖以北的额尔古纳河上游两岸。

《旧唐书·室韦传》记望建河流经西室韦、大室韦界后，“又东经蒙兀室韦之北，落俎室韦之南，又东流与那河、忽汗河合，又东经南黑水靺鞨之北，北黑水靺鞨之南，东流注于海”。蒙兀室韦即蒙古族祖先部落。“蒙兀”是唐代汉文史家对“Mongghol”（蒙古）一名的汉字译写形式，也是“Mongghol”诸多汉字译写形式最早的一种。对于蒙兀室韦地域的考订非常重要，直接关系到蒙古族发祥地及其起源问题。唐代文献说望建河屈曲东流，是就今额尔古纳河和黑龙江的整体流向大略而言。具体来说，额尔古纳河大方向为东北流，在内蒙古自治区额尔古纳市黑山头和奇乾一带曾渐转为西流，旋即又东北流、东流。在黑龙江省漠河市恩和哈达附近与发源于蒙古国肯特山东麓的石勒喀河汇合后，称黑龙江。黑龙江在黑龙江省北部则大体为东流转东南流。过今黑河市以后，一度东流，而后东南转东流与那河即今松花江等汇合，最后东北注入今鞑靼海峡。《旧唐书·室韦传》记述的临望建河而

① 〔日〕白鸟库吉：《室韦考》，《白鸟库吉全集》第4卷；傅朗云、杨旸：《东北民族史略》，第72页；张博泉：《东北地方史稿》，第197页；孙秀仁、孙进己、郑英德等：《室韦史研究》，第22页；干志耿、孙秀仁：《黑龙江古代民族史纲》，第222页；郑英德：《室韦地理新探》，《社会科学辑刊》1983年第4期；张锡彤、王锺翰、贾敬颜等：《〈中国历史地图集〉释文汇编·东北卷》，第82页；杨保隆：《隋唐时期室韦区域东至考》，《中国民族史研究》，第393页。

居的室韦部落居地是比较清楚的，尤其是蒙兀室韦部北有望建河流过，显然其最北界没有越过额尔古纳河和黑龙江上游。望建河流经蒙兀室韦之北，落坦室韦之南后，到东流与那河汇合有很长一段没有实际内容的记载，不外乎中原史家不清楚具体情况或者该段确实没有人文痕迹。有的研究者为符合望建河“东经蒙兀室韦之北”的记载，把蒙兀部定在黑龙江逊河流域或爱辉一带[①]，这不符合文献记载，也与唐代靺鞨部落分布在这一地区的史实相抵牾。拉施特《史集》有蒙古先民战败后逃入“额尔古涅·昆”（意为险峻的山岭）即今额尔古纳河下游右岸大山里居住，经过世代繁衍，狭窄的山谷难以容下增多的人口，于是“化铁熔山”走出额尔古纳山林的记载[②]，实际上反映了蒙古族先民部落由山林走出迁徙到草原的史实。基于此，把蒙兀室韦活动区限定在额尔古纳河下游东南、黑龙江上游以南地区较为合适。考虑到婆萵部在盘古河一带，依额木尔山东麓而居，大室韦在额尔古纳河下游西岸，则蒙兀部的大致范围是东抵额木尔山，西隔额尔古纳河与大室韦相邻，北界黑龙江上游，南至大兴安岭山脉北端（图三）。

落坦部，史称望建河东经其南，当与蒙兀室韦隔江相望，应在黑龙江上游以北地区。把它放在昔林木迪河及结雅河流域与海兰泡一带，则与记载相悖，所拟分布范围亦过大[③]。

东室韦，《旧唐书·室韦传》于“东流注于海”后，应该加入了一条新的史源材料，作“乌丸东南三百里，又有东室韦部落，在猺越河之

---

① 张锡彤、王锺翰、贾敬颜等：《〈中国历史地图集〉释文汇编·东北卷》，第 80 页；郑英德：《室韦地理新探》，《社会科学辑刊》1983 年第 4 期。

② 〔波斯〕拉施特著，余大钧、周建奇译：《史集》第 1 卷，第 1 分册，第 251 页。

③ 如张博泉《东北地方史稿》认为在今昔林木迪河及结雅河下游左右，黑龙江以北地，参阅张博泉：《东北地方史稿》，第 197 页；张锡彤等《〈中国历史地图集〉释文汇编·东北卷》拟定于额尔古纳河北岸至结雅河下游及海兰泡东南地区，参阅张锡彤、王锺翰、贾敬颜等：《〈中国历史地图集〉释文汇编·东北卷》，第 81 页；王德厚《室韦地理考补》认为在黑龙江以北的结雅河流域，北达鄂霍次克海等，参阅王德厚：《室韦地理考补》，《北方文物》1989 年第 1 期。

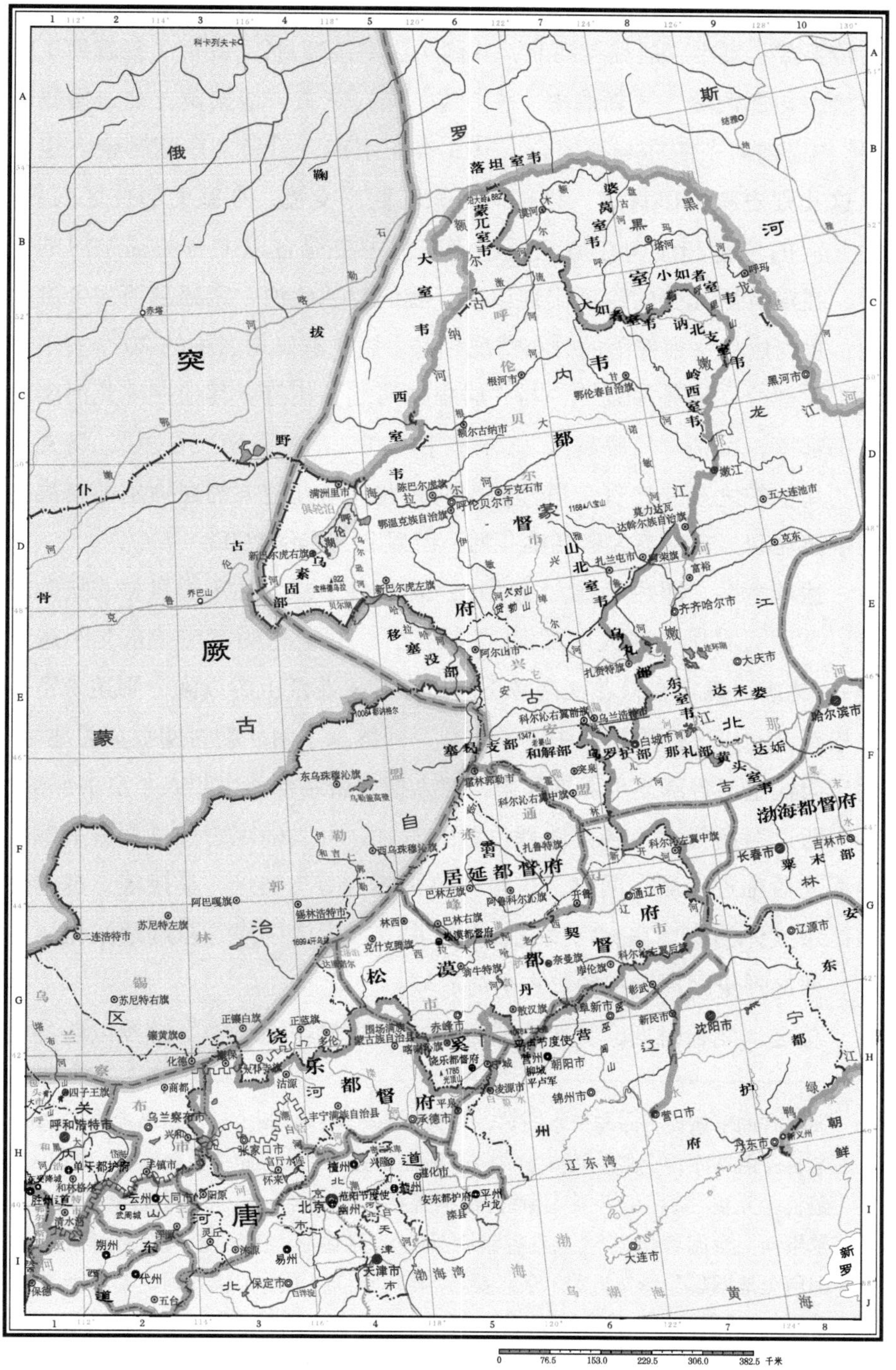

图三　唐时期东部图

［采自内蒙古自治区测绘地理信息局、内蒙古自治区测绘学会：《内蒙古历史沿革地图集》，中国地图出版社，2018 年。审图号：GS（2017）837 号］

北”。对猺越河的考证，因无确凿史文可据，分歧很大[①]。据《旧唐书·室韦传》载：室韦“居猺越河北，其国……南接契丹”“其河（猺越河）东南流，与那河合”。《新唐书·室韦传》作：室韦“地据黄龙北，傍猺越河”“猺越河东南亦与那河合，其北有东室韦，盖乌丸东南鄙余人也”。从这几则史料可以肯定，猺越河是嫩江西岸支流，在室韦居住区南界。洮儿河的位置和流向在嫩江西岸诸支流中更符合以上有关猺越河的记载，在没有更充分的论证出现以前，我们暂从此说。定猺越河为今洮儿河，也与唐代室韦部落的分布情况相符。唐代有确切名称的20个室韦部落，大部分在洮儿河以北，与“居猺越河北”相符。其他在洮儿河南的室韦部落，可谓“傍猺越河”。东室韦既在“乌丸东南三百里”，乌丸又在“乌罗护之东北二百余里”的那河之北，乌丸应大约在绰尔河与洮儿河中游之间，东室韦大概在洮儿河下游以北、东傍嫩江。

达末室韦，即达末娄。《新唐书·流鬼传》载“达末娄自言北扶余之裔，高丽灭其国，遗人度那河，因居之”，并记达姤室韦“东北距达末娄”。达姤可确定在松花江南源下游以东和松花江上游以南，则达末室韦在松花江北岸，西界嫩江中下游东岸，即继承了南北朝时期豆莫娄地域。由于唐代室韦各部逐步发展起来，唐人把夫余系部落也归入了室韦部落。

通过对唐代室韦各部地理位置的考订，可以确定唐代早期室韦部落西面先后临近突厥、回鹘，东与靺鞨相邻，南与契丹、奚接壤，基本分布区域大体为南至霍林河南北，北及黑龙江上游两岸，东起嫩江流域东西，西迄呼伦湖周围和额尔古纳河流域。

总之，北朝时期，见于史乘的室韦人主要在嫩江中下游及以西各支

---

① 大概有如下诸说：a.与刃水同名，当为今绰尔河，参阅〔日〕白鸟库吉：《室韦考》，《白鸟库吉全集》第4卷。b.今嫩江，参阅（清）屠寄：《蒙兀儿史记·世纪》，《元史二种》（下），上海古籍出版社，1989年，第16页。c.洮儿河北源尔果河，参阅曹廷杰：《东三省舆地图说》；张锡彤、王锺翰、贾敬颜等：《〈中国历史地图集〉释文汇编·东北卷》，第128、129页。d.洮儿河，参阅干志耿、孙秀仁：《黑龙江古代民族史纲》，第222页。e.今嫩江上游，参阅张博泉：《东北地方史稿》，第202页。f.结雅河，参阅佟柱臣：《嘎仙洞拓跋焘祝文石刻考》，《历史研究》1981年第6期。g.诺敏河，参阅杨保隆：《隋唐时期室韦区域东至考》，《中国民族史研究》，第393页。因对猺越河看法不一，致使对东室韦地望的比定各不相同。

流间活动。隋代，室韦分布区西部和北部已达额尔古纳河和黑龙江上游沿岸，东部、南部仍傍嫩江及以西支流而居。唐朝初期，室韦诸部主要分布在霍林河流域南北、嫩江流域东西、呼伦湖周围和额尔古纳河及黑龙江上游两岸。中唐以后，室韦诸部活动范围逐步向南向西扩大。南面日益与唐朝北部边界接近，室韦庐帐已设在契丹牙帐以北的百里之地。西面一支室韦人已在土拉河、色楞格河及鄂尔浑河一带活动，被突厥语族部落称为九姓达怛。8 世纪末 9 世纪初，部分室韦人的足迹已到达今内蒙古乌兰察布丘陵西南部、鄂尔多斯高原东北部及巴彦淖尔高原乌加河东岸一带，文献记录了他们的活动情况。9 世纪中叶，回鹘汗国衰亡以后，为室韦部落大规模西迁提供了良好的历史机遇，室韦人大批涌入蒙古高原和阴山地区。10 世纪以后，室韦部落几乎遍布了蒙古高原及其周边地区。这时，蒙兀室韦已经由额尔古纳山林迁徙到斡难河流域，主要在今蒙古国肯特山一带活动。经过几个世纪的发展变迁，蒙古部通过战争扩充地盘，增强实力，到成吉思汗时代相继征服灭亡了塔塔儿、克烈、乃蛮等蒙古高原诸部，以室韦部落为主，吸收突厥语族和满洲—通古斯语族部落，于 1206 年建立大蒙古国。室韦人曾居住和活动过的地区尽归大蒙古国版图，室韦人则逐渐凝聚成古代蒙古民族。

第五章　室韦的社会与生业

北朝至唐代初期，与经济发展相适应，室韦社会处于父系氏族社会部落制发展阶段，尚未形成部落大联盟，有一些母系氏族社会的遗风。诸部落各有酋长，实行世袭或世袭与推选相结合的制度。主要从事渔猎业、家畜饲养业、粗放农业和手工业。由于各部落生产力水平不一，自然环境、地理条件存在差异，室韦部落间的经济生活方式又有所不同。唐末五代以来，由于社会生产力的发展，地域的变迁和邻族的影响，一些室韦部落的经济生产和社会生活发生了变化，社会进一步向前发展。

第一节　室韦的社会状况

文献中反映各个时期室韦部落社会组织、社会性质的资料为数较少，只能根据一些零星记载对室韦所处的社会发展阶段做大致的判断。

南北朝时期，室韦社会的个人财富逐渐积累、增多，财产私有制已经出现。比较明显的标志是形成了保护私有财产的习惯法，如对偷盗别人财物的人，施行"盗一征三"[①]的处罚，对侵害他人生命的人则罚马300匹。这种偷盗私有财物，保护财产私有不受侵犯的社会现象，都是以私有制为基础而产生的。而对种种破坏财产私有行为的制约和惩罚，尤其是物质上的加倍罚没，又是私有财产产权运动的一种形式。私有制和保护财产私有权的社会习惯法促使私人财富的进一步积蓄，也必然造成财产占有的失衡，从而形成贫富分化。史载室韦"俗爱赤珠"，"以多为贵"[②]。这种社会心理，反映了室韦部民对财富的占有是不均衡的。更

① 《魏书》卷100《失韦传》，第2221页。

② 《魏书·失韦传》载，"女不得此，乃至不嫁""父母死，男女众哭三年"等，表明室韦社会有了确定的父母子女关系，且男子居于主导地位。《魏书》卷100《失韦传》，第2221页。

加刺激人们去追逐经济利益，增加财富，使贫富差距愈来愈加大。结果，富者因私有财富增多而高贵，贫者则日益卑贱，从而使氏族传统开始受到冲击。但总的看，南北朝时期，室韦社会还处于原始社会发展阶段，社会生产力低下，贫富差别尚不明显，父权制虽已形成，但母权制遗风仍有存留。

南北朝时的室韦部落各分散居住，治权不统一。《魏书·乌洛侯传》说，“无大君长，部落莫弗皆世为之”，各部落还没有形成联盟，没有部落联盟长，只有被称为“莫弗”实行世袭制的部落酋长。世袭制是父权制确立以后的产物。

隋代，文献记载室韦有五大部落群，各大部之间“不相总一”[①]，仍未形成室韦部落的大联盟。南室韦逐渐分化成25部，每部有酋长，称余莫弗瞒咄。酋长死，由他的子弟继任，“嗣绝则择贤豪而立之”，没有继任者则选择有能力有魄力并为部众信服的人接任。反映出实行世袭制与推选制相结合的制度。北室韦有9部落，部落酋长称乞引莫贺咄，每部又有莫何弗三人作副手。从史料表述看，似未形成南室韦、北室韦区域间的部落联盟。钵室韦、深末怛室韦和大室韦的社会组织情况不见丝毫记载，应与南、北室韦大体一致。

从室韦的婚俗看，隋代室韦社会同北朝没有多少不同，仍处在父系氏族社会发展阶段。例如，在两个相关家庭允许下存在的抢婚习俗，一方面说明父权制的确立，另一方面说明室韦社会已经分化出了单个的家庭，个体家庭成为室韦社会的基本细胞。与此相应，就是一夫一妻制的形成和确立。所谓“妇人不再嫁”，就是说室韦社会已过渡到了一夫一妻制。另外，婚俗中的送牛马作聘礼，反映了私有财产的存在。订婚后，先回女方家居住一段时间，等怀孕后再回男方家，这是母权制社会的遗俗，表明室韦并不是完全的父权制社会。

唐代初期，室韦各部因地域分布广，住地分散，社会生产力较为低下，没有出现强大的部落和产生强有力的人物，仍处在“国无君长”的部落制阶段。史书说室韦“有大首领十七人，并号莫贺弗，世管摄之”[②]。

---

① 有关隋代史文，均出自《隋书·室韦传》，不赘注。

② 有关唐代史文，均出自《旧唐书·室韦传》，不赘注。

唐代室韦"分部凡二十余"，可以想见，大首领人数也会相应增多，甚至可能出现几个部落联盟的首领。室韦部众以家庭为单位，以血缘为纽带，组成氏族社会，聚落而居，即文献史料所谓"或为小室，以皮覆上，时聚而居，至数十百家"。部众共同参加一些狩猎、捕鱼的集体生产活动，"时聚弋猎，事毕而散"。此外，牲畜饲养、粗放农业和手工业生产多由部众共同参与。部落设有公共墓地。不征敛赋税。

唐代，文献记载的室韦社会贫富分化加剧，"家富者项著五色杂珠"。婚姻则以劳役婚为主，男方为女方家劳动三年，临回男方家前女方家要分配财物，使私有财产转移到另一个家庭中，一夫一妻制的婚姻形态和男女在社会生产上的分工更趋成熟。考古发现证明了唐代室韦人的家庭形态、劳动分工和社会的贫富差距。例如，被确定为9—10世纪室韦人遗存的海拉尔谢尔塔拉墓地M5即为双人合葬墓，经鉴定，墓主人分别是年龄为20—22岁的男性和18—22岁的女性，随葬品（包括一件桦树皮罐、一件短木柄铁矛、一件缠绕桦树皮的木弓、一件桦树皮箭囊和一把铁刀）集中放置在男性身体右侧，或压放在身上；女性墓主人右足腕部发现两枚绿松石珠。随葬品类别和摆置方式较为清晰地反映了男女在家庭和社会中的不同分工和地位。在今内蒙古呼伦贝尔市等处发现的室韦人墓葬当中，随葬的生产工具、生活用品多少不等，有的相差很大。尤其是一些显示身份地位、富贵等级的金、银、铜、铁、玻璃、玛瑙、绿松石之类的工具和装饰品，在各个墓中出土的多寡不一，充分说明了室韦社会的动产私有、多少已有很大差别。例如，谢尔塔拉M6葬具为一棺一椁，随葬品最丰富，所出长矛、大弓、箭、箭囊、马鞍等均属实用器，是已发掘10座墓葬当中规格最高的一座。墓主人是一位45—50岁的男性，应代表具有较高社会地位的权贵阶层。而M9葬具简陋，木棺无盖无底，随葬品最少，是已发掘墓葬中唯一一例俯身屈肢葬。墓主人是一位50—55岁的男性，应代表地位较低的社会成员①。

唐中后期，随着一些室韦部落从原居地向外迁移，与草原游牧地带和定居农耕地带民族的交往日益增多。室韦与各族的交往主要有和平交往和战争掳掠两种方式。经济文化上的频繁交流，使室韦部落的社会发

① 刘国祥、白劲松：《论谢尔塔拉文化及相关问题》，《海拉尔谢尔塔拉墓地》。

生了很大变化。唐朝及其他北方族对室韦的军事打击，则在一定程度上打乱了室韦社会的氏族部落体系。部民因战争离散、减少，原有的部落构成和社会制度受到破坏[①]。尤其是室韦同唐朝的经济交往和对唐朝边界人口财物的掳掠，使室韦的物质财富迅速增加，室韦部落上层人物的私有财产不断增多，加剧了室韦社会的贫富分化。到五代时，室韦一些部落的金属冶炼、毛纺织造技术有了明显进步，一改隋代和唐初“其国无铁，取给於高丽”“剡木为犁，不加金刃”的局面，社会生产力得到很大发展，室韦社会呈现出了文明的曙光。

第二节　室韦人的生产方式

南北朝至唐代初期，受室韦部落的地理环境和生产力发展水平制约，其生产方式主要有渔猎业、家畜饲养业、粗放农业和手工业等类型。唐代中期以后，许多室韦部落迁入草原地区，受自然环境因素和其他游牧民族的影响，一些室韦部落开始由森林狩猎民转变为草原游牧民，生产方式发生了较大变化。

一、渔猎业

根据文献记载，南北朝时期的室韦人主要生活在嫩江流域及其以西的大兴安岭地区。室韦居住区河流纵横，湖泊棋布，深山密林禽兽众多，室韦人具有从事渔猎生产的良好条件。史书简略而明确地记载，室韦人“好猎射”，用角弓、长箭[②]，表明猎获野生动物是南北朝时期室韦人擅长做的事情，其实也是其经济生活中重要的活动。文献还提到，早期室韦

① 根据文献记载，从南北朝至唐末五代，东魏、北齐和唐等中原政权以及北方的突厥、回纥、薛延陀、黠戛斯、契丹等族，都对室韦部落实施过军事打击。尤其是唐代以来，诸北方族与室韦的军事冲突增多。另据《资治通鉴》记载，唐太宗下诏，命边地大臣赎回被薛延陀掳掠走的室韦、乌罗护部民。无疑，战乱一定程度上一步步地摧毁了室韦社会的氏族体制。参见（北宋）司马光：《资治通鉴》卷 198《唐纪十四》太宗贞观二十一年，中华书局点校本，1956 年，第 6248 页。

② 南北朝时期的室韦渔猎情况，参见《魏书》卷 100《乌洛侯传》《失韦传》。

人穿用白鹿皮缝制的衣裤，以鱼为主要食物，表明日常衣食均与渔猎业有密切关系，渔猎活动在其经济生活中占有重要位置。由于生产能力还十分低下，从文献记载看，室韦人的渔猎物主要是鱼、鹿、貂之类，还难以制服一些凶猛的大型动物。

到隋代，史书对五部分室韦人的活动区域有了更为具体的记载，主要活动在嫩江流域、大兴安岭山林、额尔古纳河和黑龙江上游地区，自然环境的特质依然决定了室韦人从事渔猎生产的重要性。史书对隋代不同分布区域室韦部落的渔猎状况有详略不等的记载。南室韦居地内有广袤的山林、众多的河流，其中有种类很多的野生动物和鱼类，渔猎业是重要生业，同时兼营牲畜饲养业、粗放农业等。位于室韦居住区北部的北室韦围绕吐纥山（今伊勒呼里山）而居，冬季气候最为寒冷，雪深埋没马匹，牛等牲畜多有冻死。为了适应这种恶劣的自然条件，北室韦人以射猎禽兽为务，网鱼捕貂为业。冬季河流封冻后，则凿冰捕鱼。日常服饰则以獐、鹿、狐、貉、鱼的皮毛做帽、衣、裤，以动物、鱼、鳖肉为主食。处于北室韦更北方的钵室韦居于盘古河流域，依胡布山（今额木尔山）而居，史称其人众多于北室韦，除用桦树皮搭盖房屋外，其他风俗与北室韦相同，也应该是以渔猎为主业。处于钵室韦西南的深末怛室韦、西北的大室韦与北室韦所处地理环境大略相同，均当以渔猎业为生，其中大室韦地域内“尤多貂及青鼠”①。综合而言，隋代史书记载的室韦人的猎获物主要是獐、鹿、狐、貉、貂、青鼠和鱼鳖之类。

唐代，史书对室韦人从事渔猎业的记载没有更多内容，仅称室韦人“尤善射，时聚弋猎，事毕而散”②，即唐代室韦人尤其擅长弯弓射箭，经常相聚在一起，追寻、引诱动物进行射猎；狩猎活动结束，合理分配猎获物后各自归家。从“时聚弋猎”看，唐代一些室韦人较常采用的狩猎方式是集体围猎，比前代有所改进，猎获量当有所增加。当然，也不排除个体狩猎方式仍然存在。又据文献记载，室韦人养犬，也有可能用于狩猎活动当中。

考古发现丰富了唐代室韦人从事狩猎业的内容。通过考古发掘和

---

① 隋代室韦渔猎概况，参阅《隋书》卷84《室韦传》。

② 唐代室韦狩猎状况，参据《旧唐书》卷199下《室韦传》。

研究，内蒙古自治区呼伦贝尔市陈巴尔虎旗西乌珠尔、海拉尔区谢尔塔拉和陈巴尔虎旗岗嘎三处墓地分别大致属于7—8世纪、9—10世纪和8—10世纪的室韦人墓葬遗存[①]。三处墓地均出土了木弓、桦树皮箭囊、木杆铁箭镞等狩猎工具。木弓多用桦树皮缠绕。箭镞均为铁制，其中西乌珠尔墓地1986年出土21枚，分为菱形、矛形、长身形三种形状，95MCXM2出土的一件桦树皮箭囊内装12枚木杆铁箭镞。谢尔塔拉墓地出土70余枚，分为凿形、菱形、铲形和燕尾形四种形状。岗嘎墓地出土的箭镞有铲形、窄方形、柳叶形三种形状。弓、箭是狩猎生产最为重要的工具，出土大量弓、箭，箭镞形状多样化充分表明狩猎业在室韦经济门类中的重要性。各处墓地还出土与狩猎生产生活密切相关的木马鞍、铁马镫、铁马衔等马具，铁矛、铁刀、骨鸣镝等狩猎工具。其中谢尔塔拉墓地出土铁矛7件，矛身较长型3件，较短型4件。均为铁头木杆，一种是矛头尾端有圆形的銎口，木杆一端嵌入銎口内；另一类是矛头尾端呈细锥状，嵌入木杆内。西乌珠尔出土铁刀2件，已锈蚀，表面残存朽木痕迹。谢尔塔拉墓地出土铁刀8件，均为铁质刀身，多数安装有短木柄。三处室韦人墓地出土的种类和数量丰富的骑射用具，成组出现的弓、箭、箭囊、马鞍、马镫、马衔等，是墓主人日常生产生活当中须臾难以离开的用具，与文献中记载的室韦人“用角弓，其箭尤长”“兵器有角弓楛矢，尤善射”[②]完全吻合，反映了7—10世纪狩猎生产在室韦人经济活动中仍然占有重要地位。尤其是箭镞、矛、刀、马镫、马衔等均为铁制，证明唐代室韦已经进入了铁器时代，社会生产力得到进一步发展。另外，在谢尔塔拉墓地M6出土的一件木盘底面上，用单线刻画着一头头部略仰，吻部前伸，双耳呈圆尖状竖起，身部较长，尾部上翘，前腿

---

① 赵越：《论呼伦贝尔发现的室韦遗迹》，《内蒙古文物考古文集》第1辑；中国社会科学院考古研究所内蒙古工作队、呼伦贝尔民族博物馆、海拉尔区文物管理所：《内蒙古呼伦贝尔市海拉尔区谢尔塔拉墓地》，《海拉尔谢尔塔拉墓地》；中国社会科学院考古研究所、内蒙古自治区文物考古研究所、北京大学考古文博学院、呼伦贝尔民族博物院呼伦贝尔联合考古队：《内蒙古陈巴尔虎旗岗嘎墓地》，《考古》2015年第7期。唐代室韦考古资料或述及相关内容，均引用上述相关论著，除需要另作注释，不再赘注。

② 《魏书》卷100《失韦传》，第2221页；《旧唐书》卷199下《室韦传》，第5357页。

部分残缺，后腿略直的奔鹿形象[①]。将狩猎对象艺术化地再现在生活器物上，表明狩猎业与日常生活密切相关，是室韦人狩猎生产生活的生动反映。总之，文献和考古资料均确切证实，唐代迁徙到草原地带的室韦部落仍然从事着狩猎业。

室韦人的渔猎产品除用作自身的饮食服饰之外，剩余部分更多用来与邻族进行贸易交换，主要是同中原农耕地区换取短缺的农副产品。《魏书》《旧唐书》等不同时期的汉文献有室韦“献方物”“贡丰貂”“朝贡不绝”的相关记载，实质上更多蕴含着室韦人以富有地方特色的狩猎物品与中原人交换所需的农副产品的信息。到唐代后期，游牧业成为迁徙到草原地区的大部分室韦部落的主要生产生活方式，狩猎业则成为辅助的经济门类，但仍是重要的生活方式。没有迁出森林地带的室韦部落，当仍以渔猎业为主要生业。

二、家畜饲养业及其向游牧业的转化

北魏至隋，室韦部落的家畜饲养业已达到一定规模。饲养物主要有猪、马、牛等。猪作为主要食物之一，它的养殖量一定很大，应是随地放养，而非圈养。《魏书·乌洛侯传》载乌洛侯“夏则随原阜畜牧”，《魏书·失韦传》说室韦“逐水草”，应是根据一年四季具体水草状况放牧马、牛。北朝时，室韦的习惯法规定，杀人者要被罚马300匹，可见马的数量相当可观。隋代，南室韦人婚姻嫁娶，马牛被用作聘礼。北室韦也有马有牛[②]。南室韦人以牛拉车，“马则织草为鞯，结绳为辔”，以猪皮为席。唐代的一些室韦部落有品种优良的马，还善于豢养狗和猪，肉用来食用，皮子做衣物。马、牛、猪等家畜既是生产资料，也是生活资料。属于7—10世纪室韦人的墓葬出土了大量鞍鞯、马镫、马衔、马带饰等较为齐全的马具，证明马在室韦人的生活中起着重要作用。

唐初期以前的室韦部落经营的家畜饲养业，还不是典型意义上的草原游牧业经济。其中一个重要的因素就是在室韦人的家畜中没有“羊”。

---

① 中国社会科学院考古研究所、呼伦贝尔民族博物馆、海拉尔区文物管理所：《海拉尔谢尔塔拉墓地》，图三七，1，第38页。

② 《隋书·室韦传》载北室韦“雪深没马”“牛畜多冻死”可证，参阅《隋书》卷84《室韦传》，第1883页。

《魏书·失韦传》记载南北朝时期的室韦人“养牛马，俗又无羊”，《隋书·室韦传》称南室韦“无羊，少马，多猪、牛”，唐前期文献也不见室韦有“羊”的记载，说明室韦的家畜饲养业与草原游牧民族的游牧业经济还有差别。随着历史的发展，这种差别逐渐消失。到 9 世纪中叶以后，文献记载表明，室韦一些部落的牲畜饲养业已有了重大变化，逐步转变为草原游牧经济。

唐代中后期，一些室韦部落已陆续迁出原住区，活动在今呼伦贝尔草原，阴山山脉北部草原地带，个别部落甚至深入蒙古高原腹地，并同突厥、回纥、党项、契丹和奚等游牧民族频繁接触。生产力水平的提高，蒙古高原的生态环境和相邻游牧民族的影响，使自身经济已有一定基础的室韦部落的经济发生了变化。唐末五代以来，一些室韦部落相继由渔猎、牲畜饲养和粗放农业的综合经济模式转化为典型的以草原游牧业为主的经济模式。

在这一转变过程中，最重要的表现是新的家畜品种的出现和数量的增加。唐末至辽金时期，文献记载的许多室韦部落牧养了羊、驼，马和牛的数量增多，羊、马等游牧产品更多地替代貂、鼠等猎获物成了与中原地区进行交换的特产，说明一些室韦部落的经济生活已经发生了变化。有关的史料虽嫌零散，但不同的文献记载仍能说明问题。如唐开成元年（836），室韦大都督阿朱等来朝，进马 50 匹[①]。会昌二年（842），唐东面招抚回鹘使张仲武俘获室韦酋长妻、子，室韦酋长“欲将羊马金帛赎妻儿”[②]。史称阴山达怛（又作阴山室韦）“畜多驼、马”[③]。后唐长兴三年（932），达怛进马 10 匹[④]。后唐清泰元年（934），达怛首领没于越等入朝，贡羊马[⑤]。辽会同元年（938），“黑车子室韦贡名马”[⑥]。《契丹国志》

---

① （北宋）王溥：《唐会要》卷 96《室韦》，第 2040 页。

② （唐）李德裕：《会昌一品集》卷 14《请发镇州马军状》；（北宋）司马光：《资治通鉴》卷 246《唐纪六十二》武宗会昌二年，第 7967 页。

③ （北宋）欧阳修：《新五代史》卷 74《达靼传》，中华书局点校本，1974 年，第 911 页。

④ （北宋）王钦若等：《册府元龟》卷 972《外臣部·朝贡五》，第 11423 页。

⑤ （北宋）王钦若等：《册府元龟》卷 972《外臣部·朝贡五》，第 11423 页。

⑥ 《辽史》卷 4《太宗纪》，第 44 页。

称蒙古、于厥、达打等室韦部落“惟以牛、羊、驼、马、皮、毳之物与契丹为交易”[①]。辽开泰八年（1019），辽圣宗诏阻卜（契丹人对室韦的泛称，女真人沿袭）“依旧岁贡马千七百，驼四百四十”[②]。辽重熙二十二年（1053），阻卜大王屯秃古斯率诸部长献马、驼[③]。辽乾统二年（1102），辽败北阻卜，“获马万五千匹，牛羊称是”[④]。辽保大四年（1124），辽天祚帝多次得到阴山室韦谟葛失提供的马、驼、羊等，稍后耶律大石又得到白达达所献马400，驼20，羊若干[⑤]。宋建炎元年（1127），鞑靼献羊给金朝[⑥]，等等。唐末辽金时期，室韦（达怛、阻卜）家畜当中出现“羊”“驼”，并且马、牛的数量大增，这与唐代以前室韦“无羊，少马”的状况大相径庭，是室韦各部由一般的牲畜饲养业转化为典型的游牧业的标志。考古发现也证实唐代迁徙到草原地带的室韦部落拥有了羊群，谢尔塔拉墓地M6、M9各随葬了一件羊肩胛骨[⑦]。可以认为，至少到9世纪中后期，陆续迁入蒙古高原腹地及其缘边草原地带的室韦诸部，由于地域环境的变迁和游牧的突厥语族部落的影响，先后建立起了游牧业经济。

三、农业

尽管文献记载非常简略，但是仍然能够通过零星史料知道室韦人经营粗放农业的概况。室韦分布区的南部适合农作物种植，这部分室韦人从事着粗放农业，来作为生活资料的补充。史载南北朝至隋唐时期，室韦南部“土地卑湿”，“夏多雾雨”，一定程度上适合发展农业。根据记载，南北朝时期室韦人的种植物主要有粟、麦和穈子。乌洛侯人也种植谷、麦。生产力水平不高，至隋代，文献仍称南室韦“田收甚薄”，粗放的种植模式导致收成并不是很好。唐代，室韦人的农业生产有了一定进

① （南宋）叶隆礼：《契丹国志》卷22《四至邻国地里远近》，第239页。
② 《辽史》卷16《圣宗纪》，第186页。
③ 《辽史》卷20《兴宗纪》，第246页。
④ 《辽史》卷92《萧夺剌传》，第1368页。
⑤ 《辽史》卷29、卷30《天祚皇帝纪》，第341—355页。
⑥ （南宋）徐梦莘：《三朝北盟会编》卷100，光绪三十四年许涵度校刻本。
⑦ 中国社会科学院考古研究所内蒙古工作队、呼伦贝尔民族博物馆、海拉尔区文物管理所：《内蒙古呼伦贝尔市海拉尔区谢尔塔拉墓地》，《海拉尔谢尔塔拉墓地》。

步，农具中出现了木犁，可能已过渡到了犁耕农业阶段，但仍处于“剡木为犁，不加金刃，人牵以种，不解用牛”状态[①]，即由人力拉拽木犁进行耕种，还没有掌握把金属镶嵌在犁头或制作金属犁以增强耕地能力的技术，也不知道用牛拉犁耕地以减轻劳动强度。谢尔塔拉墓地M1出土了腐朽的粮食，实物确证了部分室韦部落经营着粗放农业。从农作物产量不高，整个农业生产水平还很低判断，农业是室韦社会经济的辅助门类。粮食颗粒除用来食用之外，主要用于酿酒。农作物的秸秆部分可能当作冬季喂养猪、牛和马的饲料。

文献对隋代的北室韦、钵室韦、深末怛室韦和大室韦，唐代位于室韦分布区北部的诸部落，没有任何与农业相关的记载，可以认为因地处山区，气候酷寒，地理和气候条件决定了北室韦等诸部难以从事农业生产，而以渔猎业为主。

四、手工业及其发展变化

南北朝至唐前期，室韦部落的手工业主要是渔猎业、家畜饲养业和粗放农业的附属行业。根据《魏书·失韦传》《魏书·乌洛侯传》记载，南北朝时期的室韦人狩猎或战斗时喜欢使用角弓和长箭，男女均穿服白鹿皮缝制的长衣和裤子，社会上流行佩戴用红色的珠子串起来的项链，有曲酿酒。乌洛侯人也是穿戴用动物皮缝制的衣物，以珠作为饰物。表明南北朝时期室韦部落存在木器、皮革、酿酒和玉石制作的行业。

隋代室韦分为五大部落群，按地理分布可以分成南部和北部两大区域，南室韦处于南部区域，北室韦、钵室韦、深末怛室韦和大室韦位于北部区域。南、北区域的室韦部落因地理环境、所从事的主业和社会发展状态有所差异，所以手工业制品有所不同。据《隋书·室韦传》载，南室韦人出行乘坐以苇席做成棚子、状如突厥毡车的牛车，过河使用用木头制作的筏子或用皮子制作的皮舟。马鞍下的鞯是用草织成的，辔是用皮绳结成的。居住的是用木头搭成的易于用车载行的屋子，屋内有用猪皮做的席子，木头做的垫子。衣服与契丹相同，主要是皮服。造酒以供饮用。人死以后置于部落搭建的木棚之上。北室韦人“射猎为务”“网

---

① 《旧唐书》卷199下《室韦传》，第5357页。

射鱼鳖”，以渔猎业为主。冬季住半地穴式的房子。以弓箭射猎，用网捕鱼。穿戴用狐貉等动物皮毛和鱼皮制作的衣物。冬季雪大，出行使用滑雪板。钵室韦、深末怛室韦和大室韦所居地域的自然条件与北室韦略同，生活方式差别不大。史书称钵室韦“用桦皮盖屋，其余同北室韦”，深末怛室韦“冬月穴居”。大室韦“尤多貂及青鼠”。亦应以渔猎业为主，主要的手工业制品与北室韦大体相同。可见，隋代南部区域室韦部落的手工业门类有车、木筏、木屋、木垫、木棚等木器制作，毛皮服饰、皮舟、皮绳、皮席等皮革制作，苇席、草鞯等草编制作和酿酒业。文献特别提到南室韦“其国无铁，取给於高丽”，说明缺乏铁等金属矿石，产品主要从外部输入，金属制作能力还很低。北部区域室韦部落的手工业制品主要有半地穴式房子、弓箭、网、衣帽、滑雪板等生产生活用品，涉及木器、皮革等行业。由于产品主要与经济形态和日常生活密切相关，因此制作方式应是以家庭为单位的手工制作，更多处在满足实用的初级阶段，规模不会很大。

唐代前期，从文献反映出来的室韦人的简单生活方式来看，其手工业制作物品和所属门类与前代差别不大。据《旧唐书·室韦传》载，室韦诸部兵器有角弓、楛矢。角弓是用动物的角、木、鱼胶、牛筋等制作的弓，楛矢是用桦木做杆的箭[①]。居住的屋子用若干根木杆在上端交叉于一点搭成，所以称为“小室”，周边用皮毛覆盖。一些有粗放农业的室韦部落，人们已知削木为犁，做成简单的农具，但还不能把犁头镶加上金属。家畜适宜养殖犬、豕，“其皮用以为韦”，即掌握了熟皮子技术，用熟过的家畜或动物皮毛来作为衣服。富有的人家，饰戴由五色杂珠串成的项链。唐代室韦社会流行服役婚，男子在女方家服力役三年后，女家分配部分财物，夫妇同车而载返归男方家，表明车是交通工具的一种。可见，唐代前期室韦人的手工业制作物主要是弓、箭、车、木犁、皮毛衣物、玛瑙类的珠子等，涉及木器、皮革、玉石等门类。

唐中后期至五代，文献记载的一些室韦部落的金属冶炼技术达到了一定水平。据胡峤追述，室韦、黄头室韦和兽室韦“地多铜、铁、金、

① 从室韦居地适合桦木生长，西乌珠尔、谢尔塔拉和岗嘎三处室韦人墓群出土了许多桦树皮包裹的弓、桦树皮箭囊等看，文献所说的楛矢指的更可能是用桦木做杆的箭。

银，其人工巧，铜、铁诸器皆精好……”[①] 又据《辽史·食货志下》记载，契丹“坑冶，则自太祖始并室韦，其地产铜、铁、金、银，其人善作铜、铁器”。考古资料也证实一些室韦人具备了较高的金属冶炼、制作能力。西乌珠尔、谢尔塔拉和岗嘎三处墓地出土了箭镞、矛、刀、马镫、马衔、合页等铁制器物，勺、多种形状的带饰、带扣、带銙、耳坠等铜制器物，金耳坠、鎏金银耳坠、螺旋形银饰、银手镯等金银器物。其中岗嘎墓地M22 出土铜带饰数量最多，共 36 件，应为一条完整带饰，环绕于墓主人腰际。带饰出土时有单一分布也有组合分布，形状有方形、环形、半圆形、心形、长条连弧形等，多镂空有繁缛而规整的缠枝纹，铜带饰的背面多有皮质物附着，工艺精湛[②]。考古发现与文献记载高度一致，直观生动地证明了文献记载的可信性。从隋代“其（室韦）国无铁，取给於高丽”[③]，唐代初期室韦人用木犁而不能加“金刃”，到唐末五代辽金时期史书编纂者认识到室韦居地内盛产铜、铁、金、银，室韦人工巧，善作各种金属器物，尤其是考古资料更直观形象地表明，一些室韦人寻找和识别金属矿石的能力及冶炼、制作技术和产量都达到了一定规模和水平，较唐代初期以前有了很大进步，以至于契丹人的金属冶炼和铸造技术还是在阿保机吞并室韦以后、在室韦人提供的原料及其经验的基础上发展起来的。可见，至晚到唐中期以后，一些室韦部落无疑已进入了铁器时代，这与室韦整个经济的变化和社会的发展是相辅相成的。

唐末五代以来，室韦人的毛纺织技术也得到发展，达到一定水平。史载室韦、黄头室韦和兽室韦诸部“善织毛锦”[④]，蒙古、于厥、达打等与契丹的交易物还有毳、罽[⑤]。毳，通指鸟兽的细毛，这里当指牲畜或野兽

① （南宋）叶隆礼：《契丹国志》卷 25《胡峤陷北记》，第 268 页；《新五代史》卷 73《四夷附录第二》引《胡峤陷虏记》，第 907 页。

② 中国社会科学院考古研究所、内蒙古自治区文物考古研究所、北京大学考古文博学院、呼伦贝尔民族博物院呼伦贝尔联合考古队：《内蒙古陈巴尔虎旗岗嘎墓地》，《考古》2015 年第 7 期。

③ 《隋书》卷 84《室韦传》，第 1882 页。

④ （南宋）叶隆礼：《契丹国志》卷 25《胡峤陷北记》，第 268 页；《新五代史》卷 73《四夷附录第二》引《胡峤陷虏记》，第 907 页。

⑤ （南宋）叶隆礼：《契丹国志》卷 22《四至邻国地里远近》，第 239 页；《辽史》卷 60《食货志下》，第 929 页。

的绒毛；罽，是一种毛织品。这些毛锦、罽之类毛织物的原料理当取自羊和骆驼。在西乌珠尔墓群内采集到少量麻布，上有一个麻线盘成的扣，在麻布上留有毡子①。谢尔塔拉墓地 M1、M6、M10 等墓主人身上都发现有麻、毛织品残片②。不言而喻，作为家庭手工业，毛纺织是在室韦的游牧经济基础上产生和发展起来的。这也表明一些室韦部落在 9 世纪末以后，确立了游牧业经济。

随着室韦考古学文化的发现和识别，对进一步认识唐代室韦人的手工业生产提供了直观、形象的资料。考古资料显示，唐代室韦人的手工业门类和制作器物远比文献记载的丰富。

西乌珠尔、谢尔塔拉和岗嘎三处室韦人墓群均出土了多少不等的以罐、壶为主要器形的陶器。1986 年清理西乌珠尔 3 座墓，出土陶罐 4 件、陶壶 3 件，制法分手制、轮制，罐分夹砂灰褐陶、砂质褐陶，壶是泥质灰褐陶③。1995 年清理 3 座墓，其中 M2 墓主人头部左上端和足部左下端分别放置 1 件陶罐和 1 件陶壶。谢尔塔拉 1997、1998 年共清理 10 座墓，计出土陶罐 5 件，均为手制，采用泥圈套接法制器，夹细砂陶，陶质较疏松，胎体略厚。陶壶 3 件，均轮制，泥质陶，较硬，胎体厚薄均匀④。从 2013 年岗嘎墓地调查采集的陶片特征看，分为泥质灰陶与夹砂灰褐陶两大类，轮制与手制陶共存，可辨罐、壶两种器形。2014 年发掘清理 16 座墓，有 11 座随葬陶器，共出土 15 件。制法分为轮制和手制两类。器形有罐和壶两种，罐又分为鼓腹罐和筒形罐两类。质地为夹砂或泥质，多饰以篦点纹和附加堆纹⑤。考古发现确凿地证明，唐代室韦人手工业门类中有陶器制作业。

对室韦人使用桦树皮情况，文献只在《隋书·室韦传》概略提及钵

---

① 白劲松：《陈巴尔虎旗西乌珠尔古墓清理简报》，《辽海文物学刊》1989 年第 2 期。

② 中国社会科学院考古研究所内蒙古工作队、呼伦贝尔民族博物馆、海拉尔区文物管理所：《内蒙古呼伦贝尔市海拉尔区谢尔塔拉墓地》，《海拉尔谢尔塔拉墓地》。

③ 白劲松：《陈巴尔虎旗西乌珠尔古墓清理简报》，《辽海文物学刊》1989 年第 2 期。

④ 中国社会科学院考古研究所内蒙古工作队、呼伦贝尔民族博物馆、海拉尔区文物管理所：《内蒙古呼伦贝尔市海拉尔区谢尔塔拉墓地》，《海拉尔谢尔塔拉墓地》。

⑤ 中国社会科学院考古研究所、内蒙古自治区文物考古研究所、北京大学考古文博学院、呼伦贝尔民族博物院呼伦贝尔联合考古队：《内蒙古陈巴尔虎旗岗嘎墓地》，《考古》2015 年第 7 期。

室韦“用桦皮盖屋”。从三处室韦人墓地出土物看，唐代室韦人广泛使用桦树皮制作器物，如桦树皮罐、桦树皮箭囊、缠绕桦树皮的木弓、桦树皮鞍韂、桦树皮棺具等，证明唐代室韦人手工业门类中有桦树皮制作业。一般桦树皮罐器体呈圆筒状，器壁由内外两层桦树皮缝制而成，器底呈圆形，为单层桦树皮缝制而成。桦树皮箭囊呈长筒状，由长方形桦树皮或单层或双层沿纵向对合缝制而成[①]。

文献记载的室韦人的木器制作物、装饰物等笼统而模糊，但考古出土的由独木镟制而成的木盘、木杯，器体呈细长条状的木箸等生活用具，前后鞍鞒各由两块整木加工而成的马鞍等骑射用具，按人形大小凿空制作的独木棺等葬具和棒形玉饰、玻璃珠饰、绿松石珠饰、玛瑙珠饰、金耳坠、鎏金银耳坠、银手镯等装饰物，均可以加深对唐代室韦人木器制作业和饰物制作业的认识。

室韦各部落由渔猎业、家畜饲养业和粗放农业向草原游牧生产方式的转化，是室韦人揭开历史新篇章的关键一步。随着游牧经济基础的确立，室韦人的手工制作业取得进步，尤其是金属冶炼和制作技术有所提高，一些室韦部落迅速发展起来，为在蒙古高原的崛起奠定了物质基础。这一转变过程的完成，在室韦人的社会生产、生活和文化习俗诸方面均打上了深刻的烙印。

第三节　室韦人的生活方式

文献中有关室韦人生活方式的史料虽嫌零散，但不失为丰富。早期室韦人的居住、饮食、服饰、交通等生活方式均在史书中有所反映。相关的后期史料，虽然东鳞西爪，极为匮乏，但前后相联，仍可寻出室韦人生活方式发生变化的痕迹。唐代室韦考古学文化的发现与识别，为探讨与认识一定历史时期室韦人的物质生活方式提供了直观而丰富的资料。

---

① 中国社会科学院考古研究所内蒙古工作队、呼伦贝尔民族博物馆、海拉尔区文物管理所：《内蒙古呼伦贝尔市海拉尔区谢尔塔拉墓地》，《海拉尔谢尔塔拉墓地》。

一、居住

室韦人的居住方式，最初有巢居和穴居两种。随着经济生产、生活方式的变化，则逐步过渡到毡帐居。

文献记载表明，南北朝至隋，室韦人随季节变换而采取不同的居住形式，夏日“巢居”。这主要是由地理、气候等自然条件的限制和经济生活状态决定的。《魏书·乌洛侯传》所称“其土下湿，多雾气而寒，民冬则穿地为室，夏则随原阜畜牧”，较为概括地表述了南北朝时期室韦部落所处的地理环境、气候条件和居住方式。据《魏书·失韦传》载，室韦人夏天巢居①。又《隋书·室韦传》记南室韦人每到夏天都要迁移到草木茂盛的贷勃山和欠对山，因这一带禽兽繁多，蚊虫肆虐，室韦“人皆巢居，以避其患”。史书缺载北室韦、深末怛室韦和大室韦诸部夏季的居住方式，但与它们地域相邻的钵室韦“用桦皮盖屋”，即所谓“巢居”，显然是夏季的居住形式。另外，《隋书》《北史》只强调说北室韦、深末怛室韦在冬季穴居，没有提及北室韦诸部夏季的居住情况，那么，北室韦诸部在夏季也应是“巢居”。

室韦人“巢居”的形式，史书有简略记载，大致是“屈（木）为屋，以籧篨覆上，移则载行。以猪皮为席，编木为藉”②。结合民俗学资料，其结构大体是以木杆若干根，上端交叉于一点，下端按相同距离散开，搭成圆锥形框架，然后用苇席覆盖四周。一般朝日出方向设门，顶部不覆什物，以备通风、采光。另用木条编成衬垫，置于室内，上铺猪皮为席，以隔潮气。与用苇席不同，钵室韦是用桦树皮围覆在框架上，这当同钵室韦居地多桦树有关。这种居室，可随时随地搭建，迁移时又可用车载

① 《魏书·失韦传》说室韦人“夏则城居”，从北朝室韦人的社会发展水平和相关记载看，室韦人尚不足以筑城而居。并且《隋书·室韦传》所载南室韦即北朝室韦，《隋书》说南室韦夏季“巢居”，则《魏书》所谓“夏则城居，冬逐水草”一句有误。按同书《魏书·勿吉传》说“筑城穴居”，故《魏书·失韦传》所说“城居”当指“穴居”而言。结合《魏书·乌洛侯传》和《隋书·靺鞨传》，室韦应是“冬则城居（即穴居），夏逐水草”。

② 《隋书》卷84《室韦传》，第1882页。

运。这和我国古代南方某些民族在树上“构木为巢”的“巢居”不同[①]，而与近代鄂伦春族的“仙人柱”大概相仿。

早期室韦人的“巢居”，是适应其自然环境和生产方式而形成的一种居住形式。南北朝时期室韦和隋代南室韦部落分布在夏季多雨，空气湿润，史书称为“国土下湿”的今嫩江中下游以西丘陵草原及大兴安岭林间地带，从事着渔猎、家畜饲养和粗放农业等生产活动。北室韦、钵室韦、深末怛室韦和大室韦诸部分布在大兴安岭北部、额尔古纳河流域和黑龙江上游的山林之间，主要以渔猎为主业。室韦诸部的经济生活具有逐水草放牧家畜和追逐猎物的游动性。易于构建、拆卸和搬运的房屋，可以根据生产和生活需要，就地取材，选择森林、草地、河流沿岸等各种地势而设。同时，由于室韦人抗御自然的能力较弱，这种易建能移的房屋可以使之随自然条件的变迁而选择安全场所，以躲避禽兽蚊虫的侵扰和自然灾害的威胁。

室韦分布区冬季寒冷，室韦人选择的冬季居住形式是“穴居”。史书说乌洛侯“民冬则穿地为室”，北室韦“冬则入山，居土穴中”，深末怛室韦“冬月穴居，以避太阴之气”[②]。钵室韦除夏季用桦皮盖屋，其余同北室韦，冬季亦为“穴居”。室韦人“穴居”的具体样式，诸书《室韦传》史文不详。从“冬则入山”“穿地为室”“与靺鞨同俗”等记载及其地理环境与勿吉（靺鞨）相近推断，室韦的“穴居”与勿吉人的“筑城穴居，屋形似冢，开口於上，以梯出入”[③]的居住方式相似，大概是利用小土丘一类地形，从背风一侧开挖洞穴，穴口向上，洞顶用木杆之类支架，架梯子出入，人居地下，以避寒气。“穴居”与室韦人所居地冬季气候寒冷、抗御自然能力低下有关。

室韦人的这种居住方式，已为考古发掘所证实。1990年6月，内蒙

① 夏之乾：《从树葬看树居》，《民族研究》1983年第4期。

② 《魏书》卷100《乌洛侯传》，第2224页；《隋书》卷84《室韦传》，第1883页。

③ 《魏书》卷100《勿吉传》，第2220页；又《隋书·靺鞨传》载：“地卑湿，筑土如堤，凿穴以居，开口向上，以梯出入”，载《隋书》卷81《靺鞨传》，第1821页；《旧唐书·靺鞨传》作：“无屋宇，并依山水掘地为穴，架木于上，以土覆之，状如中国之冢墓，相聚而居。夏则出随水草，冬则入处穴中。”载《旧唐书》卷199下《靺鞨传》，第5358页。

古考古工作者在额尔古纳河下游东岸奇乾乡一带发现并调查了小孤山、岭后、十八里三处聚落遗址①。三处遗址所选居住地点的环境相同，均处于额尔古纳河下游东岸沿河的山坡上，背山面坡，临水向阳。三处遗址的地面遗迹相同，均为近圆形坑穴，基本呈东西排列，分布密集，排列有序。其坑穴的数量相差无几，分别为53、56和58个，大小形状也基本相近。经过清理，出土了陶片、骨器、兽骨、木炭等遗物。据中国科学院古脊椎动物与古人类研究所对小孤山遗址第5号坑穴中出土的木炭进行的^{14}C测定，其年代距今910年 ±75年，树轮校正865年 ±85年。据调查者推测，其年代不应早于隋唐，下限不应晚于金朝初年。这一时期，额尔古纳河流域正是室韦部落的分布活动区。结合文献记载的室韦人冬季穴居的特点，三处遗址属于室韦人遗迹的可能性较大②。从而证明文献记载的室韦人的穴居就是半地穴式的居住形式。

唐代以后，室韦人的“巢居”形式开始有所变化。《旧唐书·室韦传》说，室韦“或为小室，以皮覆上，相聚而居，至数十百家”。《新唐书·室韦传》载：“所居或皮蒙室，或屈木以籧蒢覆。”而此前室韦人冬季穴居的记载不再见于史册。这表明，唐代部分室韦人（或说为唐人所了解的室韦人）已逐渐过渡为“巢居”，夏季用苇席铺盖在支架上，隔雨防害；冬季则替之以兽皮、畜皮，抗风御寒。应该说，唐代室韦人抗御自然的能力有所增强。

及至唐末五代至辽金时期，迁徙到草原地区已经由森林渔猎民转变为草原游牧民的室韦部落已经采用了游牧民族的传统居住方式——毡帐（庐帐、穹庐，即蒙古包）。这方面的史料虽然片鳞半爪，但《册府元龟》《新五代史》《契丹国志》《辽史》等这些由不同史家撰就的史书，都透露

① 内蒙古文物考古研究所、呼伦贝尔盟文物管理站、额尔古纳右旗文物管理所：《额尔古纳右旗奇乾乡文物普查简报》，《内蒙古文物考古文集》第1辑。

② 赵越：《论呼伦贝尔发现的室韦遗迹》，《内蒙古文物考古文集》第1辑。另外，遗址调查者认为，东胡及其后裔的居住习俗都是于地面之上居“穹庐”“蒙古包”等，半地穴式的居住习俗与通古斯语系中一些部族的居住习俗相符，所以，三处遗址应与室韦中通古斯语系的某一部族或黑龙江流域的女真人有关。这个结论是不正确的。所谓东胡后裔的居住方式都是“穹庐”“蒙古包”的说法就过于武断。退一步讲，不管最终研究结果证明这三处遗址归属何人，它提供的考古证据可证室韦人的穴居就是这类半地穴式形式。

了室韦部落已经居住毡帐的信息。如：唐光化四年（901），辽太祖耶律阿保机击破室韦、于厥（室韦部落，又作乌古，辽时有此专称）等部，俘获庐帐，不可胜纪[①]。辽神册四年（五代后梁贞明五年，919），辽军又破乌古部，俘获物中并见庐帐[②]。五代后唐长兴元年（930），达怛三十帐内附后唐[③]。其后，鞑靼首领胡禄末率族帐到后唐云州界贸易[④]。后周时（951—960），曾经随使入契丹国的胡峤在亡归（后周广顺三年，953）后道其见闻说，黑车子室韦善作车帐[⑤]。众所周知，毡帐是游牧民族典型的居住形式，从而也成为中原地区计算北方游牧民族人口的单位，并简称“帐”“庐帐”“族帐”。部分室韦部落已经采取毡帐居的方式，实际这与它从事游牧业生产密切相关。从文献记载反映的室韦人居住方式改变的时间来看，部分室韦部落在9世纪后期或10世纪初期，已进入以游牧业为主、狩猎业为辅的生产生活方式。室韦部落经济结构的转变，是其经济的自身发展和地域变迁以及邻近游牧民族如突厥、契丹等影响的结果。与这一转变过程相始终，室韦人的居住方式也由南北朝隋代唐初的巢居、穴居发展为唐末五代时期的毡帐居。

二、饮食

室韦人的饮食结构与其经济生活密切相关，并随着经济的发展而变化。

南北朝时期的室韦部落主要从事渔猎、家畜饲养和粗放农业，文献记载其“多豕，有谷麦”“颇有粟麦及穄，唯食猪鱼，养牛马，俗又无羊”“好猎射”“有曲酿酒”[⑥]。所谓“唯食猪鱼”，不会是只吃猪肉、鱼肉，可以理解为以猪肉、鱼肉作为主要食物。牛、马除用作交通工具外，牛肉、马肉在特殊情况下也应当作食物。史料特别提到“无羊”，说明这一时期室韦人饲养的家畜不包括羊，还没有羊肉可吃。射猎的动物也用作

---

① 《辽史》卷34《兵卫志》，第396页。

② 《辽史》卷2《太祖纪》，第15页。

③ （宋）王钦若等：《册府元龟》卷977《外臣部·降附》，第11484页。

④ （宋）王钦若等：《册府元龟》卷999《外臣部·互市》，第11728页。

⑤ 《新五代史》卷73《四夷附录第二》引《胡峤陷虏记》，第907页。

⑥ 《魏书》卷100《乌洛侯传》《失韦传》，第2221、2224页。

食物。农作物粟、麦、糜子有一定产量，除作为食物，也用来酿酒。

隋代，南室韦人的食物结构、饮食习惯与南北朝时期室韦人略同。据《隋书·室韦传》载，南室韦“饶禽兽”“少马，多猪牛。造酒食啖，与靺鞨同俗”。《隋书·靺鞨传》载，靺鞨“其畜多猪。嚼米为酒，饮之亦醉”“土多粟麦穄”。根据文献的间接记载，可以大体推知隋代南室韦部落仍以猪、鱼、牛、马等动物肉和粟、麦、糜子作食物，并用粮食酿酒。北室韦、钵室韦、深末怛室韦和大室韦诸部生活在大兴安岭山林和河流沿岸，“饶獐鹿，射猎为务，食肉衣皮。凿冰，没水中而网射鱼鳖”“尤多貂及青鼠”，主要以獐、鹿等兽肉及鱼鳖等水产品作食物。

唐代前期，《旧唐书·室韦传》概略地记载了室韦部落的经济生活和饮食状况，“畜宜犬豕，豢养而啖之”“尤善射，时聚弋猎，事毕而散”“剡木为犁，不加金刃，人牵以种，不解用牛”。饲养大量犬、豕并加以食用，经营粗放农业，以粮食为食物，这应该主要指处于室韦分布区南部的诸室韦部落情况，采取围猎方式射猎野生动物则是室韦各部普遍的经济活动。因此，文献记载的唐代前期南部室韦诸部除增食犬肉外，仍以猪肉、鱼肉、兽肉等为主，辅以牛、马肉及少量粮食；北部室韦诸部则以渔猎业为主，实行集体狩猎，猎获物应比单独狩猎增多，主要以动物和鱼类食物为主。从室韦人的饮食文化亦可看出，唐初期以前，南部室韦部落经营着渔猎业、家畜饲养业和粗放农业，北部室韦部落则以渔猎业为主，其饮食结构、习俗等均与此密切相关。

文献对室韦人的饮食用具缺乏具体记载，考古发现弥补了文献史料的不足。在西乌珠尔、谢尔塔拉和岗嘎墓地出土了陶罐、陶壶、铁刀、铁盘、铜勺、木盘、小木杯、木箸、桦树皮罐等生活用具，大多可作为食具。谢尔塔拉墓地出土陶罐底部及器腹的下半部有明显的烟熏痕迹，显然是实用器，用于烧水、煮熟食物等。铁盘、木盘用于盛装食物，铁刀、铜勺、木箸用于切割、舀持食物，小木杯可以用来饮酒。

唐中后期至辽金时代，迁徙到蒙古高原及缘边草原地带的室韦部落逐步转变为游牧经济，其标志是羊的大量牧养。谢尔塔拉室韦人墓葬就出土了羊的肩胛骨。这样，草原室韦人的饮食结构和习惯随着生产方式的变化而有所改变，羊肉及其乳制品就成为室韦牧民平时的主要食物。从南北朝、隋代室韦的“俗又无羊”“唯食猪鱼”“饶獐鹿……食肉衣皮”，到五代以后的“所食惟肉酪而已”[①]，这种饮食结构的变化并不是一件简单的事情，反映了唐末五代以来室韦部落社会和经济所发生的重大变革和历史进步。

三、服饰

从文献记载看，自南北朝至隋唐五代，室韦人的服饰有所不同，大致来讲，各个时期均以皮服为主，但用料有区别，经历了一个历史变化过程。

南北朝时期，《魏书·乌洛侯传》概称乌洛侯“皮服”，《魏书·失韦传》具体记称室韦“男女悉衣白鹿皮襦裤”“多貂皮”。襦是上衣，古有长襦、短襦之分。这里当指长衣，即袍子。裤是无裆套裤。乌洛侯人“好猎射”，着“皮服”，衣服用料主要也应是猎获的鹿、貂等兽皮。南北朝时期与室韦地域相邻，活动在嫩江以东、松花江以北松嫩平原上的豆莫娄人“有麻布，衣制类高丽而幅大”，分布于白山黑水的勿吉“妇人则布裙，男子猪犬皮裘”[②]，穿用麻、布衣物，与室韦多有不同。南北朝室韦人主要穿着鹿皮、貂皮等野生动物皮毛缝制的衣裤。

隋代，《隋书·室韦传》对南室韦诸部服饰没有具体记载，泛言“衣服与契丹同”。而《隋书·契丹传》也没有关于隋代契丹人服饰的任何记载，与此稍微相关的内容也只有“其俗颇与靺鞨同”一句。据《隋书·靺鞨传》记载，靺鞨“妇人服布，男子衣猪狗皮”。从《隋书·靺鞨传》所载“相与偶耕，土多粟麦穄”“其畜多猪”“人皆射猎为业”看，靺鞨人的经济生活是以农业种植、家畜饲养和狩猎组成的复合经济类型，其中农业占据主要地位；隋代契丹以“逐寒暑，随水草畜牧”[③]的游牧业为主，狩猎业为辅，二者的生产方式存在较大不同，反映在生活方式和风俗习惯上也当有较大区别。因此，《隋书·契丹传》所谓契丹“其俗颇与靺鞨同”的记载不够准确可信，至少说明与靺鞨相同的习俗中不包括服饰习俗，亦即“衣服与契丹同”的南室韦部落与靺鞨诸部落的服

---

① （南宋）叶隆礼：《契丹国志》卷22《四至邻国地里远近》，第239页。

② 《魏书》卷100《豆莫娄传》《勿吉传》，第2220、2222页。

③ 《隋书》卷84《契丹传》，第1882页。

饰风俗也不相同，所以，《隋书·室韦传》分别强调南室韦“衣服与契丹同”，而“造酒食啖，与靺鞨同俗”。早期史料有关契丹服饰情况的记载较为缺乏，《辽史》卷56《仪卫志》称契丹“衣皆左衽”。又据《契丹国志》卷23衣服制度条记载，契丹“贵者被貂裘，貂以紫黑色为贵，青色为次，又有银鼠，尤洁白；贱者被貂毛、羊、鼠、沙狐裘”[①]。由此推断，隋代“饶禽兽”“多貂”的南室韦部落仍是穿着用野生动物皮毛缝制的衣裤靴帽，并与契丹人“左衽”一样将皮袍长襟左掩。与南室韦略有差异，北室韦、钵室韦等诸部活动区内“饶獐鹿，射猎为务，食肉衣皮。凿冰，没水中而网射鱼鳖……俗皆捕貂为业，冠以狐貉，衣以鱼皮”[②]。因此，北室韦、钵室韦诸部当用獐、鹿、狐、貉、貂等野生动物的皮毛和鱼皮等作为衣服饰物的原料，獐、鹿等较大型动物皮毛用于制作衣裤，狐、貉、貂等小型动物的皮毛用作缝制帽子、手套、靴子等。深末怛室韦、大室韦服饰情况，史文缺载。文献仅记大室韦“尤多貂及青鼠”。深末怛室韦、大室韦诸部与北室韦、钵室韦诸部的经济生活、社会发展水平相近，地理环境、气候条件相似，服饰应大致相仿，也是穿獐皮、鹿皮、鱼皮等缝制的衣裤，戴狐皮、貉皮、貂皮等制作的帽子。

唐前期，《旧唐书·室韦传》说室韦人擅长狩猎，饲养大量犬、豕，“其皮用以为韦，男子女人通以为服。被发左衽”。《新唐书》作“有巨豕食之，韦其皮为服若席”。韦，柔皮、熟皮，“其皮用以为韦”“韦其皮”指将犬、豕等宰杀的家畜或猎获的动物的生皮加以鞣制，制成熟皮，表明唐代室韦人已经掌握了鞣制皮革的技术。虽然史书仅言鞣制犬、豕皮，但是可以推想，对猎获的野生动物皮毛同样会应用这种熟皮子技术，这是较前代的一个进步。从“通以为服”或“为服若席”看，室韦人多以整张畜皮或兽皮来做简单制作，对原材料剪裁缝制技术不高，衣服样式较为单一。总之，文献记载的唐代室韦人掌握了鞣制皮革技术，穿着用家畜和野生动物皮毛缝制的“左衽”衣服。

唐前期，室韦人衣着服饰的面料、款式等同他们所从事的经济活动

---

① （南宋）叶隆礼：《契丹国志》卷23《衣服制度》，第252页。

② 《隋书·室韦传》记钵室韦除用桦树皮搭盖房屋，其余风俗与北室韦相同，故视二者经济生活和服饰习惯相同。

密切相关。随着同中原及其他地区经济交换关系的建立和来往日益频繁，室韦各部从唐朝等处得到了许多为日常生活所需的农副产品，其中不乏纺织物。据《册府元龟》卷976《褒异三》记载，唐开元十九年（731），“西室韦遣使来朝，赐帛五十匹”。次年，“室韦大首领薛勃海恍来朝，授郎将，赐帛五十匹”。唐开成三年（838），唐文宗于“麟德殿对入朝室韦等，各赐锦彩、银器有差”。会昌六年（846），唐武宗赐室韦使者锦彩。这些都是唐朝送给室韦部落纺织物的明确记载。进入室韦的帛、锦等农耕地区的纺织物，极有可能作为了室韦上层人物的衣服面料。在与中原地区交换得到纺织品的同时，一些室韦部落自身经济的发展以及同其他族的易货贸易也使室韦人拥有了一定数量的纺织物。及至室韦人拥有了大量羊群，羊皮又成为普通牧人的皮服用料，羊毛则成为毛织物主要原料。据《册府元龟》卷971《外臣部·朝贡四》记载，唐天宝七年（748）三月，“黑水靺鞨、黄头室韦、和解室韦、如者室韦、赂丹室韦并遣使献金银及六十综布、鱼牙绸、朝霞绸、牛黄、头发、人参”等物品，其中就有60综布、鱼牙绸和朝霞绸。会昌二年（842），室韦酋长妻、子被唐东面招抚回鹘使张仲武所俘，室韦准备向唐赎回妻、子的物品中也有帛[①]。到五代时，一些室韦部落已能生产毛织物。《新五代史》卷73《四夷附录第二》引《胡峤陷虏记》称室韦、黄头室韦、兽室韦等部“善织毛锦”。《契丹国志》卷22《四至邻国地里远近》称蒙古部、于厥部和达打部与契丹的交易物中也有绒毛和毛织品。从谢尔塔拉和岗嘎墓葬墓主人身上留有麻、毛织品残片，亦可证明室韦人穿用麻、毛衣物。布、绸、帛和毛织物的增多，使室韦人的衣着材料日渐丰富。经济的发展和交换的频繁，使许多室韦部落的服饰逐渐发生着变化。

在装饰物方面，南北朝时期室韦社会“俗爱赤珠，为妇人饰，穿挂于颈，以多为贵，女不得此，乃至不嫁”。乌洛侯“以珠为饰”[②]。偏爱红色，表现出室韦人的审美观念。做成项链，以多为贵，表明装饰物不单单具有美化作用，还显示佩戴者的地位和富贵等级。女子得不到标志着时尚和尊贵的“赤珠”，甚至不行婚嫁，说明稀罕贵重的装饰品在社会生

① （北宋）司马光：《资治通鉴》卷246《唐纪六十二》武宗会昌二年，第7967页。
② 《魏书》卷100《失韦传》《乌洛侯传》，第2221、2224页。

活中起着标示身份的重要作用，形成独特的习俗。隋代文献缺载室韦人使用装饰物的情况。到唐代，室韦“其家富者项著五色杂珠”[①]，审美观念有了一些变化，并且成了区分贫富的标志。可见，饰物不是唯美的，它还具有划分等级、区别贵贱贫富的作用。五代时，文献记载室韦诸部地多铜、铁、金、银，室韦人工巧，善于制作铜、铁、金、银器物，据此，唐末五代的室韦人除了玉石类的装饰物外，还有了金属装饰物。

通过考古发掘，在西乌珠尔、谢尔塔拉、岗嘎三处室韦人墓地出土了玻璃、绿松石、红玛瑙等质地的珠饰，金耳坠、鎏金银耳坠、螺旋形银饰、银手镯、铜耳环等金属饰品。其中西乌珠尔共出土 20 件质地为绿松石和玛瑙的珠饰，分成扁体橄榄形、多棱梯形、管状、球形等形状。谢尔塔拉两座女性墓均出有玻璃珠串缀成的项饰，其中 M1 墓主人颈部佩戴 10 枚玻璃珠组成的串饰，M10 墓主人颈部佩戴 96 枚玻璃珠组成的串饰。岗嘎三座女性墓均出有玻璃珠、玛瑙珠等饰品。其中在 M11 墓主人头顶正中、头骨左侧，出土呈椭圆形，白色透明，中间有钻孔的玻璃珠 2 枚；在墓主人颈部右侧，出土七棱七面，剖面呈枣核形，酱红色，中间有钻孔的玛瑙珠 1 枚。M15 共出土 5 枚珠饰，集中出自墓主人颈部右侧，其中有 3 枚玛瑙珠，1 枚呈紫红色，另 1 枚呈白色，均为圆球状珠饰，表面有光泽；还有 1 枚呈灰色，略残，柱状体，中部略粗，两端稍细，表面光滑。M18 共出土 2 枚玛瑙珠，1 枚出土于墓主人下颌骨右侧，另 1 枚出土于墓主人盆骨右侧，均为酱红色，圆形，中间有钻孔。除了玉石类饰物，还出土了金、银、铜等金属饰物。如谢尔塔拉墓地 M1 墓主人耳部佩戴 1 件金耳坠，左手腕部佩戴 1 件银镯。M10 墓主人左、右耳部各佩戴 1 件鎏金银耳坠。岗嘎墓地两座墓葬内出土铜耳环 2 件，其中 1 件出自墓主人的右耳部。考古资料提供了确凿直观的证据，证明唐代室韦人流行佩戴用玻璃、绿松石、玛瑙和金、银、铜等制作的饰物。

四、交通

南北朝至唐前期，室韦人主要活动在今内蒙古自治区东部和东北地

① 《旧唐书》卷 199 下《室韦传》，第 5357 页。

区西部。这里河流交织如网，密林草甸相接，夏多雾雨湿润，冬季雪大酷寒，为适应地理、气候特点和经济条件，室韦人的交通工具形成了水、陆两种类型。陆上交通工具主要是马、牛、车和滑雪板，水上交通工具以木筏和皮舟为主。

文献对南北朝时期室韦人的交通情况没有专门记载，但从"养牛马"，"杀人者责马三百匹"等相关记载，可以推断马、牛应该用作骑乘牵拉等交通工具。隋代，通过《隋书·室韦传》记录的南室韦部落"乘牛车，籧篨为屋，如突厥毡车之状。渡水则束薪为筏，或以皮为舟者。马则织草为鞯，结绳为辔。寝则屈（木）为屋，以籧篨覆上，移则载行"，北室韦、钵室韦诸部落"地多积雪，惧陷坑阱，骑木而行"的相关内容，能够基本了解隋唐时期室韦各部的交通情况。梳理史文记载的内容，关于室韦人的交通，能形成这样大概的认识。室韦人生产、生活中的重要交通工具是车，一般用牛牵拉，分有篷、无篷两种。有篷车用木杆做框架，做成房屋形状，上覆苇席，结构形状与突厥毡车相近。用于载人，篷可抵挡风吹雨淋日晒，也可作临时居室。无篷车用于拉载生产、生活用品，文献特别提到一种简易房屋，迁徙的时候就可以用车拉着走。文献对唐代室韦交通状况没有记载，其中在谈到室韦婚俗时，称服役期满的男女夫妇载着女方家分给的财物，同车返回男方家[①]。在这里，我们看到了唐代室韦人用车的一个具体实例。唐代以后，一些室韦部落制作车的技术较高，远近闻名。如和解等一些室韦部落即因"善作车帐"而又被称为黑车子。史称"契丹之先，常役回纥，后背之走黑车子，始学作车帐"[②]。可见，室韦部落用车时间不短，造车技术较高，以至唐代一度脱离回纥控制而投靠黑车子室韦的契丹部落，受其影响开始学习制作车帐。由于居住区河流纵横、湖泊棋布，为解决水上交通问题，室韦人用树木做成木筏，用牛皮、马皮等做成皮舟，木筏和皮舟是最主要的水上交通工具。马是最重要的交通工具，方便灵活，速度相对其他交通工

① 《旧唐书·室韦传》："婚嫁之法，男先就女舍，三年役力，因得亲迎其妇。役日已满，女家分其财物，夫妇同车而载，鼓舞共归。"载《旧唐书》卷199下《室韦传》，第5357页。

② 《新五代史》卷73《四夷附录第二》引《胡峤陷虏记》，第907页。

具也更为快捷，在放牧、狩猎、战斗中广泛使用。文献记载的马具有鞯、辔。鞯用草织成，置于马背上马鞍下作衬垫；辔以绳结就，用来驾驭。

考古出土的室韦人马具实物印证了文献记载，并大大丰富了我们对相关问题的认知。根据出土情况，西乌珠尔墓地 86MCXM2 墓主人左肱骨上压放了 1 件木马鞍。95MCXM2 墓主人腰部放置有木马鞍，双股骨间发现有铁马镫。谢尔塔拉墓地 M4 出有一件桦树皮做成的鞍鞯。M6 墓主人头前放置了一件完整的马鞍，墓主人的头部枕在马鞍上。M7 墓主人头前横放一件马鞍，木质鞍鞒残存一半，紧贴墓主人的脑后，桦树皮做成的鞍鞯保存完整，墓主人头部直接枕在鞍鞯上；墓主人头部左上方有一副马衔，放在鞍鞒上面。岗嘎墓地 M20 出土一件被挤压变形的马鞍，置于独木棺内东南端[①]。马鞍、马镫、马衔十分常见，成为西乌珠尔、谢尔塔拉和岗嘎三处室韦墓地的共性之一。出土的木马鞍、铁马镫、马衔、桦树皮鞍鞯等，补充了文献对室韦马具记载的不足，证明唐代室韦部落已经使用马鞍、马镫、马衔等，马具已较为齐备，尤其是铁马镫的使用，进一步解放了骑者的上肢，使骑射更加稳定、自如和准确，马在唐代室韦人的生产、生活中起到的作用越来越大。

室韦人根据季节不同，因地因时制宜，采取不同的交通出行方式。史载冬季室韦生活区雪大，积雪深厚，尤其是北部室韦诸部落，“气候最寒，雪深没马。冬则入山，居土穴中，牛畜多冻死”[②]，所以，冬季“雪深没马”的北室韦、钵室韦诸部外出主要靠“骑木而行”，即使用滑雪板作为冬季交通工具。古代北方寒冷地区的其他部族也多有使用滑雪板作为冬季交通工具的，文献对“骑木而行”也有不同表述，如《新唐书·回鹘传》称木马突厥三部落人“俗乘木马”[③]，拔悉弥人“国多雪，恒以木

① 中国社会科学院考古研究所内蒙古工作队、呼伦贝尔民族博物馆、海拉尔区文物管理所：《内蒙古呼伦贝尔市海拉尔区谢尔塔拉墓地》，《海拉尔谢尔塔拉墓地》；中国社会科学院考古研究所、内蒙古自治区文物考古研究所、北京大学考古文博学院、呼伦贝尔民族博物院呼伦贝尔联合考古队：《内蒙古陈巴尔虎旗岗嘎墓地》，《考古》2015 年第 7 期。

② 《隋书》卷 84《室韦传》，第 1883 页。

③ 《新唐书·回鹘传》载，都播、弥列、哥饿支木马突厥三部落人“俗乘木马驰冰上，以板藉足，屈木支腋，蹴辄百步，势迅激”。见《新唐书》卷 217 下《回鹘传》，第 6148 页。

为马”[①]。《新唐书·流鬼传》和《通典·拔悉弥》等对“木马”的形制和使用方法有较详细记载[②]，室韦人“木马”的做法、样式及用法当与此相同。通过史料记载，可知室韦人用木板制作“木马”，一般长 7 尺、宽 6 寸，头部略弯翘起有利于通过障碍物和减少阻力，板底按顺毛固定马皮等牲畜或动物皮毛以增快滑行速度。出行时，用皮绳之类绑缚脚上，下坡时滑行如鹿疾驰飞奔，到平地则以雪杖撑地而行，上坡时解下滑板手持攀登。在特定的地理、气候条件下，滑雪板成为室韦人得心应手的冬季交通工具。

① （唐）杜佑:《通典》卷 200《拔悉弥》，第 5490 页。

② 据《新唐书·流鬼传》载，流鬼“地蚤寒，多霜雪，以木广六寸，长七尺系其上，以践冰（雪），逐走兽”。见《新唐书》卷 220《流鬼传》，第 6210 页；《通典·拔悉弥》载，拔悉弥“国多雪，恒以木为马，雪上逐鹿。其状似楯而头高，其下以马皮顺毛衣之，令毛著雪而滑，如著屧屐，缚之足下。若下阪，走过奔鹿；若平地履雪，即以杖刺地而走，如船焉；上阪即手持之而登”。见（唐）杜佑:《通典》卷 200《拔悉弥》，第 5490 页。

第六章　室韦的文化习俗

文献有关室韦文化习俗的记载只言片语，仅能依据有限记述略知一二。关于室韦语言，《魏书·失韦传》的记载弥足珍贵，但后出史书出现了与此截然不同的表述，研究者对此颇为关注，看法也不一致。不同时期的史籍，对室韦人的婚姻、丧葬、原始信仰、习惯法、发式及游艺等习俗均有零星或相关记载，根据文献史料可以了解室韦风俗的片段，考古资料可以更好地加深我们对室韦丧葬习俗的认识。

第一节　语　　言

文献记载的室韦语言系属，前后颇有抵牾之处。分析各种记载的关系，指出某些史书的错记，加以纠正，是确定室韦语归属的关键，也是得出较为可靠结论的前提。研究者的根据不同，导致结论不一，对此加以分析亦有必要。室韦、契丹同为鲜卑后裔，在历史上有直接的渊源关系；室韦语和契丹语有着共同的祖源，均属于东胡后裔诸语言的一支。循此脉络来研究室韦语的系属和相关问题应是正确途径。应当指出，一些研究者用所谓对音的方法，对汉译室韦专有语词进行了研究，提出了一些说法，方法和结论均存在问题。

一、有关室韦语言的两种不同文献记载

关于室韦语言，文献中存在两种截然相反的记载。北齐天保五年成书的《魏书》首设《失韦传》，其中明确说，室韦“语与库莫奚、契丹、豆莫娄国同”。唐贞观十七年成书的《北史》亦有《室韦传》，其中内容基本照抄《魏书》《隋书》，关于室韦语言一句完全与《魏书》相同。贞元十七年成书的《通典·边防·室韦》中记作室韦“食啖、言语与靺鞨同”；《唐会要·室韦》作室韦“言语与靺鞨相通”；《新唐书·室韦传》作

“其语言，靺鞨也”。我们认为，《魏书·失韦传》有关室韦语言的记载，是一则可信的早期材料，弥足珍贵，是正确判定室韦语言归属，廓清错误记载的有力证据。《通典》《唐会要》和《新唐书》的相关记载，纯属误记，是不可靠的。通过排比相关文献史文，可知《隋书·室韦传》没有有关室韦语言的明确记载，但在南室韦部分有“食啖，与靺鞨同俗”句。《北史》作者在抄录《隋书》时，删掉“食啖”二字，变写为“与靺鞨同俗”。《通典》作者在编纂室韦资料时，对《隋书》的这一则记载作了增删，妄加“言语”二字，删“俗”字，改作室韦“食啖、言语与靺鞨同”，这就形成了与《魏书·失韦传》相矛盾的记载。随后，《唐会要》进而删改为“言语与靺鞨相通”，《新唐书》更断言“其（室韦）语言，靺鞨也”①。经过对不同史书所记室韦语言材料的一番排比、辨析，《通典》《唐会要》《新唐书》的增删改写痕迹是显而易见的。我们详细比对《魏书》《隋书》《北史》《通典》《唐会要》《新唐书》等记载的相关内容，证明各史存在先后抄录关系，证明《通典》以后记载的语言同于靺鞨的室韦就是《隋书》记载的南室韦，也就是《魏书》记载的语言与契丹相同的南北朝时期的“失韦”。所以，有关室韦语言与靺鞨相同的记载是《通典》肇始的错误，《唐会要》《新唐书》更是以讹传讹。如果对《魏书》以来的室韦文献作一全面系统的比较研究，想必对《通典》《唐会要》《新唐书》等关于室韦语言的记载，不能轻易相信。

《魏书·失韦传》把室韦语同契丹、库莫奚的语言列在一起，表明它们的语言是大体相通的。及至辽代文献仍记载说，“契丹与奚言语相通，实一国也”②。“辽之初兴，与奚、室韦密迩，土俗言语大概近俚。”③证明室韦与契丹、库莫奚的语言确实相通，《魏书·失韦传》的记载反映了历史事实。另外，文献记载表明，契丹语、豆莫娄语都不可能与靺鞨语相同。据《后汉书·挹娄传》载，挹娄“人形似夫余，而言语各异”。《三国志·魏志·东夷传》作挹娄“言语不与夫余、高丽同”。挹娄是靺鞨先

① 关于对室韦语言相关材料的排比研究，参阅亦邻真：《中国北方民族与蒙古族族源》（哲学社会科学版），《内蒙古大学学报》1979 年第 3、4 期。

② 《辽史》卷 73《耶律曷鲁传》，第 1220 页。

③ 《辽史》卷 116《国语解》，第 1533 页。

民，夫余是豆莫娄先民。挹娄与夫余言语各异，可知豆莫娄语不会与靺鞨语相同。《魏书·勿吉传》也载，勿吉“言语独异”，即与四邻如室韦、契丹、豆莫娄等的语言均不相同。又据《大金国志》卷 39 初兴风土条记载，女真“与契丹言语不通”。女真是靺鞨后裔，那么，契丹语也不会与靺鞨语相通。由此可知，与契丹语言相同的室韦语不会是靺鞨语。上述记载也可证明，我国古代史家对肃慎—女真系部落语言与其他族系（如东胡系）部落语言是能够分辨清楚的。所以，从史书记载也可证明，与契丹语相同的室韦语与靺鞨语并不相通，更不会是靺鞨语。《通典》《唐会要》《新唐书》有关室韦语言的记载是错误的，曾给后人对相关问题的认识造成混乱，只有摒弃这些违背历史真实的记载，对室韦语言的归属问题才能有较为清晰、大体正确的认识。

二、对室韦语言的看法

面对《魏书》和《通典》等相互矛盾的记载，研究者的取舍各不相同，衍生出如下诸说。

（1）兴安岭以东嫩江流域的室韦，其语言是蒙古语和通古斯语的混合语；兴安岭西的室韦人为纯粹蒙古种，亦即语言为蒙古语[①]。

白鸟库吉此说是根据对《魏书·失韦传》等记载的室韦语词，与蒙古语族和通古斯语族语言材料进行比较而得出的。现存几则汉译室韦语词仅为官名、地名或部落名，并且最为关键的是没有明确的文献释义。白鸟将古代的汉译室韦语词同近现代蒙古语族或通古斯—满语族语词联系在一起，仅凭汉文史籍记载下来的几个室韦语词汇既可用蒙古语解释，又有可用通古斯语附会的例子，就断言室韦语属蒙古语和通古斯语的混合语，正如白鸟自己所说这是很危险的。白鸟还根据《隋书》等记载的大室韦在大兴安岭以西，语言与其他室韦不通和唐代蒙兀室韦也在岭西的情况，认为大兴安岭西的室韦是纯粹蒙古人，讲蒙古语。将大兴安岭山脉视作古代不同民族语言集团分界的想法与文献记载不相符合。史载北朝室韦部落境内有自北向南流、宽 4 里有余的㮈水即今嫩江，说明与契丹语相同的室韦部落主要就是在大兴安岭以东的嫩江流域活动。仅此

① 〔日〕白鸟库吉：《室韦考》，《白鸟库吉全集》第 4 卷，第 453—454 页。

一点，即可证明白鸟之说难以成立。另外，将室韦语说成是蒙古语或是蒙古语与通古斯语的混合语，在概念运用上也不严谨。照白鸟之说，很难想象这种混合语是什么样子。

（2）室韦人的主要部分语言是属于东胡后裔诸语言的。他们的语言还没有经历后来的突厥化历史过程，保持着东胡后裔语言和方言的特点，这种语言和方言，应当叫作原蒙古语。说室韦语与靺鞨相同，是中唐以后的《通典》在抄录《隋书》时发生的错误，并为《唐会要》和《新唐书》沿袭[①]。

从室韦语言的早期史料出发，结合比较研究鲜卑语、契丹语与蒙古语的关系，得出室韦语言属于东胡后裔诸语言，即原蒙古语的结论是比较可信的。通过梳理比对《魏书》以来的相关记载，认为《通典》等记载的室韦语同于靺鞨语是抄录《隋书》时妄加的，也符合史料反映的真实情况。

（3）室韦语与契丹语不通，室韦主体部分所操语言与靺鞨相通，属通古斯—满语族北支[②]。

《魏书》等历史文献对室韦语与契丹语相同有明确记载。所谓室韦语与契丹语不通，不但没有直接的证据，而且与《魏书》等的早期记载相矛盾。室韦语属于通古斯—满洲语族北支，是臆断的古语言分类。

（4）部分室韦部落语言同于契丹语，部分（尤指钵室韦）同于靺鞨语，属通古斯语族[③]。

把《魏书》记载的室韦语同契丹的室韦部落和《通典》等记载的室韦语同靺鞨的室韦部落看作是不同的两部分，是不符合文献记载的。对比不同时期的文献可知，《通典》等记载的室韦语同靺鞨的南室韦部落就是《魏书》记载的室韦语同契丹的北朝室韦部落。同一部分室韦人的语言不可能既同于契丹，又同于靺鞨。研究证明，《通典》的有关记载是错误的。另外，有关钵室韦语，史书没有提供任何具体证据，单靠以桦树

---

① 亦邻真：《中国北方民族与蒙古族族源》，《内蒙古大学学报》（哲学社会科学版）1979年第3、4期。

② 赵展：《对蒙古族起源于“蒙兀室韦”说的质疑》，《学习与探索》1982年第2期。

③ 参见孙秀仁、孙进己、郑英德等：《室韦史研究》，第46页。

皮盖屋，与今鄂伦春族的习俗相同，就论定钵室韦属通古斯语族，显然说服力不足。这种对不同时期的有关史料不作历史具体分析而盲目信从的结果，必然导致这种自相矛盾的结论。只有搞清楚各种史料间的关系及其在抄录过程中所进行过的增删改写，才能走出由古人设置的误区。

（5）大兴安岭是通古斯语族和蒙古语族的分界线，大兴安岭东的室韦，语属通古斯语族；岭西的室韦（尤指大室韦诸部），语属蒙古语族①。

该说与白鸟说接近，也仅是一种猜测，与史实相矛盾。拓跋鲜卑的祖先北部鲜卑在嘎仙洞周围活动。《魏书》记载的室韦继承了北部鲜卑地域，主要在大兴安岭及其以东的嫩江流域活动。由东胡分出的乌桓和鲜卑在西拉木伦河、老哈河流域，契丹人后来继承了这一地域。他们活动的范围都包括大兴安岭以东地区，他们的语言都不属于通古斯语族，而是属于东胡后裔诸语言和方言。所以，所谓大兴安岭是蒙古语族和满洲—通古斯语族的分界线，岭西、岭东分别是蒙古人和通古斯人祖先居地的说法不符合历史事实。

（6）室韦分布区是阿尔泰语系三大语族交汇地带。西部室韦，如大室韦属突厥语族，中部室韦属东胡系统，即原始蒙古语族，东部、东南及北部室韦属勿吉—靺鞨系统，即通古斯语族②。

东胡系主要民族如乌桓、鲜卑、契丹、室韦等大致活动在今黑龙江上游流域以南，西拉木伦河和老哈河流域以北，额尔古纳河流域以东，嫩江流域以西这一区域内，有学者亦称为东胡及其后裔历史民族区。东胡系各族大都起源于此，强大起来后并从这里向外迁徙，或者建立囊括这一区域的政权。从北朝至唐代前期，室韦分布区属于东胡及其后裔历史民族区的北部。室韦西边大体以俱轮泊（今呼伦湖）、望建河（今额尔古纳河与黑龙江上游）一线先后与称霸蒙古高原的柔然、突厥、回鹘汗国为邻，东部以那河（今嫩江）为界与松嫩平原上的北扶余后裔豆莫娄以及更东的勿吉—靺鞨相邻，南部于猛越河（今洮儿河）一线与契丹毗连，中原史家对室韦及其周边邻族的族源族属基本认识清楚，室韦名下所包含的主要是东胡系鲜卑后裔部落，语言属于东胡后裔诸语言的一支。

① 参见孙秀仁、孙进己、郑英德等：《室韦史研究》，第46页。

② 干志耿、孙秀仁：《黑龙江古代民族史纲》，第226页。

所谓室韦分布区是阿尔泰语系三大语族交汇地带没有充分史料依据。大室韦语言与其他室韦部落语言不通，表明其具有特殊性，但不能将西部室韦诸部落均划属突厥语族。中部室韦所指不明，东部、东南部室韦正是《魏书》所载语同契丹的室韦人，所以，所谓东部、东南及北部室韦属通古斯语族的说法，与《魏书》的记载有矛盾。

（7）室韦语属蒙古语族。文献中的室韦语同于靺鞨，是指和靺鞨中的秽貊系语言相同①。

室韦语属蒙古语族的说法虽有些不确切，但它同古代蒙古语有密切关系则是可以肯定的。蒙古语是在室韦语基础上，经过突厥化的历史过程而形成的。把文献记载的室韦语同于靺鞨看作是和靺鞨中的秽貊系部落语言相同，似难以成说。因为史书对肃慎系和秽貊系部落的划分是清楚的，各自的语言并不相同，很难证明在靺鞨名下包括有秽貊系部落。《东北民族源流》指出，靺鞨语也应属蒙古语族，与肃慎系属通古斯语族不同，靺鞨不属肃慎系部族。以此来解释文献对室韦语记载的矛盾，也是值得商榷的。

（8）大室韦中的多数居民操突厥语，深末怛室韦、南室韦多数居民操蒙古语，钵室韦多数居民操古亚细亚语，北室韦操通古斯语。史书称室韦语与靺鞨相同，绝不是古代史学家的失误，而恰恰是成绩之所在②。

此说对见诸隋代史籍的五大部分室韦的语言归属做了具体的归划，这种推测没有更为具体的史料根据作支撑。此说认为钵室韦东接豆莫娄，北室韦东接靺鞨，所以，它们分别操古亚细亚语和通古斯语。我们认为这与文献记载不符。据《魏书》和《隋书·室韦传》记载及我们对相关史文的比较，北朝室韦即隋代南室韦，其东邻是豆莫娄人，东南与勿吉—靺鞨部落相邻；而北室韦在南室韦以北，钵室韦又在北室韦之北，所以，钵室韦和北室韦的东邻并不分别是豆莫娄和靺鞨。单从与邻族的地域关系上，不能得出钵室韦操古亚细亚语，北室韦操通古斯语的结论。对室韦语系属的研究，只能做总体的考察，任何想对室韦各部的语言做

① 参见孙进己《室韦的起源》及其《东北民族源流》中有关室韦、靺鞨部分。见孙进己:《室韦的起源》,《求是学刊》1985 年第 1 期；孙进己:《东北民族源流》。

② 林树山:《东后贝加尔地区的室韦文化源流及其成分》,《北方文物》1989 年第 4 期。

出具体结论的做法都因没有具体论据而会徒劳无功。《魏书·失韦传》把室韦、契丹、库莫奚列在语言相通的范畴之内，表明他们在语言的系属上应该是大体一致的。早期文献对室韦语与契丹语等相同的记载，带有泛指的性质，应理解为冠有室韦名称的部落语言主要部分均属东胡后裔诸语言或方言中的一支。到隋代，《隋书·室韦传》特别强调“又西北数千里，至大室韦，径路险阻，语言不通”。对这句话的理解，可以有几种可能性。一是大室韦处于室韦分布区的最西北，受突厥语族等部落语言影响，其语言发生了较大变化，与其他室韦部落语言已不能沟通；二是不同于东胡后裔诸语言的部落被冠以了室韦的称谓；三是从深末怛室韦到大室韦有数千里之遥，并且道路曲折险恶，实际上是大室韦与其他室韦部落音讯不通。固然，隋代被称为室韦的部落，语言和族属不一定完全相同，但隋代以前的史料毫无疑问地证明室韦语与契丹语相同，在总体上应属东胡诸后裔语言的一支。只要对前后相关史籍做认真的比较，就不可否认室韦语即靺鞨语的记载确实是古代史家的相沿成错，而不是成绩之所在。应该承认，《通典》等所谓室韦语与靺鞨语相同是误记和讹传，不足为凭。

三、室韦语与鲜卑语、古代蒙古语的关系

史书记载和研究结果表明，契丹语同鲜卑语具有同源关系；与契丹语相同的室韦语与鲜卑语也具有同源关系。大体而言，鲜卑语、室韦语、蒙古语应是一脉相传的关系。

据《隋书》《北史》记载：室韦与契丹同类，地域在南部的称契丹，在北边的名室韦。含有起源相同，只因地域分布不同而名号有别之意。契丹在西拉木伦河、老哈河地区，同南部鲜卑具有地域继承关系，是东胡系部族南部鲜卑后裔。契丹语属东胡系部族诸语言或方言的一支，“其语言与吐谷浑大体相通”①。吐谷浑是西晋时期从慕容鲜卑分出来，远徙今甘肃、青海一带的鲜卑部落。到唐代契丹仍与它语言相通，说明契丹与鲜卑的语言至少是同源的，同南部鲜卑的语言关系当更为近切。由此，

① 亦邻真：《中国北方民族与蒙古族族源》，《内蒙古大学学报》（哲学社会科学版）1979年第3、4期。

与契丹语相同的室韦语，与鲜卑语也应是相通的，也具有同源关系。室韦分布在嫩江流域，黑龙江上游、额尔古纳河流域和呼伦湖周围，同北部鲜卑即拓跋鲜卑先民有地域继承关系，是东胡系部族北部鲜卑的未迁遗民。室韦语言应属东胡后裔诸语言或方言中的一支，同拓跋鲜卑语是一脉相传的关系。

今天的史学和语言学研究者利用文献和考古遗物中保存下来的鲜卑语和契丹语材料，同蒙古语进行了比较研究，证明了鲜卑语、契丹语同蒙古语有共同的祖源。从而也说明，室韦语同蒙古语有共同的祖源。鲜卑语词中有明确释义的词，如阿干（兄）、纥真（三十）、比德真（文书吏）、乞万真（通事人）、咸真（乘驿人）、附真（作食人）等，都能同蒙古语做较准确的对勘。尤其是“真”同蒙古语后缀 -chin 一样，证明鲜卑语同蒙古语有同源关系，蒙古语仍保留着拓跋鲜卑语的一些特点，应与拓跋鲜卑语有更为近切的关系。作为从拓跋鲜卑语到蒙古语这一语言链条上的中间环节，室韦语起着承上启下的作用。再如契丹语的 taulia（兔）和蒙古语 taulai、nehei（狗），和蒙古语 nokhai、dbeia（鸡），和蒙古语 takhiya、mori（马），和蒙古语 mori、tau（五），和蒙古语 tabun、is（九），和蒙古语 yesün、u-ul（冬），和蒙古语 übül 等，都有相近或相同的音值。另外，《辽史》中记载了一些有明确汉文释义的契丹语词汇，其中一些明显与蒙古语具有相近的音值和含义，如匣列（回）和蒙古语 qari、爪（百），和蒙古语 jaghu、赛伊（好），和蒙古语 sayin、没里（江、河）和蒙古语 mören 等。契丹语所有格附加成分有 -an、-ən、-in、-on、-un 几种，与蒙古语 -yin、-un～ün、-u～ü，显然有同一个起源，并显得更为整齐[①]。可见，契丹语与蒙古语也是亲属关系密切的语言。虽然文献缺乏有明确释义的室韦语资料可供与蒙古语进行直接的比较研究，但从室韦语同鲜卑语、契丹语的关系可以推知，与契丹语相同，同鲜卑语有渊源关系的室韦语，同蒙古语至少是同源的。从历史发展看，古代

① 有关对文献记载拓跋鲜卑语词和契丹语词的研究，参阅亦邻真：《中国北方民族与蒙古族族源》，《内蒙古大学学报》（哲学社会科学版）1979 年第 3、4 期；清格尔泰、刘凤翥、陈乃雄等：《契丹小字研究》，第 3 章 2、3 节，中国社会科学出版社，1985 年。

蒙古族是以蒙兀室韦为核心的室韦诸部落为主形成的民族共同体。蒙古语应是在室韦诸部落语言或方言基础上，以蒙兀室韦部落方言为主，经过突厥化过程而形成的。室韦语与蒙古语应是一脉相传的关系。固然，从室韦语到蒙古语，其间经历了一个历史发展演变过程，其中还有其他非同语族语言的影响。随着生产、生活方式的改变，室韦人即原蒙古人接受了突厥等族的一些语言词汇，但蒙古语无疑仍保留着东胡后裔诸语言其中主要是室韦语的基本特点。

四、室韦语汉文译名研究中存在的问题

室韦语和蒙古语有关系，是不争的事实。但有些研究者误认为室韦语与蒙古语只是简单的古今之别，试图把文献中记载的没有明确释义的室韦部落名称都同蒙古语词加以联系，或者不对室韦一些部落名称做严格的音值构拟，单凭现代发音相近，就与其他名词搭挂在一起，用现代蒙古语词或其他民族语词进行解释，这种做法充满了任意性，结论靠得住的不多。

隋代的钵室韦，在唐代文献中可能写作婆莴室韦。钵（北末切，帮末合一）在隋唐时代的音值可构拟作*Puat，婆（薄波切，并戈合一）莴（乌禾切，影戈合一）可作*Bua-ua。钵应为急读音译。有人说钵室韦是唐代的蒙兀室韦，蒙兀是钵或婆莴的音转①。蒙古语有“Bor”一词，意为“灰色的”“质朴的”。钵室韦最初名称似为“Bor”，以后再转为“Bogh”“Mongghol”②。意即钵的含义是“灰色的”或“质朴的”。蒙兀室韦的前身是否是钵室韦，缺乏文献根据。从唐代蒙兀室韦可能在钵室韦地域范围内，钵室韦是一个人众多于九部北室韦的部落群来看，蒙兀室韦在见于史籍之前曾囊括在钵室韦名下是可能的。但说蒙兀与钵或婆莴同为一部，则嫌证据不足。唐代文献把蒙兀和婆莴并列记载，说明二者不可能是一部。蒙（明东合一）兀（疑没合一）的唐代音值是*Moŋ-ŋuɐt③，同

---

① 傅朗云、杨旸：《东北民族史略》，第 122 页。

② 王颋：《室韦的族源和各部方位》，《中国蒙古史学会论文选集（1983）》，第 128—138 页。

③《原蒙古人的历史——室韦—达怛研究》原文作：“Moŋ-ŋuet”（第 111 页，第 2 段倒数第三行），查《汉语语音史》，“没合一”隋—中唐、晚唐—五代音值皆为“uɐt”（第 191 页倒数第 7 行、第 244 页倒数第 3 行）。

*Puat（钵）、*Bua-ua（婆莴）是有较大差异的。从音韵上，很难说蒙兀一名与钵或婆莴有名称上的联系。

室韦乌素固部，白鸟认为乌素固一名得自它所占据的乌尔逊（Ursun）河，是uršigun的对音，汉译时省略了r音；是蒙古语ursik的转音，误、恶、危险之义[①]。据《旧唐书·室韦传》，乌素固在俱轮泊（今呼伦湖）西南，乌尔逊河则在呼伦湖东南，说乌素固部地域奄有乌尔逊河不符合《旧唐书》的记载。或说乌素固是蒙古语usu（水）的音译[②]。蒙古语“usu”，《元朝秘史》《华夷译语》均汉译作“兀孙”，元代音值为*u-suən，证明现代蒙古语uš（水）在元代以前是有-n尾音的。乌素固（*u-su-ku）为“兀孙”（*u-suən）说是非历史的。

塞曷支部，有人说来源于“鲜卑”一词，也是室韦转音，演变为蒙古语Saibilik或达斡尔语Sai[③]。塞曷支（*sək-ɣat-tɕi），与serbi、sirbi、sirvi等无法勘同，更无从演变为saibilik和sai。

和解部，或说“和解与塞曷支当是同音异译”[④]。和解（*ɣua-kai）与塞曷支（*sək-ɣat-tɕi）相去甚远，同音异译无从谈起。白鸟认为唐代和解部占据哈拉哈河流域，哈拉哈河即如津田左右吉的考订是辽代的于谐里河。和解一名是于厥律或于谐里的省略，与乌古、于厥近似[⑤]。近年也有人主张和解得名当与“曷刺河”（辽代称今哈拉哈河）有关，“曷刺”为蒙古语“黑色的”之意[⑥]，意即和解为黑色之意。哈拉哈河，《辽史·圣宗纪》作“曷刺河”，可见，津田考不正确[⑦]，辽代于谐里河不会是曷刺河。白鸟所设前提条件有误，结论可想而知。和解（*ɣua-kai）与乌（影模合一）古（见姥合一）、于（喻虞合三）厥（见月合三）的音值*u-ku、

---

① 〔日〕白鸟库吉：《室韦考》，《白鸟库吉全集》第4卷，第365、456页。

② 苏日巴达拉哈：《蒙古族族源新考》，第76页。

③ 刘光胜、郑英德：《试论室韦诸部都是蒙古族源》，《中南民族学院学报》（哲学社会科学版）1983年第2期。

④ 郑英德：《室韦地理新探》，《社会科学辑刊》1983年第4期。

⑤ 〔日〕白鸟库吉：《室韦考》，《白鸟库吉全集》第4卷，第364页。

⑥ 王颋：《室韦的族源和各部方位》，《中国蒙古史学会论文选集（1983）》，第128—138页。又云移塞没一名可能与今伊敏河有关，亦属望文生义。

⑦ 〔日〕津田左右吉：《辽代乌古敌烈考》，王国维译文载《王国维遗书》第14册。同文，津田考曷刺河为今海拉尔河、胪朐为今额尔古纳河，均误。

* jiu-kiuæt 亦不相近。同样，和解（*ɣua-kai）与曷剌（Hara）亦难对勘。

落坦部，白鸟库吉在 1910 年所做的《东胡民族考》中认为是蒙古语 Altan（金）的对音，汉译以元音开头的外族文字，往往省略首音[①]。这种说法是没有语言学根据的。因为蒙古语词汇的首音发音属清楚音（或者说蒙古语单词重音在词首），汉译一般是不会脱落或省略的。《元朝秘史》《元史》《华夷译语》分别把 Altan 译作“阿坛”、“按坦”和“安坛”即可证明。白鸟 1919 年所著《室韦考》放弃了这一观点，转而认为落俎部（“俎”应为“坦”之误）是蒙古语 Nerčü（Narču）转音 Larču 的对音。《旧唐书》记载的落俎部地域以 Šilka 河（今石勒喀河）以北的 Nerča 河为中心，《新唐书·地理志》引贾耽《道里记》记载的俞折室韦也在这一流域。通古斯人称 Nerčü 河为 Züži，俞折即 Züzï 的对音。落俎和俞折实际上是两个名称同一部落。落俎是此部落使者入贡唐朝时为唐人所知实际称谓，俞折是又通过通古斯种鞠部落而知[②]。第一，落俎的俎《旧唐书》又作“驼”，其他史料作“坦”“丹”“怛”等，可见，“俎”字当误，一般都作落坦。由此，落坦不可能是 Larču 的对音。第二，《旧唐书》等明言望建河“又东经蒙兀室韦之北，落俎（坦）室韦之南”，落坦部应与蒙兀室韦隔今黑龙江上游相望。而白鸟却将室建河考订为今石勒喀河，这与古人误认为的望建河源出今呼伦湖的记载不符。“室”又实为与“望”形近而误，所谓室建（Šit-kan）是 Šilka 河的“忠实译法”是不能成立的。第三，俞折实即《旧唐书》记载的如者，分为大、小二部，与落坦并列史乘，地域亦不相同。俞（喻虞合三）折（照薛开三）的中唐以前音值是*jiu-tɕiæt，如（日鱼合三）者（照马开三）为*ȵio-tɕia，二者能够勘同，而与 Züži 难于对音。

还有人把室韦的一些官职名称同蒙古语任意对音，于是莫贺咄成了忙豁勒[③]，乞引莫贺咄就是乞颜蒙古勒[④]。

诸如由上述研究方法得出的错误论点，还有很多。以上引论，是为

① 〔日〕白鸟库吉著，方壮猷译：《东胡民族考》下编，第 40 页。

② 〔日〕白鸟库吉：《室韦考》，《白鸟库吉全集》第 4 卷，第 386、427 页。

③ 刘光胜、郑英德：《试论室韦诸部都是蒙古族源》，《中南民族学院学报》（哲学社会科学版）1983 年第 2 期。

④ 苏日巴达拉哈：《蒙古族族源新考》，第 72 页。

说明：虽然室韦语属东胡系后裔诸语言的一支，同蒙古语有直接源流关系，今天的蒙古语材料中可能遗留有一些保持室韦语古老形态的词汇，但是，把缺乏文献根据无从释义的室韦部落名，或一些专有名词同蒙古语词任意比附的做法是不足取的，结论也难以令人满意。如果采取在近现代民族语言里寻找与古代译名发音相近的词，从而得出二者等同结论的做法，似乎任何一个古代译名都能随研究者意愿而得到诠释。由此推想开来，有关族名、部名的研究，在没有确凿证据的情况下，不能仅从对音角度出发，就将某一族名、部名等与其他族名、部名、地名或其他形式的名称简单地联系起来。历史的漫长，族名、部名的古老，词源的复杂和地理、语言的隔阂以及中原汉文史书记载的误差等因素，使绝大多数族名或部名的含义、起源等在今天已很难为我们确知。此外，如上所述，族名、部名的研究往往牵扯到一古代民族的起源、族属、历史演变及与近现代民族的关系等问题，所以，应持审慎态度。正如韩儒林先生在论及12世纪漠北部族名称时所说："十二世纪漠北部族以百数，除极少数外，其名称大概不能解释，与其自作聪明，强作解人，究不如多闻阙疑以待贤者。"[①]在与室韦有关的译名研究当中，同样存在着这一类问题。我们认为：脱离文献明确记载而搞俗词源学的做法，终将无功而返。这种任意对音、牵强附会、生搬硬套、徒劳无功的做法不应再持续下去了。否则，不但给后人留下据之批判的材料，而且一旦形成风气，将对学术研究造成一定损害。

综观中外研究者对室韦语词译名的研究，主要存在着以下问题：

第一，在缺乏明确直接释义的文献记载条件下，仅靠所谓对音得出结论，结论有很大不可靠性。

第二，许多研究者没有对译名的汉字古音做相对严格的构拟复原工作，就与民族文字进行比对，研究过程充满了任意性。

第三，没有或很少阐述相应的民族文字的历史及演变情况，仅凭现代发音与某一译名相近就将二者扯在一起，许多观点是非历史的。

上述问题也或多或少地存在于民族史的族名、人名、地理名称、物

① 韩儒林：《穹庐集——元史及西北民族史研究》，上海人民出版社，1982年，第53页。

名、官名等形式译名的研究当中。针对这种研究倾向，有必要提出一个译名含义、来源、与其他译名关系研究的可行性条件，即：在没有明确直接释义的文献记载条件下，仅依靠单纯的对音，对译名含义、来源、与其他译名关系等的确切解释是不可行的。如果某一译名具备了有明确释义的可行性条件，在具体研究过程中也要尽可能弄清楚以下几个问题：首先，这一译名最早出现在哪一历史时期，最早见于何种典籍，是由古代中原史家由何种语言音写记录下来的。这主要是为利用音韵学手段构拟该译名的古代音值做准备。其次，该译名在某一特定历史时期相对正确的读音，亦即利用古汉语音韵学方法经过一番审音勘同尽可能将这一译名的音值复原，并阐明当时的译写规则和惯例。只有辨明要研究译名的古代音值，才有可能同相应的民族文字做比较研究。虽然汉字音值构拟的准确性是相对的，但如果文献记载的具有明确释义译名的音值与民族文字的发音、含义相符，那么，得出的结论便具有可靠性。再次，与该译名有关的民族文字在历史文献中的最早记载情况、历史演变及其现状，其中要阐明相应民族语言、文字的特点、规律、发音和变化规则等。最后，将这一译名同民族文字进行比较研究。概括而言，对译名的释义溯源及相关研究，首先，要掌握明确、直接的文献记载和相应的文献学知识；其次，要具备汉语音韵学和民族语文学知识。由于汉文文献记载有明确释义的北方游牧民族的专有译名很少，并且历史上北方各族的语言也有一个相互影响、吸收的发展变化过程，因此，对译名的研究应持慎重、严谨的态度。

第二节　婚姻习俗

北朝至唐代室韦人的婚姻习俗，限于文献史料的匮乏，已很难清楚地知道相关细节，有迹可循的是一些婚俗片断。

北朝至隋，室韦的婚姻已逐步过渡到一夫一妻制，但一些古老的婚俗仍留有余迹。根据记载，室韦“婚嫁之法，二家相许，婿辄盗妇将去，然后送牛马为聘，更将归家。待有娠，乃相随还舍。妇人不再嫁，以为死人之妻难以共居”[①]。婚姻习俗大致是，男女双方家庭同意后，男子以

① 《隋书》卷84《室韦传》，第1882页。

“盗”的形式将女子带走，然后给女方家送去牛马等财物作为聘礼，夫妇同回女方家。等到女子怀有身孕，再同归男方家。“盗妇”，显然是古老抢婚习俗的反映。只不过在一夫一妻制时代，这种抢婚已变为一种仪式，要以男女双方家长允许为前提，以送牛马等聘礼作为条件，才可以将心仪的女子带回男方家。这种形式上的抢婚已不具有对偶婚时代的抢婚性质，而只具模拟性和象征性。实际上，作为父权向母权的一种妥协和让步，在将女子最终带回男方家之前，男子要在女方家居住一段时间，从事劳动。待女子有了身孕，方随男子回到男方家。这是男子“上门”，女子“不落夫家”习俗的表现形式。但在变妻方居住为夫方居住的过程中，也曾有过妻方居住和夫方居住交错并存的阶段。室韦女子在怀孕后方返回夫家生育子女，长住下去，反映了父权制的进一步确立，要求更彻底地改变妻方居住这一旧传统，使子女完全属于父亲氏族而不复属于母亲的氏族。与多数古代北方民族流行“妻后母，报寡嫂”的收继婚不同，早期室韦出嫁的女子夫死后不能再嫁，表面看是“死人之妻难以共居”的观念，实际上反映了室韦社会的私有制度，表明女子婚后拥有了自己的财产，一旦再嫁势必带走，由此导致家族、氏族的财物和人力的流失。而在社会和家庭财富相对匮乏、财产不易积累、部落争斗激烈的社会环境下，父权制家庭为了保证血统纯粹和防止财产、劳动力的外流，形成了禁止女子再嫁的婚俗，这与收继婚的目的是相同的。

到唐代，文献记载的室韦人婚俗发生了一些变化，已不见有抢婚痕迹。一定时期，“不落夫家”或者说服役婚的习俗却还保留着。据《旧唐书·室韦传》记载，唐代室韦人婚姻习惯法规定，男女两情相悦后，男子娶女子回男方家的前提条件是男子要先到女方家居住三年，并从事生产劳动。服役三年期满之日，女方家分配一定的财物，男方家亲朋前来迎接，夫妇同乘满载财物的车子，“鼓舞共归”男方家[①]。同隋代以前女子怀孕即可返回夫家相比，唐代女子“不落夫家”的时间要长，基本上也是固定的，即男子要为女方家服力役三年。这可能是指无力支付女子彩

① 《旧唐书·室韦传》：“婚嫁之法，男先就女舍，三年役力，因得亲迎其归。役日已满，女家分其财物，夫妇同车而载，鼓舞共归。”见《旧唐书》卷199下《室韦传》，第5357页。

礼的男子，要以给女方服力役的形式来替代，也是对女方家将要失去劳动人手的一种补偿。而一些送得起牛马财物的男子可能就不需要在女方家服三年的力役了。这种服役婚，是母系遗风对父系社会抗争的一种形式，也是父系制对母系制有条件的妥协。

从文献记载反映的情况看，历史上的室韦男女择偶须经双方家长同意决定。因为婚姻不仅关系到血缘的延续，而且重要的是关系到财产和权利的继承。在家长已拥有很高权力的室韦社会，婚姻也由家长决定。双方家长同意后，男方或送牛马财物作聘礼，或以劳役形式变相代替。定亲结束就意味着男女双方婚姻关系的确定，经过在女方家中居住一段时间，女家分给一定财物，夫妇同归夫家。夫方再举行一定娶亲仪礼，婚姻即告完毕。

南北朝时，室韦社会流行一些与婚姻相关的时尚风俗。据《魏书·失韦传》载，室韦“俗爱赤珠，为妇人饰，穿挂于颈，以多为贵，女不得此，乃至不嫁”。即以红色玛瑙珠串成项链，挂于脖颈，越多越显富贵，女子没有赤珠项链，甚至当嫁不嫁。这种女不得赤珠乃至不嫁的习俗，不见隋唐时期文献，但《旧唐书·室韦传》有“其家富者项著五色杂珠”的记载，反映身份高低、财富多少的饰物也与婚俗有一定密切关系。

第三节 丧葬风俗

从文献记载看，南北朝至唐代室韦人的丧葬习俗有所不同，应是经历了一个变化过程。早期室韦人死后实行树葬，当同生活于森林之中或居地接近山林有关。隋代南部室韦部落从山林的树葬过渡到以树木构置大棚置尸其上，表明其社会有所发展，也有可能是生活环境发生了变化。唐代文献缺乏相关记载[①]，考古发现确证迁徙到草原地带的室韦部落实行土葬，具体展现了唐代室韦部落的葬俗。

① 《通典》《旧唐书》等唐代早期文献没有关于室韦葬俗的记载，《唐会要·室韦》《太平寰宇记·室韦》《新唐书·室韦传》等所谓“部落共为大棚，人死置尸其上”主要抄录前史《隋书·室韦传》，不能证明唐代室韦部落的葬俗。

根据《魏书·失韦传》记载，南北朝时，室韦“父母死，男女众哭三年，尸则置于林树之上”，明确说室韦人死之后，将尸体放置于山林树木之上。这种树葬，是一种古老的葬俗，又称天葬。与南邻契丹、奚的早期葬俗相同。《隋书》《北史》的《契丹传》均载，隋代契丹“但以其尸置于山树之上”。唐代契丹，“其俗死者不得作冢墓，以马驾车送入大山，置之树上”①。《隋书·奚传》《通典·边防·库莫奚》记载库莫奚“死者以苇薄裹尸，悬之树上”。室韦、契丹、奚历史上曾经具有共同的树葬习俗。隋代，《隋书·室韦传》记载的南部室韦部落的葬俗发生了变化，“部落共为大棚，人死则置尸其上”。由天然的树葬变成了将尸体放置在部落共同搭建的大棚上，当是由无人组织、相对分散的个体树葬演变成了有血缘关系的氏族或部落的公共墓葬。

根据文献记载，北朝至隋代的室韦人对去世的父母服丧期三年，每年四次到葬所哭拜祭奠②。

随着室韦人由森林或森林周边地区迁徙进入草原，生产生活方式发生较大变化，其葬制葬俗也发生改变，土葬成为主要形式。

在今内蒙古自治区呼伦贝尔市陈巴尔虎旗西乌珠尔、海拉尔区谢尔塔拉和陈巴尔虎旗岗嘎发现的古墓群被确定是7—10世纪室韦人的墓葬遗存③，这些墓葬为唐代的室韦人土葬习俗提供了证明。

根据考古资料显示，西乌珠尔墓葬形制为长方形竖穴土坑墓，葬具分独木棺、木板棺和桦树皮葬具三类。独木棺是将圆木截成所需长度，顶部修整成平面，中部挖出长方形凹槽，将死者放入其内；木板棺的棺体近似长方形，头端略宽，足端稍窄，四角各立一根方形木柱，

① 《旧唐书》卷199下《契丹传》，第5350页。

② 《魏书·失韦传》：“父母死，男女众哭三年”，见《魏书》卷100《失韦传》，第2221页。《隋书·室韦传》：“居丧三年，年唯四哭”，见《隋书》卷84《室韦传》，第1882页。

③ 中国社会科学院考古研究所内蒙古工作队、呼伦贝尔民族博物馆、海拉尔区文物管理所：《内蒙古呼伦贝尔市海拉尔区谢尔塔拉墓地》，《海拉尔谢尔塔拉墓地》；中国社会科学院考古研究所、内蒙古自治区文物考古研究所、北京大学考古文博学院、呼伦贝尔民族博物院呼伦贝尔联合考古队：《内蒙古陈巴尔虎旗岗嘎墓地》，《考古》2015年第7期。下文内容均据上述论著，不再赘注。

其上凿出长方形卯孔，棺壁板两端各有凸出的榫头，插入卯孔内；桦树皮葬具是将尸体用桦树皮包裹或覆盖桦树皮。从保存较好的墓葬看，墓主人均为仰身屈肢单人葬，头向朝北或西北，随葬品放置在墓主人头部、足部、两腿间或身体一侧。例如，95MCXM2 墓主人头部左上端和足部左下端分别放置了一件陶罐和陶壶，墓主人身体右侧顺置一件桦树皮箭囊，内装 12 枚箭，均为木杆铁镞，其上压放一件皮革缝制而成的弓囊，内装木弓一件，腰部放置有木马鞍，残存前鞒，双股间放置有铁马镫。

谢尔塔拉墓葬形制均为长方形竖穴土坑墓。从保存较好的 8 座墓葬的葬具看，除 M1 为一棺一椁外，其余均为单体木棺，形制分为有盖有底，有盖无底，无盖无底三类，其中有盖无底的木棺占绝大多数。除 M9 墓主人为俯身屈肢葬外，其余均为侧身屈肢葬。随葬品出土位置第一类是直接压放或扣置在墓主人身上，如 M6 墓主人身上压放大木弓和长木柄铁矛各一件；第二类是放置在墓主人头部周围或身体一侧，如 M1 墓主人头部周围集中放置陶罐、桦树皮罐、桦树皮器和短木柄铁矛各一件，M10 墓主人头部东北侧集中放置陶罐和桦树皮罐各一件，桦树皮箭囊放置在身体一侧，成束的木质箭杆装在箭囊内，铁镞露在外面；第三类是枕放在墓主人头骨下侧，如 M6 墓主人头下枕放了一件木材和桦树皮制作的马鞍；第四类是佩戴在墓主人耳部、颈部、手、足腕部，如 M1 墓主人耳部佩戴一件金耳坠，颈部佩戴 10 枚玻璃珠串饰，左手腕部佩戴一件银镯。按使用功能分为四类随葬品：第一类为生活用器，主要有陶罐、陶壶、桦树皮罐、木盘、木杯、木箸、铁盘等；第二类为生产工具或武器，主要有铁矛、木弓、箭、箭囊、铁刀等；第三类为马具，主要有木马鞍、铁马衔等；第四类为装饰品，主要有金或鎏金银耳坠、银螺旋形饰、铜人面形饰、玻璃珠、绿松石珠等。

岗嘎墓葬形制均为长方形竖穴土坑，葬具有独木棺和木板棺，独木棺占多数。墓主人葬式多为仰身或侧身屈肢葬。头向朝北、西北或东北，以单人葬为主。随葬品十分丰富，依其功能可分为生活用具，主要有陶罐、陶壶、桦树皮罐等；骑射用具，主要有桦树皮箭囊、箭、木弓、木马鞍、铁马镫、铁马衔等；装饰用品，主要有棒形玉饰、红色玛瑙珠饰、玻璃珠饰、铜带饰、铜或银质耳饰等。

综上可知，唐代室韦人已经实行土葬，墓葬形制均为长方形竖穴土坑墓，葬具主要是以整木按人形凿挖的独木棺和用木板制作的木棺，埋葬习俗以单人葬为主，也有少数男女合葬墓。屈肢葬广泛流行，可细分为仰身屈肢、侧身屈肢和俯身屈肢三类，以前两类为主。有多少不等的随葬品随葬，可分为陶罐、陶壶、桦树皮罐、木盘、木杯、木箸、铁盘等生活用具，弓、箭、箭囊等生产工具或武器，马鞍、马镫、马衔等马具和金、鎏金银、铜质耳坠，银手镯，玻璃、玛瑙、绿松石珠饰等装饰品。随葬品有的直接压放在墓主人身上，或放置在身体四周，相对集中在头部周围或身体一侧，足部周围放置随葬品较少，有些特定的随葬品扣置在墓主人头上或枕放在头下，一些装饰物直接佩戴在身上或系挂在衣服上。

从文献记载的南北朝时期室韦人的“尸则置于林树之上”，到隋代的“部落共为大棚，人死则置尸其上”，再到考古发现的唐代室韦人的土葬，充分证明历史上室韦人的丧葬制度和习俗发生了很大改变，从中也折射出室韦人社会形态、经济生活发生的变化。尤其是独木棺的发现，与《元史·祭祀志》《草木子》等文献记载和河北沽源蒙古贵族阔里吉思独木棺葬具的考古发现相吻合，为蒙古贵族葬具形制找到了直接源头，也为蒙古族源起室韦提供了一个确凿证据。

第四节　原始信仰、习惯法、发式及游艺习俗

此外，文献中还有一些有关室韦人文化习俗的零星记载，涉及原始信仰、习惯法、发式和游艺习俗等。

室韦人信奉万物有灵，对祖先、神灵、自然界万物均加以崇拜。《魏书·失韦传》载，室韦“父母死，男女众哭三年”；《隋书·室韦传》称，“居丧三年，年唯四哭”，表明室韦人有灵魂不灭、祖先崇拜的观念。另据《魏书·乌洛侯传》记载，北魏太武帝拓跋焘太平真君四年，乌洛侯使者前来朝献，“称其国西北有国家先帝旧墟，石室南北九十步，东西四十步，高七十尺，室有神灵，民多祈请”。《魏书·礼志一》也有相关记载，“魏先之居幽都也，凿石为祖宗之庙于乌洛侯国西北。自后南迁，其地隔远。真君中，乌洛侯国遣使朝献，云石庙如故，民常祈请，有神

验焉”[①]。在通过乌洛侯人获知“祖宗之庙”所在地的当年，拓跋焘就派中书侍郎李敞等人来到“石室”，祭祀天地、祖先，并“刊祝文于室之壁”“敞等既祭，斩桦木立之，以置牲体而还。后所立桦木生长成林，其民益神奉之，咸谓魏国感灵祇之应也”。乌洛侯人以“石室”为拓跋魏祖先旧居，颇有神灵而经常前去祭祀，并且多有应验。其后，又对李敞祭祀过后“斩桦木立之”而生长成林的桦树感到神异和敬畏，由此可见，室韦人对祖先、神灵、自然界的树木等均存在崇拜心理和行为。

由于社会发展和生产力水平较低，社会财富总量偏少，个人财富积累较慢，室韦部落对盗窃、杀人行为逐渐形成一些惩罚性习惯法。《魏书·失韦传》称“其国少窃盗，盗一征三，杀人者责马三百匹”。《魏书·乌洛侯传》载“民尚勇，不为奸窃，故慢藏野积而无寇盗”。一方面，早期室韦人崇尚勇武，民风淳朴，视盗窃为羞耻，这种风气导致偷盗行为绝少发生，以致牲畜牧放于旷野、秋作物堆积于田间亦较少被抢掠盗窃；另一方面，因为盗窃之事发生得较少，所以一旦出现就“盗一征三”，加倍惩罚，以维持“少窃盗”的局面。对于杀人者，没有必须偿命处死的意识，而是实行罚没300匹马的处罚。对偷盗行为施以财物的加倍惩罚，对杀人者加以300匹马的重罚，充分说明早期室韦部落进入了私有制社会，但财富相对匮乏，为了维护财富私有，逐步约定俗成，形成了对盗窃、杀人处罚的不成文习惯法。

从南北朝到唐代，室韦人的发式保持了一定的稳定性和连续性，男子索发（绳发、披发）、女子束发（盘发）成了室韦部落有特征性的风俗。据《魏书·失韦传》，室韦“丈夫索发……女妇束发，作叉手髻”。《魏书·乌洛侯传》作“其俗绳发”。《隋书·室韦传》称“其俗丈夫皆被发，妇人槃发”。《旧唐书·室韦传》谓“被发左衽”。从文献记载可知，南北朝时期室韦男子的发式是索发，乌洛侯绳发，用字虽有不同，但含义一致，均指披发[②]，

① 所谓“石室”“石庙”已因“祝文”被发现而得到确认，即今内蒙古呼伦贝尔市鄂伦春旗阿里河镇西北10千米的天然山洞——嘎仙洞。米文平：《鲜卑石室所关诸地理问题》，《民族研究》1982年第4期。

② 据《南齐书》卷57《索虏传》载，拓跋鲜卑“披发左衽，故呼为索头”。可见披发即索发。（南朝梁）萧子显：《南齐书》卷57《索虏传》，中华书局点校本，1972年，第983页。

即蓄留全发后披，有的长到一定长度则以皮绳之类在发根处扎系起来。隋唐时代，文献直接记称室韦男子皆被发。“被”，古同“披”，被发即披发。南北朝时期室韦女子束发、作叉手髻，即留发挽成叉手状发髻。隋代室韦女子槃发，“槃”同“盘”，盘发与束发作髻当含义相同。文献缺载唐代室韦女子发式，已不可确知。

此外，极为零星的史料透露出室韦部落还有乐器、舞蹈等娱乐的工具和形式，在一些社会习俗当中使用。据《魏书·乌洛侯传》载，南北朝时期的乌洛侯“乐有箜篌，木槽革面而施九弦”①。“箜篌”，《北史·乌洛侯传》和《太平寰宇记》《通志》“乌洛侯”条目同《魏书·乌洛侯传》，《通典·边防·乌洛侯》作“空侯”，《文献通考》同《通典》。但《通典·边防·乌洛侯》“空侯”前多一“胡”字，《太平寰宇记》《文献通考》同《通典》。“施”，《通典》《太平寰宇记》《文献通考》脱。不同文献作“箜篌”或“空侯”，没有实际意义，译音用字不同而已。有无“施”字，也不影响史文含义。关键是“箜篌”“胡箜篌”的一字之差，就可能有了具体所指的差别。一般来讲，古代箜篌分竖箜篌、卧箜篌、凤首箜篌等几种。竖箜篌即一种角形竖琴，东汉时由波斯传入，称箜篌，别称胡箜篌，因弦多少，又有大小之分。唐杜佑《通典》记载：“竖箜篌，胡乐也，汉灵帝好之。体曲而长，二十二弦，竖抱于怀中，而两手齐奏，俗谓之‘擘箜篌’。”②卧箜篌与琴瑟相似，中国传统乐器。《史记·孝武本纪》载其来历，“于是塞南越，祷祠泰一，后土，始用乐舞，益召歌儿，作二十五弦及箜篌瑟自此起。”③《通典》亦载，“汉武帝使乐人侯调所作，以祠太一。或云侯晖所作。其声坎坎应节，谓之坎侯”④。凤首箜篌在东晋时自印度传入中原。晋曹毗《箜篌赋》描绘为“龙身凤形，连翩窈窕，缨以金采，络以翠藻”⑤。可知是以凤首为饰而得名，实为胡箜

① 《魏书》卷100《乌洛侯传》，第2224页。

② （唐）杜佑：《通典》卷144《箜篌》，第3680页。

③ （西汉）司马迁：《史记》卷12《孝武本纪》，中华书局点校本，1982年，第472页。

④ （唐）杜佑：《通典》卷144《箜篌》，第3680页。

⑤ （东晋）曹毗：《箜篌赋》，《艺文类聚》卷44《箜篌》，中华书局，1965年，第788页。

篌一种。根据文献，《魏书》记为“箜篌”，没有明确属何种类；《通典》明确断定是“胡空侯”。从箜篌又称胡箜篌、由域外传入、使用者多为北方民族、更适合弹奏民族乐曲等分析，乌洛侯人所有的当是胡箜篌。从所施9弦弦数较少看，应是胡箜篌中的小型箜篌。来自何处，史书没有交代，可能性有三种：乌洛侯使者来朝，北魏宫廷的所谓赏赐物；通过草原丝路由西域传入；乌洛侯人自制。从文献记载的乌洛侯各方面情况看，来自北魏的可能性最大。除了箜篌，室韦部落还有鼓、舞蹈等娱乐工具和形式。《旧唐书·室韦传》在记载室韦婚俗时，称男子在女方家服力役期满后，携带着妻子财物，“同车而载，鼓舞共归”。可以想见，在民族部落的重要活动上，室韦人使用箜篌演奏乐曲，以增加仪式感。在人生礼仪的特殊日子里，敲击皮鼓，载歌载舞，借助鼓乐、舞蹈表达喜悦心情，营造热闹气氛。

室韦人的各种文化习俗，各有其形成和发展变化的历史过程。除了经济条件以外，地理环境、气候因素、社会形态和其他民族影响等，也是制约室韦文化习俗形成和发展变化的因素。室韦文化习俗及其演变，是室韦地域变迁、社会进步、经济发展的表现。

第七章　呼伦贝尔地区室韦遗存的考古发现与研究

呼伦贝尔市位于我国的东北边陲，地处内蒙古自治区的东北端，总面积约25.3万平方千米，西北和西南部分别与俄罗斯、蒙古国接壤，东北和东部与黑龙江省相邻，南部与内蒙古兴安盟相接。从自然地貌看，西北部和西部为辽阔的呼伦贝尔草原，北部和中部为大兴安岭山地林区，东部和东南部为嫩江流域的丘陵山地及带状平原区。大兴安岭呈东北—西南向分布，全长1200千米，其占总面积53.8%的主体部分分布在呼伦贝尔市境内。这里河流众多，仅在呼伦贝尔市境内就有3000多条河流发源于大兴安岭，岭北的水向西北汇入额尔古纳河，岭东的水向东南注入嫩江。呼伦贝尔草原位于大兴安岭的西北侧，总面积为78000平方千米。海拉尔河自东向西横贯呼伦贝尔草原中部，总面积达2315平方千米的呼伦湖位于呼伦贝尔草原的西端。独特的自然环境和地理条件孕育了呼伦贝尔地区丰厚的历史文化，正如翦伯赞先生在《内蒙访古》中所言："呼伦贝尔不仅在现在是内蒙古的一个最好的牧区，自古以来就是一个最好的草原。这个草原一直是游牧民族的历史摇篮"，"假如呼伦贝尔草原在中国历史上是一个闹市，那么大兴安岭则是中国历史上的一个幽静的后院"①。

呼伦贝尔地区是鲜卑、室韦等古代森林、草原民族的重要起源地。作为原蒙古人的室韦—达怛的历史，在中国古代北方民族史上占有十分独特的地位。通过在呼伦贝尔地区系统开展田野考古调查和发掘工作，为蒙古族起源及相关问题研究提供考古实证资料，从而确立呼伦贝尔地区作为蒙古族起源地的重要学术地位。20世纪80—90年代，先后发现并发掘了西乌珠尔墓地和谢尔塔拉墓地，取得了丰硕的考古成果，确认

① 翦伯赞：《内蒙访古》，文物出版社，1963年。

为7—10世纪呼伦贝尔地区的室韦墓葬遗存，受到了中外学术界的关注。2012年8月，“蒙古族源与元朝帝陵综合研究”被列为国家社会科学基金重大委托项目（批准号12@ZH014）。项目组以考古学研究为主导，同时开展历史学、民族学、人类学等多学科综合研究，力争取得具有国际影响力的蒙古族起源研究新成果。2013—2014年，呼伦贝尔联合考古队在陈巴尔虎旗发现并发掘了岗嘎墓地，从墓葬形制、随葬品特征、人体骨骼、年代等方面综合研究，确认为8—10世纪的室韦墓葬遗存，为蒙古族起源研究寻找到最新考古证据，是进入21世纪以来呼伦贝尔地区最重要的田野考古成果。

第一节　西乌珠尔墓地的考古发现与研究

西乌珠尔墓地位于陈巴尔虎旗政府所在地巴彦库仁镇西北约80千米的台地上，南距海拉尔河约0.5千米，北距额尔古纳河约35千米，地表已沙化，形成一条长2千米左右的沙丘，由于多年风蚀，墓葬暴露出来（图版5）。1986年和1995年，原呼伦贝尔盟文物管理站（现为呼伦贝尔民族博物院）派专业人员先后两次对该墓地进行了抢救性发掘，共清理了6座墓葬，出土并采集到一批陶器、铁器、铜器、桦树皮器等随葬品。

从墓葬形制看，西乌珠尔墓地发掘清理的6座墓葬均为长方形竖穴土坑墓，葬具分为三类：第一类为独木棺，将圆木截成所需长度，顶部修整出平面，中部挖出长方形凹槽，将死者放入其内。1986年清理的3座墓葬均为独木棺（图版6），其中86MCXM2（图四）和86MCXM3（图五）独木棺保存完整，前者通长1.9、宽0.5—0.55、高0.41米，凹槽长1.48、宽0.45、深0.33米；后者通长2.14、宽0.72、高0.4米，凹槽长1.74、宽0.6、深0.32—0.34米。86MCXM1独木棺已残破。第二类为木板棺，棺体近似长方形，头端略宽，足端稍窄，四角各立一根方形木柱，其上凿出长方形卯孔，棺壁板两端各有凸出的榫头，插入卯孔内。95MCXM1和95MCXM2（图六）均为木板棺，后者保存完整，无盖无底，棺长1.76、宽0.69—0.76、棺壁板厚0.05米。第三类为桦树皮葬具，在死者身上包裹或覆盖桦树皮，以95MCXM3为代表。

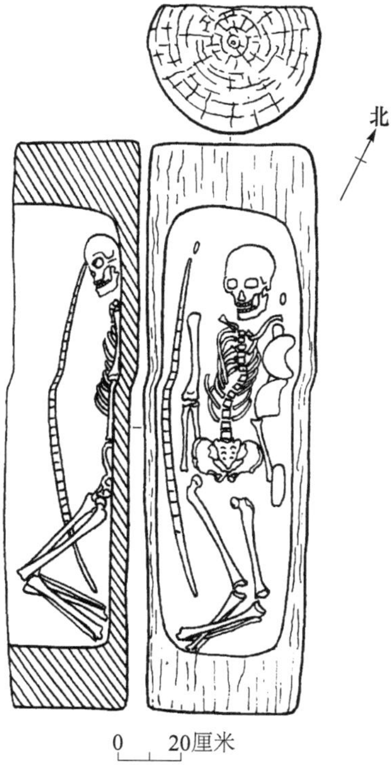

图四　西乌珠尔墓地 86MCXM2 平、剖面图

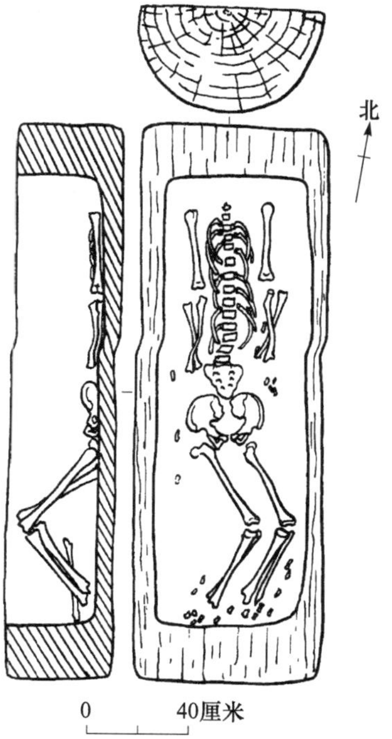

图五　西乌珠尔墓地 86MCXM3 平、剖面图

从保存较好的 86MCXM2、86MCXM3、95MCXM2 三座墓葬看，墓主均为仰身屈肢单人葬，头向朝北或西北，随葬品放置在墓主头部、足部、双腿间或身体一侧。86MCXM2 墓主身体右侧放置了一件桦树皮木弓，左肱骨上压放了一件木马鞍。95MCXM2 墓主头部左上端和足部左下端分别放置了一件陶罐和陶壶，墓主身体右侧顺置一件桦树皮箭囊，内装 12 枚箭，均为木杆铁镞，其上压放一件皮革缝制而成的弓囊，内装木弓一件，腰部放置有木马鞍，残存前鞒，双股骨间放置有铁马镫。

西乌珠尔墓地出土和采集的随葬品质地主要有陶、银、铜、铁、桦树皮、木、玛瑙、玻璃等，按使用功能的不同可区分为生活日用器、生产工具或武器、马具、装饰品四大类。生活日用器以陶器为主，仅见罐、壶两种器类（图版 7），陶罐均夹粗砂，烧制火候偏低，器表呈灰褐或灰黑色，采用泥圈套接法成器，敞口，微束颈，腹壁略外弧，底部较平或内凹。纹饰集中在颈部、肩部或上腹部，未见通体饰纹的，主要有细泥

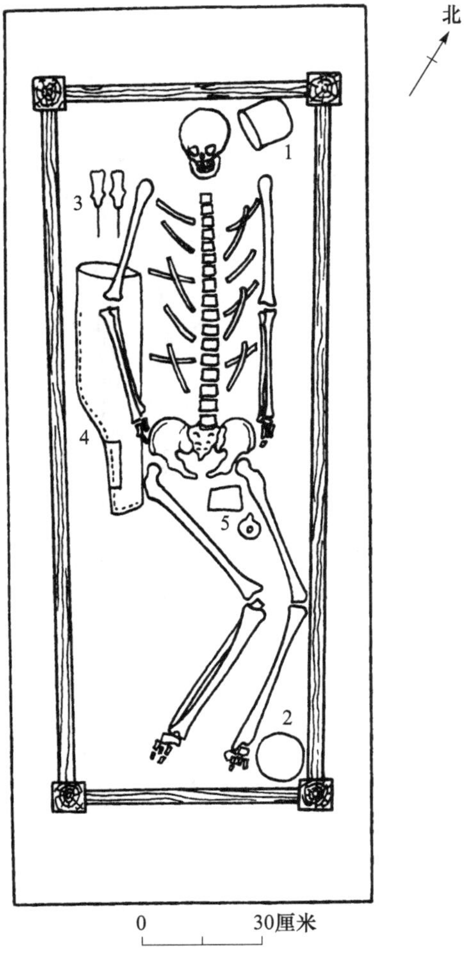

图六　西乌珠尔墓地 95MCXM2 平面图
1. 陶罐　2. 陶壶　3. 镞　4. 弓囊　5. 马镫

条附加堆纹、戳压窝点纹等。陶壶均为敞口，束颈，圆鼓腹，内凹底。颈部及上腹素面或饰稀疏的凸棱纹、横排短竖线纹，下腹至底部集中饰纹，多为密集的横排短竖线纹。86MCXM1 墓主左足下端出土一件陶壶，腹壁分三段饰纹，上、下两段均饰密集的横排短竖线纹，中段为斜排短线和细密窝点组成的菱形格纹和弧边三角状纹，素面磨光部分组成对称的花瓣纹。此外，生活日用器还出有一件铜勺。生产工具或武器主要有弓、箭、铁刀等。86MCXM2 出土一件保存较完整的缠绕桦树皮的木弓，两端为骨质弓弭，刻有几何纹图案。95MCXM2 出土的木弓已残断，用皮革缝制的弓囊保存完整，口端宽扁，底端呈斜弧状内收，较窄。箭由木杆和铁镞两部分组成，铁镞前端平直，两面扁平或中部各起一道棱脊，横截面呈菱形，尾端呈尖锥状，嵌入木杆内，有的套有骨鸣镝。箭成束放置在桦树皮做成的长筒状箭囊内，95MCXM2 出土的桦树皮箭囊内盛放有 12 枚箭。马具主要有木马鞍和铁马镫，95MCXM2 出土的马鞍仅存前鞒，马镫已成残片，1986 年抢救性发掘时出土的一件铁马镫保存较完整。装饰品主要有各种青铜带扣、铊尾、带饰、耳坠及绿松石、玛瑙、玻璃串珠等。此外，86MCXM1 墓主身上裹着麻、毛织品，95MCXM2 墓主头部包裹有两层麻织品。

1988 年，中国社会科学院考古研究所实验室对西乌珠尔墓地

86MCXM2 棺木样品进行测定[①]，其年代为距今 1315 年 ±50 年（635 年 ±50 年），树轮校正年代为距今 1250 年 ±55 年，代表呼伦贝尔草原 7—8 世纪左右游牧民族的文化遗存。文献记载，7—10 世纪活动在呼伦贝尔草原的主要是室韦诸部。有隋一代，室韦“分为五部，不相总一，所谓南室韦、北室韦、钵室韦、深末怛室韦、大室韦”[②]，大部分活动在今呼伦贝尔地区。唐代是室韦诸部蓬勃发展和壮大的时期，“分部凡二十余”[③]，与中原地区保持着密切的联系，诸部首领或使臣不断到朝廷朝献。1993 年 7 月，西乌珠尔墓葬在内蒙古东部地区文物工作会议上被初步确定为室韦遗存[④]。

第二节　谢尔塔拉墓地的考古发现与研究

谢尔塔拉墓地位于内蒙古呼伦贝尔市海拉尔区谢尔塔拉镇东约 5 千米的台地上（图版 8），西南距海拉尔市区约 15 千米，南距海拉尔河 2 千米。遗址西北部有一道隆起的山冈，东部和东南部地势平坦开阔，现为牧场，南部为较低的草滩地。1997 年 9—10 月，中国社会科学院考古研究所内蒙古工作队与呼伦贝尔民族博物馆、海拉尔区文物管理所联合对海拉尔区东北部的古代遗址及墓地进行了调查，在谢尔塔拉遗址中部一道冲沟的北侧发现了一座墓葬，随之进行了抢救性清理（编号为 97MHXM1，以下简称 M1），并通过钻探初步断定这里应是一处古代墓地。该墓地总面积约 10000 余平方米，北部和中部保存较好，南部有多道深浅不一的冲沟，墓地破坏较重。1998 年 9—10 月，上述三家单位联合对谢尔塔拉墓地进行了正式发掘，揭露面积共 337.5 平方米（图版 9），清理出不同规格的古墓葬 9 座（编号为 98MHXM2—98MHXM10，以下简称 M2—M10）。其中，M2、M3 被冲沟破坏，仅存底部，M1 位于冲沟的北侧边缘，棺盖板以上墓穴被破坏，M4—M10

① 中国社会科学院考古研究所实验室：《放射性碳素测定年代报告（一五）》，《考古》1988 年第 7 期。

② 《隋书》卷 84《室韦传》，第 1882 页。

③ 《新唐书》卷 219《室韦传》，第 6176 页。

④ 赵越：《呼伦贝尔发现的室韦遗迹》，《内蒙古文物考古文集》第 1 辑，第 599 页。

保存完整（图版 10、图版 11）。从发掘情况看，墓穴分布疏朗，排列有序，未见具有打破关系的墓例，由此反映出墓地的营建具有一定的规划性，且延续时间较长，是呼伦贝尔草原已知规模较大的一处古代游牧人的墓地。

一、谢尔塔拉墓地考古发现与谢尔塔拉文化命名

从墓葬形制看，谢尔塔拉墓地已发掘的墓葬均为长方形竖穴土坑墓，墓壁竖直，底部平整，除了 M5 底部有两层垫土外，其余墓葬底部均为生土。M5 和 M6 墓室规模较大，M9 墓室规模最小，其余墓葬的墓室规模大体接近。已发掘的 10 座墓葬均有木质葬具，从保存较好的 8 座墓葬的葬具看，除 M6 为一棺一椁外，其余 7 座墓葬均为单棺。木椁有盖无底，椁盖板由 5 块较长的木板沿纵向拼对而成（图版 17）。木棺的形制分为有盖有底、有盖无底、无盖无底三类，其中有盖无底的木棺占绝大多数，共有 6 例，有盖有底和无盖无底的木棺各有 1 例。M6 木棺呈长方形，有盖有底，棺盖板、底板和壁板的内外侧均被精细加工（图版 18），厚薄均匀，棺壁板两端均有凹槽，在转角处呈交错状咬合在一起，外侧用铁钉加固。棺盖板和底板均由较长的木板纵向拼对而成，壁板将底板套在其内。M1、M4、M5、M7、M8、M10 木棺均有盖无底，其中 M4 棺盖板由 4 块长条形木板纵向拼对而成，其余 5 座墓葬棺盖板均由较短的木板横向拼对而成，从棺盖板的数量看，M4 有 4 块，M5 和 M8 各有 5 块，M7 有 8 块，M10 有 7 块。M7 和 M10 棺盖板的内外侧均经过加工，较平整；M1、M5、M8 棺盖板的内侧加工平整，外侧为带有树皮和木疖的自然面，凹凸不平。在棺盖板上铺桦树皮的共有 3 座墓，M1 棺盖板的西北端残存有桦树皮（图版 12）；M10 棺盖板的东南半部铺有桦树皮，保存完整（图版 31）；M7 棺盖板上通铺一层桦树皮，中部有一纵排较齐整的小圆孔，证明东北、西南两侧的桦树皮原来是缝合在一起的（图版 23、图版 24）。棺壁多由立置的木板组合而成，M1、M4、M8 四侧棺壁均由单块立置木板组成；M5 西北侧棺壁为两块立置的木板，其余三侧棺壁均为单块立置的木板；M7 仅在东北、西南两侧各立置一块木板，西北和东南侧无壁板；M10 东北和西南两侧棺壁由两段略加修整的圆木组成，中部稍粗，两端略细，并带有不规整的凹槽，西北和东

南两侧棺壁为单块立置的木板，正好嵌入凹槽内。M9 木棺无盖无底，仅在东北和西南两侧各立置一块木板，西北和东南两侧无壁板。通过葬具形制的比较，可以将谢尔塔拉墓葬分成高、中、低三个级别。M6 一棺一椁，且木棺有盖有底，是已发掘墓葬中规格最高的一座；M1、M4、M5、M7、M8、M10 单棺，木棺有盖无底，应属中等规格的墓葬；M9 葬具简陋，虽有单棺，但木棺无盖无底，棺壁亦不完整，是已发掘的墓葬中规格最低的一座。

从现有的发掘资料来看，谢尔塔拉墓地以单人葬为主，成年男女双人合葬墓仅有一座。除 M2、M3 外，其余八座墓葬内的人骨保存较好，共有 9 个个体，男性 6 个，女性 2 个，性别不明者 1 个，全部为成年个体，平均死亡年龄为 42.1 岁①。墓主头向均朝东南，除 M9 墓主为俯身屈肢葬外，其余均为侧身屈肢葬，M9 墓主面部朝下，M10 墓主面向朝东北，其余墓主面向均朝北。M1 墓主背部紧靠西南侧棺壁，双臂弯曲放置胸前，双腿并拢弯曲，双膝紧顶东北侧棺壁，双足蹬在西南侧棺壁上（图版 13）。M4 墓主背部紧靠在西南侧箭囊上，臂骨弯曲，放置胸前，双腿弯曲，左腿骨斜压在右腿骨之上，双足紧蹬在箭囊的下端（图版 15）。M6 墓主右臂朝西北侧斜伸，左臂弯曲，左腕部压放在右侧肱骨之上，双腿并行弯曲，右膝紧顶在东北侧棺壁上，左足紧蹬在西南侧棺壁上（图七；图版 20）。M7 墓主双臂弯曲抱拢在胸前，左臂肘压放在右手之上，双腿交叉侧屈，左小腿搭放在右小腿之上（图版 25）。M8 墓主双臂弯曲放置胸前，双腿弯曲，右膝紧顶东北侧棺壁，左腿斜压在右腿之上，左脚后半部压住右脚前半部（图版 27）。M9 墓主上身呈俯趴状，双臂各自对折压放，颈椎及脊椎严重扭曲，双腿交叉弯曲，右腿压放在左腿之上，右膝紧顶东北侧棺壁（图版 29）。M10 墓主左臂折拢，左手放置在下颌前，右臂弯曲斜伸，双腿交叉弯曲，右腿压放在左腿之上，左膝紧顶东北侧棺壁，右足蹬靠西南侧棺壁（图版 32）。M5 是已发掘的墓葬中唯一一座成年男女双人合葬墓，男性墓主位于墓穴的东北半部，双臂弯曲前伸，双手被箭囊压住，双腿并拢弯曲，双膝被箭囊和弓压住；女性墓主位于墓穴的西南半部，头部与男性墓主肩部齐平，背部紧靠西

① 张君：《谢尔塔拉墓地的人骨初析》，《海拉尔谢尔塔拉墓地》，第 109 页。

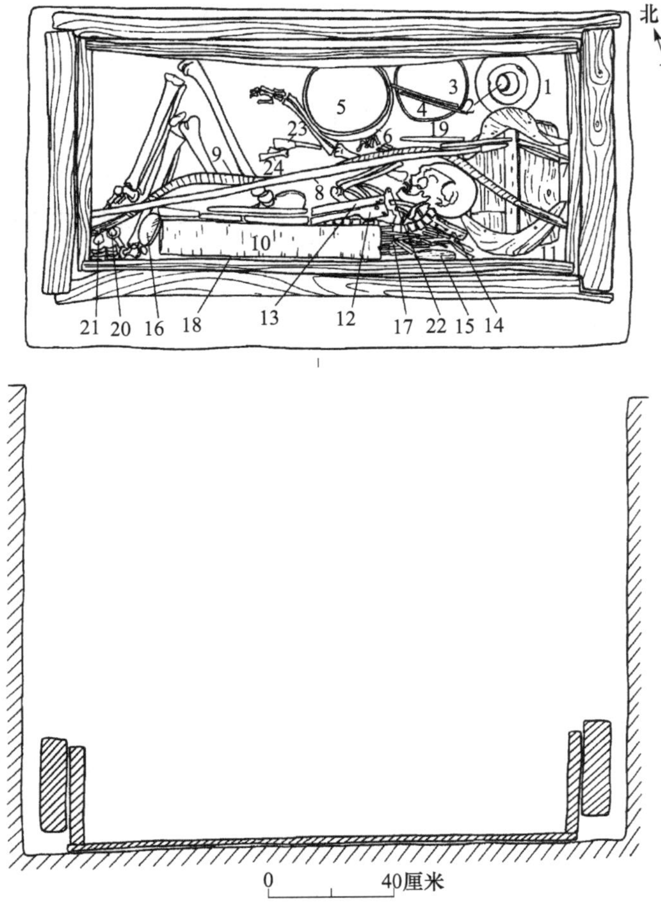

图七　谢尔塔拉墓地 M6 平、剖面图

1. 陶壶　2. 木杯　3、5. 木盘　4. 木箸　6. 铁盘　7、19. 长条形木器　8. A 型铁矛　9. A 型缠桦树皮木弓　10. 桦树皮箭囊　11. 马鞍　12—15、18. 箭囊外侧的刻纹木板　16. 箭囊木底　17. 铁镞　20. 残木器　21. 石块　22. 残铁器　23. 铁刀　24. 羊肩胛骨

南侧棺壁，双臂弯曲，左手搭放在右臂肘上，双腿并拢弯曲，右膝紧靠男性墓主的左足底，双足蹬靠西南侧棺壁（图八；图版 16）。从骨骼的创伤痕迹看，M9 墓主有两处伤痕，均出现在右侧顶骨上，一处已愈合，但可见愈合后的痕迹，长约 70 毫米；另一处沿人字缝方向有整齐的断面，长约 74 毫米，伤口无愈合痕迹，似锐利武器砍削所致。M5 男性墓主左股骨后面上端有砍伤面，面积约 37 毫米 ×18 毫米，伤口无愈合痕迹，砍削面上可见砍痕，像钝器所致。从头骨形态特征和颅面部指数、角度反映出的颅面特征综合看，谢尔塔拉墓地人骨具有蒙古人种的一般特征，如卵圆形颅，眉弓、眉间突度不发达，面部扁平，鼻根凹陷浅，

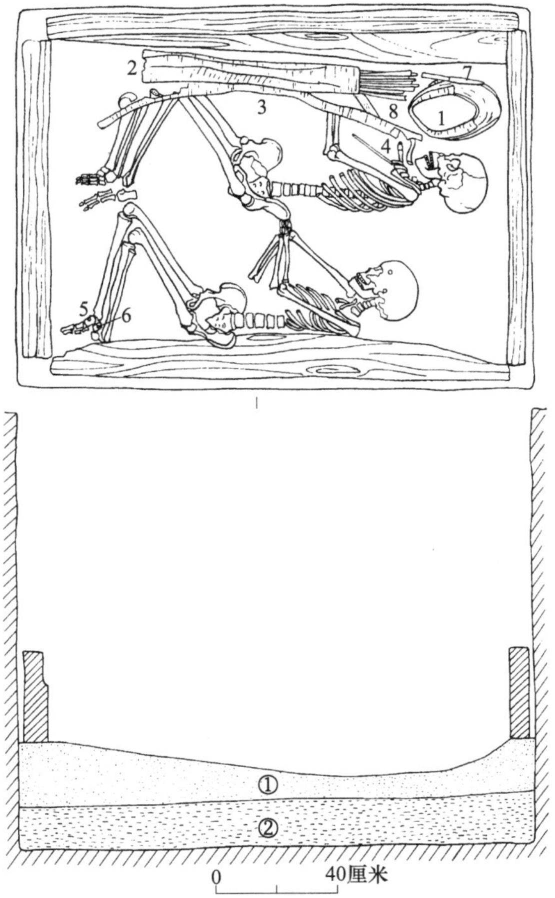

图八　谢尔塔拉墓地 M5 平、剖面图

1. 桦树皮罐　2. 桦树皮箭囊　3. B 型缠桦树皮木弓　4. 铁刀　5、6. 绿松石珠
7. B 型铁矛　8. 铁镞
①黄褐色沙土　②黑色沙土夹杂炭屑和红烧土颗粒

鼻骨较低。垂直颅面指数大及额坡度较倾斜等使谢尔塔拉人群更接近蒙古人种北亚类型[①]。

在已发掘的 10 座墓葬中，除 M2、M3 两座被冲沟破坏的墓葬外，其余 8 座墓葬内均有随葬品，集中出自木棺内，主要质地有金、银、铜、铁、陶、木、桦树皮、玻璃等。从随葬品的出土位置看，可以分为以下四类：第一类是直接压放或扣置在墓主身上。M4 和 M10 墓主身上分别压放了一件长木柄铁矛；M6 墓主身上压放大木弓和长木柄铁矛各一件

① 张君:《谢尔塔拉墓地的人骨初析》,《海拉尔谢尔塔拉墓地》, 第 109—121 页。

（图版 19）；M5 和 M7 墓主臂骨和腿骨各被一件弓压住；M8 和 M9 内各出土一件长条形木器，分别压放在墓主胸前和颈部；M10 墓主头部扣置一件木盘。第二类是放置在墓主头部周围或身体一侧。M1 墓主头部周围集中放置陶罐、桦树皮罐、桦树皮器和短木柄铁矛各一件；M4 墓主头部东北侧出土一件破碎陶罐；M5 男性墓主头部东北侧放置桦树皮罐和短木柄铁矛各一件；M6 墓主头部周围紧靠东北侧棺壁的东南段内侧集中放置一组生活日用器（图版 21），自东南至西北依次为立置的陶壶，内放一件木杯，木盘上放置一双木箸，铁盘上叠放一件木盘；M7 墓主头部北侧放置有铁盘和桦树皮罐各一件，头部南侧放置有马衔和短木柄铁矛各一件（图版 26）；M8 墓主头部东北侧集中放置陶罐和陶壶各一件，头部西南侧放置短木柄铁矛一件（图版 28）；M9 墓主头部两侧放置陶罐和桦树皮罐各一件（图版 30）；M10 墓主头部东北侧集中放置陶罐和桦树皮罐各一件。桦树皮箭囊均放置在墓主身体一侧，成束的木质箭杆装在箭囊内，铁镞露在外面。M4 和 M6 箭囊均放置在墓主身体后侧，紧依西南侧棺壁；M5 和 M7 箭囊则放置在墓主身体前侧，紧靠东北侧棺壁；M10 未见箭囊和铁镞，仅有成束的木质箭杆放置在墓主身体后侧，被朝内侧倾斜的西南侧棺壁压住。第三类是枕放在墓主头骨下侧（图版 22）。M6 墓主头下枕放了一件木材和桦树皮制作的马鞍；M4 和 M7 墓主头骨下侧枕放有桦树皮鞍鞯。第四类是佩戴在墓主耳部、颈部、手、足腕部。M1 墓主耳部佩戴一件金耳坠，颈部佩戴 10 枚玻璃珠串饰，左手腕部佩戴一件银镯；M5 女性墓主右足腕部佩戴 2 枚绿松石珠饰；M10 墓主左右耳部各佩戴一件鎏金银耳坠，颈部佩戴 96 枚玻璃珠串饰。从使用功能看，可以将随葬品明确分为四类：第一类为生活用器，主要有陶罐（图版 33—图版 37）、陶壶（图版 38—图版 40）、桦树皮罐、木盘（图版 41）、木杯（图版 42）、木箸（图版 43）、铁盘等；第二类为生产工具或武器，主要有矛、弓（图九、图一〇）、箭、箭囊（图一一）、刀等；第三类为马具，主要有马鞍、马衔；第四类为装饰品，主要有金耳坠、鎏金银耳坠（图版 44、图版 45）、银镯（图版 46）、银螺旋形饰（图版 47、图版 48）、玻璃珠（图版 49）、铜人面形饰（图版 50）、绿松石珠等。此外，在 M1、M6、M9 三座墓葬内各随葬一件动物肩胛骨，M1 内随葬一件马肩胛骨（图版 14），M6 和 M9 内各随葬一件羊肩胛骨，均放置在墓

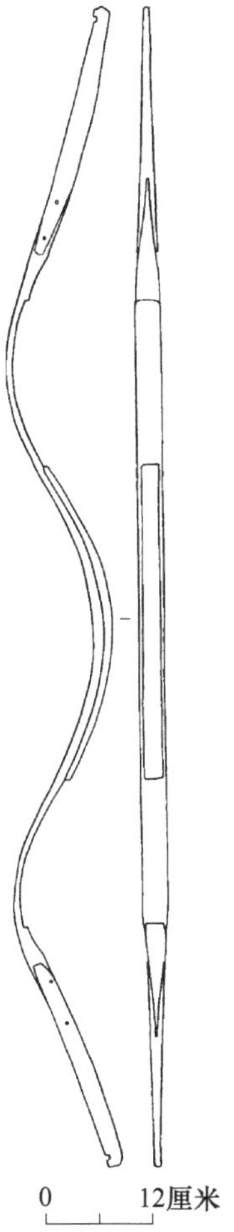

图九　谢尔塔拉墓地 M6 出土弓结构图

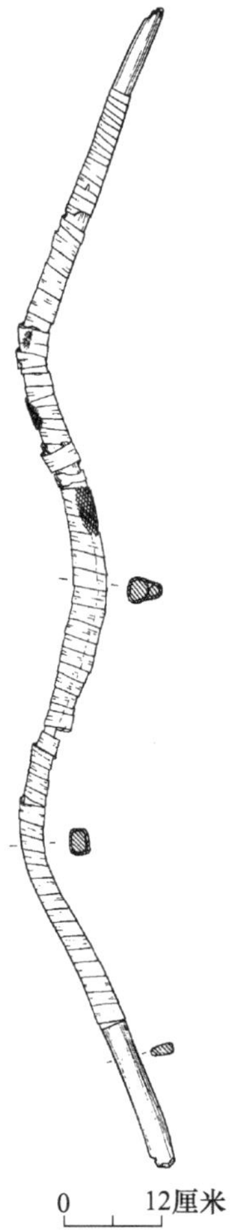

图一〇　谢尔塔拉墓地 M6 出土弓

主胸部。从随葬品种类和数量的多寡能够直接反映墓葬的级差，并与使用葬具规格高低相一致，是墓主生前社会等级、地位高低或财富多寡的有力证据。M6 葬具为一棺一椁，随葬品最丰富，所出长矛、大弓、箭、箭囊、马鞍等均属实用器，是已发掘的墓葬中规格最高的一座，墓主是一位 45—50 岁的男性，应代表具有较高社会地位的权贵阶层。M9 葬具简陋，木棺无盖无底，随葬品最少，是已发掘的墓葬中唯一一例俯身屈肢葬，墓主是一位 50—55 岁的男性，应代表地位较低的社会成员。其余 6 座保存较好的墓葬在墓葬形制和随葬品特征方面无明显的等级差异，均属占绝大多数的中等规模的墓葬。男女性别差异在随葬品方面主要表现在成组弓、箭、箭囊、马鞍集中随葬在男性墓内，耳坠、串珠项饰等

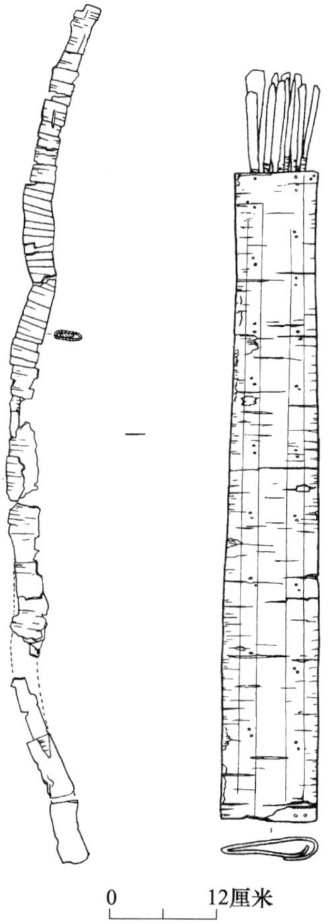

图一一　谢尔塔拉墓地 M7 出土弓和桦树皮箭囊

装饰品多随葬在女性墓内。M5 是已发掘的墓葬中唯一一座成年男女双人合葬墓，随葬品集中分布在男性墓主头部周围或身体一侧，为了解当时人的家庭形态及男女成员的家庭地位提供了重要例证。

2000 年 9 月，中国社会科学院考古研究所考古科技实验研究中心对谢尔塔拉墓地 6 座墓葬的棺木进行了年代测定①，其中，M5 棺木测定结果为距今 1185 年 ±57 年（765 年 ±57 年），树轮校正年代为 823—977 年；M6 棺木测定结果为距今 1187 年 ±43 年（763 年 ±43 年），树轮校正年代为 874—967 年；M7 棺木测定结果为距今 1151 年 ±44 年（799 年 ±44 年），树轮校正年代为 887—988 年；M8 棺木测定结果为距今 1044 年 ±47 年（906 年 ±47 年），树轮校正年代为 995—1034 年；M9 棺木测定结果为距今 1084 年 ±44 年（866 年 ±44 年），树轮校正年代为 974—1020 年；M10 棺木测定结果为距今 1121 年 ±53 年（829 年 ±53 年），树轮校正年代为 892—1012 年。参考上述考古学比较研究结果及 ^{14}C 测定棺木样品的树轮校正年代值，确定谢尔塔拉墓葬的年代应为 9—10 世纪。

从比较结果来看，西乌珠尔墓地与谢尔塔拉墓地存在诸多共性。墓葬形制方面，两处墓地的墓葬均为长方形土穴竖坑墓，并有木质葬具。埋葬习俗方面，均以单人葬为主，男女合葬墓数量较少，且墓主多为成年人；屈肢葬广泛流行，且以仰身屈肢葬和侧身屈肢葬为主，俯身屈肢葬较少。随葬品的出土位置和组合关系方面，具有直接压放在墓主身上或放置在墓主身体四周，相对集中在墓主头部周围或身体一侧，足部周

① 中国社会科学院考古研究所考古科技实验研究中心：《放射性碳素测定年代报告（二七）》，《考古》2001 年第 7 期。

围放置随葬品较少，有些特定的随葬品扣置在墓主头上或枕放在墓主头下等特点，也有部分随葬品直接佩戴在墓主身上或系挂在衣服上。随葬品的使用功能主要分为生活用器、生产工具或武器、马具、装饰品四大类。生活用器以陶器和桦树皮器为主，还有一定数量的木器和铁器，如木杯、木盘、木箸、铁盘等。陶器仅见罐、壶两种器类，流行滚压、戳压、压划线形或窝点状纹饰，还常见细泥条附加堆纹。手制夹砂筒形罐与轮制泥质陶壶共存，是判断西乌珠尔墓葬与谢尔塔拉墓葬属于同一考古学文化的另一个重要证据。作为主要生产工具或武器的弓、箭、箭囊多成组出自男性墓内，充分显示出男性在当时社会生活中的重要地位。另需指出，西乌珠尔和谢尔塔拉墓葬中出土的箭均为木杆铁镞，有的套有骨鸣镝，成束放置在桦树皮做成的长筒状箭囊内，未见骨镞，是两者又一共同特征。马具作为随葬品主要有马鞍、马衔、马镫等，主要出自男性墓内。装饰品种类丰富，数量较多，主要质地有金、银、鎏金银、铜、玻璃、玛瑙、绿松石等，功能可分为耳饰、项饰、手、足腕饰等。在西乌珠尔和谢尔塔拉墓葬中，以外凸圆尖状小纽的圆形或椭圆形耳坠最富特色，形制演变特征清晰，属两处墓地共有的典型器类之一。由此可见，两者应属同一考古学文化。谢尔塔拉墓地发现后，这种考古学文化被正式命名为“谢尔塔拉文化”①。至于两者之间的差异,应视作同一考古学文化不同发展阶段文化面貌的反映。

《隋书·室韦传》记载：“部落共为大棚，人死则置尸其上。居丧三年，年唯四哭。”②《新唐书·室韦传》亦载：“每部共构大棚，死者置尸其上，丧期三年。”③谢尔塔拉墓葬的发现，不仅为研究呼伦贝尔草原晚唐五

① 需要指出的是，“以族名来命名的办法，只能适用于较晚的一些文化，并且需要精确的考据；否则乱扣帽子，产生许多谬论，反而引起历史研究的混乱。除非考据得确实无疑，否则最好仍以小地名命名而另行指出这文化可能属于某一族”。因此，根据墓葬形制、葬俗、出土随葬品及随葬品的组合关系等共性特征，将西乌珠尔墓地、谢尔塔拉墓地所代表的文化统一命名为“谢尔塔拉文化”，较径直将其命名为“室韦文化”为妥。参阅夏鼐：《关于考古学上文化的定名问题》,《考古》1959 年第 4 期。

② 《隋书》卷 84《室韦传》，第 1882 页。

③ 《新唐书》卷 219《室韦传》，第 6176 页。

代时期的室韦遗存又增添了一批科学发掘的考古新资料，还与西乌珠尔墓葬共同为研究室韦人的丧葬习俗提供了客观依据，能够有效补证文献记载之不足。

二、谢尔塔拉文化墓葬与呼伦贝尔地区相关墓葬遗存的比较

从呼伦贝尔草原现有的考古调查和发掘资料看，以完工、扎赉诺尔、拉布达林、孟根楚鲁等地发掘的两汉时期的鲜卑墓葬资料最具代表性，成为20世纪50年代末以来呼伦贝尔草原考古学研究中的重要课题；辽代考古学研究相对薄弱，经过考古发掘的典型墓葬资料仅有巴彦库仁一处。这里拟从墓葬形制、埋葬习俗、随葬品特征三个方面，将谢尔塔拉文化墓葬与呼伦贝尔草原其他不同历史时期的考古遗存进行对比分析，探讨相互间的文化传承与发展关系，以期构建呼伦贝尔草原古代游牧民族考古学文化体系。

（一）与完工墓葬的比较

完工墓地位于陈巴尔虎旗境内，东距海拉尔城区约60千米。1963年由内蒙古自治区文物工作队抢救性清理了4座墓葬，仅M1A、M1B保存完整，其年代约相当于西汉中期。M1A为方形竖穴土坑墓，边长260—265、深110厘米（图一二）。墓壁周围未见葬具痕迹，仅在墓底铺有长条形木板，木板之上平铺一层桦树皮。墓底东侧有儿童骨架4具，均较零乱。人骨周围还放置有马头骨2个、牛头骨4个，还随葬陶、石、骨、铜、铁器及桦树皮器共47件。M1B位于M1A中部之下，长方形竖穴土坑墓，长215、宽120、深160厘米（图一三）。内置木质葬具，已朽烂。墓穴共有人骨架26具，经初步鉴定有男性14具、女性11具、儿童骨架1具，葬式杂乱，绝大多数肢体分离，仅在墓底东北侧有一具较完整的骨架，仰身直肢葬，头向朝西北。墓穴内与人骨杂乱相间的还有10匹马的骨骼、8头牛的骨骼和3只狗的骨骼。随葬品较丰富，主要有陶、石、骨、铜、铁、银器以及各种珠饰、桦树皮器、残漆器等，其中陶器集中放置在墓底的西北端。

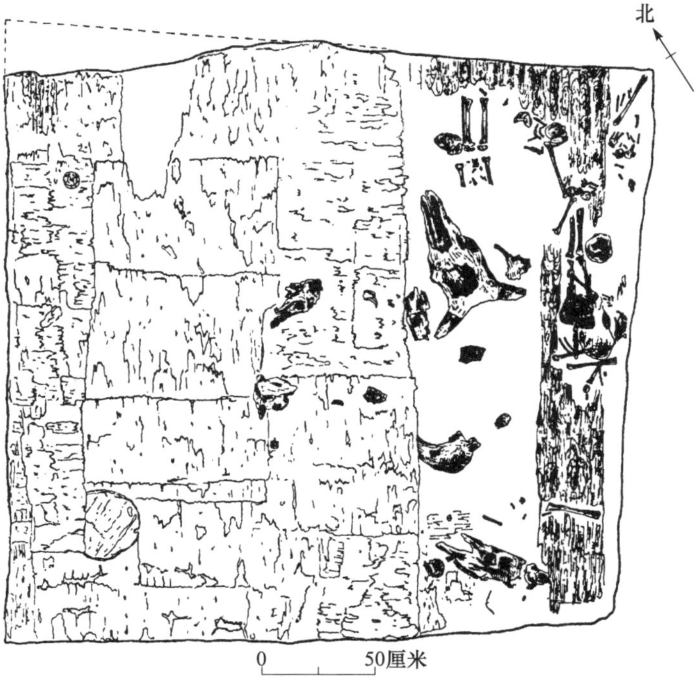

图一二　完工墓地 M1A 平面图

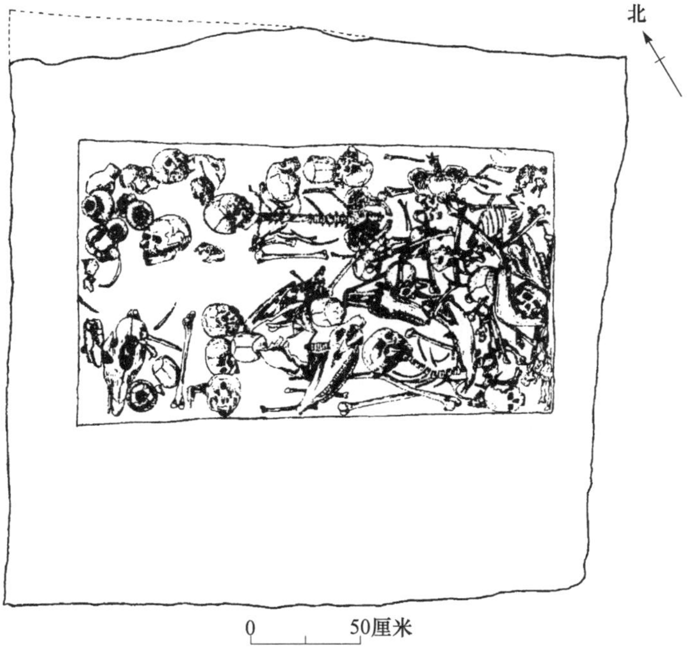

图一三　完工墓地 M1B 平面图

从 M1A 和 M1B 内出土随葬品的特征看，陶器均手制，以壶、罐为主，M1B 内还出有三足陶鬲 1 件。器表多光素，少数饰纹，主要纹样种类有弦纹、波浪状压划纹、斜方格印纹、细泥条附加堆纹等。石器以横截面呈三棱形的尖状石镞为主，制作精细，长 4 厘米左右。骨器以镞和弓弭居多，还有鸣镝、尖状器、长条形器、牛角状器等。铜器主要有带扣、带饰、铃、环等。铁器以刀、环为主，还有少量铁镞。金、银器较少，各出 1 件，分别为椭圆形金牌饰和小型环状银饰。装饰品较多，主要质料有贝、绿松石、滑石、玛瑙、珊瑚枝等。桦树皮器均残破，漆器仅见残片，系在桦树皮上涂朱漆，并绘黑色花纹。

完工墓葬与谢尔塔拉文化墓葬区别显著，前者多人合葬且以二次葬为主的葬俗在谢尔塔拉文化墓葬中未见，大量殉牲的习俗亦有别于谢尔塔拉文化。从随葬品的特征看，完工墓葬中均为手制陶，谢尔塔拉文化中手制陶与轮制陶并存。完工墓葬中，陶器和石器占有较大比重，石镞和骨镞的数量明显多于铁镞，谢尔塔拉文化墓葬中均为铁镞，未见石镞和骨镞。由此可见，完工墓葬和谢尔塔拉文化墓葬代表了呼伦贝尔草原不同历史时期、不同民族的考古学文化遗存。

（二）与扎赉诺尔、拉布达林、孟根楚鲁等东汉时期鲜卑墓葬的比较

扎赉诺尔墓地位于满洲里市扎赉诺尔矿区以南 7.5 千米、木图那雅河东岸的坡地上。内蒙古自治区文物工作队根据 1959 年的调查线索，于 1960 年夏季对该墓地进行了正式发掘，共清理了 31 座墓葬；1984 年，呼伦贝尔盟文物管理站在扎赉诺尔抢救性清理了 5 座墓葬；1986 年，内蒙古自治区文物考古研究所在前两次发掘地点以东数百米处又清理了 15 座墓葬。扎赉诺尔墓地先后共清理墓葬 50 余座（图一四），是整个呼伦贝尔地区清理东汉时期鲜卑墓葬数量最多的一个地点。

1960 年清理的 31 座基葬分布集中，排列密集，多为长方形竖穴土坑墓，也有的在头端外侧留有二层台。有葬具的共有 29 座墓，用木质葬具的占绝大多数，共有 28 座，用桦树枝作葬具的仅有 1 座。木质葬具均为单棺，头端略宽，足端稍窄，其形制分为两类，一类为有盖无底的木棺，另一类为有盖有底的木棺。有盖无底的木棺共有 25 例，从木棺的结

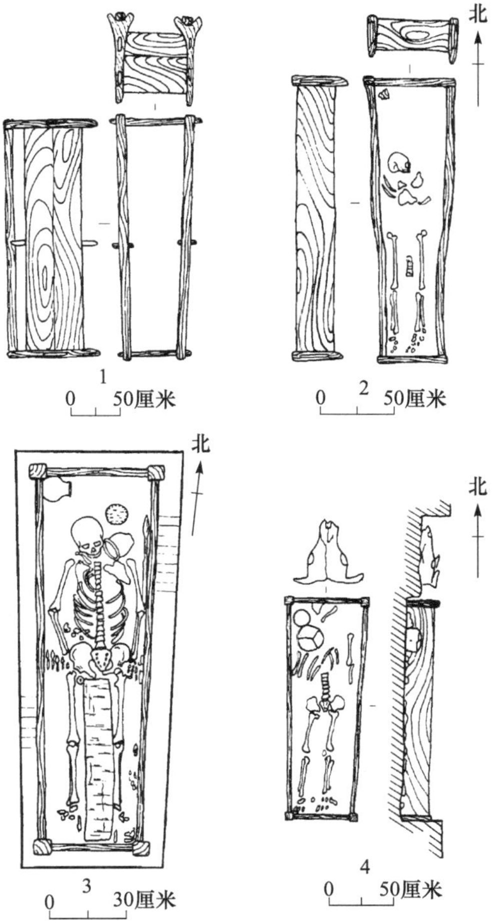

图一四　扎赉诺尔墓地 M27、M24、M25、M19 平、剖面图

1. M27　2. M24　3. M25　4. M19

构看，四角各立一根方形木柱，木柱上均挖出扁状卯眼，棺壁板两端的榫头插入木柱上的两端卯眼内，通常木柱头上端高出棺壁板 10 厘米左右，下端砍成尖状插入墓底的生土内。个别墓葬在纵侧棺壁板的外侧偏中各立一根或两根木柱。以 M27 为例，棺壁板由两块木板组成，四角各立一根木柱，两纵侧棺壁板的中段外侧各立一根木柱，木柱头均呈“Y”形，高出棺壁板约 15 厘米，柱头上沿纵向搭放两根方形木柱，其上搭放棺盖板。M19 和 M24 木棺的四角均各立一根木柱，棺壁板与木柱间榫卯结合，M19 墓主头端棺壁外侧留有二层台，M24 两纵侧棺壁板一端外敞，另一端明显内收。M25 在墓穴内砌一周土坯，有盖无底的木棺放置在土坯框内。M5 棺盖板保存较好，结构清晰，共分三层，下层为纵置

的木板，中层为横置的木板，最上层铺一层树枝，总厚度约有 9 厘米。有盖有底的木棺共有 3 例，M23 内的木棺保存较好，棺盖板结构与 M5 相同，棺壁板各由两块木板组成，四角各立置一根方形木柱，与棺壁板的两端榫卯相接，棺底板由两层木板组成，下层横放 4 块木板，等距离间隔，上层为纵置木板，木板之间拼对紧凑，无间隔。M9 内无木棺，墓主骨架上下各铺一层桦树枝，下层纵铺，上层横铺。1984 年清理的 5 座墓葬中，仅有 M5 一座墓葬具保存较好，木棺有盖无底，棺盖板分为上、下两层，下层为纵置木板，上层为横置木板，四角及两侧共立 8 根方形木柱，棺壁板由两块木板组成。1986 年清理的 15 座墓葬中，除 M3015 未见葬具外，其余 14 座墓葬内均有葬具，其形制分为两类，一类为头端略宽、足端稍窄的木板棺，绝大多数有盖无底，棺盖板均为纵置木板，棺壁板与四角所立方形木柱榫卯相接，少数有盖有底的木棺棺底为木板或柳条；另一类为桦树皮棺，四角立方形木柱，棺壁用桦树皮围成，能够确认为桦树皮棺的共有 3 座墓，分别为 M3008、M3010、M3011。

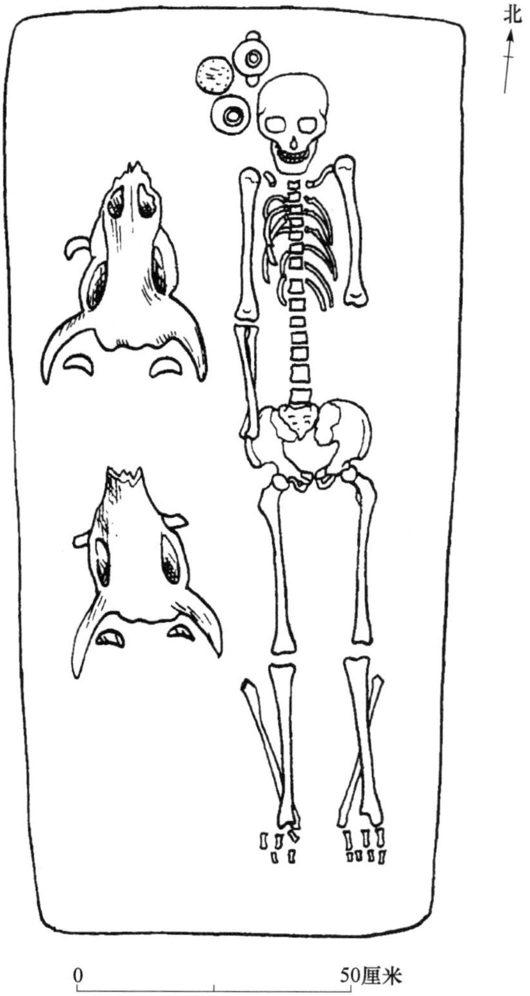

图一五　拉布达林墓地 M2 平面图

拉布达林墓地位于根河南岸拉布达林镇小西山的东南坡上，1987 年夏季，呼伦贝尔盟文物管理站抢救性清理了 3 座墓葬。其中，M2 为长方形竖穴土坑墓，未见葬具（图一五）。M1 木棺已腐朽，M3 木棺保存较好，木棺有盖无底，四角及纵向棺壁外侧共立 15 根方形木柱用来加固壁板，棺盖板分为三层，下层横置一排小圆木杆，共有 35 根，中层纵铺树枝，上层铺苇席（图一六）。1992 年夏季，内蒙古自治区文物考古研究所与呼伦贝尔盟文物管理站、额尔古纳右旗文物管理所联合对该墓地进行了正式发掘，共清理墓葬 24 座，发掘区中部墓穴排列较密集，南北两端略显疏朗。用木质葬具的共有 14 座墓，多数在葬具上部的坑壁挖有二层台，在二层台上并排横搭一层圆木或带皮的木板；其余 10 座墓葬未见葬具，有的仅在头部或下肢底部铺垫一层桦树皮。另有 3 座墓葬的上中部平铺一层石板。木棺均有盖无底，以 M6 为例，除头部一端外，其余坑壁三面有宽 12—20 厘米二层台，距墓底 70 厘米，带皮的木板并排搭放在二层台上，木棺前宽后窄，棺盖板由两块长条形木板纵向拼对而成，内侧钉 5 块横向窄板加固，棺壁板均由两块木板组成，木棺四角各立一根方形木柱，两纵向棺壁板的外侧各立三根方形木柱。M13 在距墓底 60 厘米的四周坑壁挖有二层台，两侧二层台上并排横铺一层木板，内置桦树皮棺，由两层桦树皮组成。

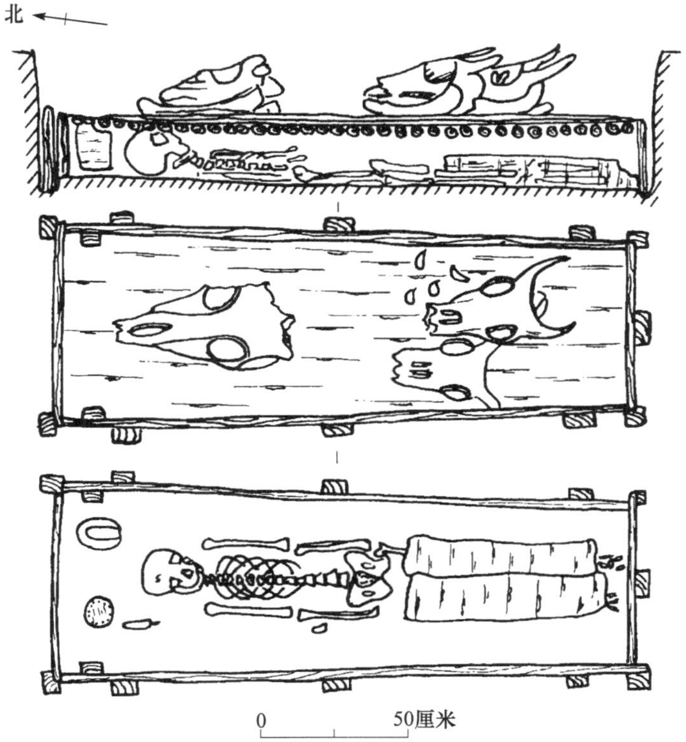

图一六　拉布达林墓地 M3 平、剖面图

孟根楚鲁墓地位于伊敏河右岸的台地上，1979—1980 年，呼伦贝尔盟文物管理站抢救性清理了 7 座墓葬，其中 M1 保存较完整，竖穴土坑墓，头部前端留有二层台，葬具为桦树皮棺，由两层桦树皮组成。其余 6 座墓葬有的用木质葬具，有的无葬具，保存均不完整。

上述三处墓地在埋葬习俗和随葬品特征方面具有较强的共性，主要表现在以下三个方面：

第一，绝大多数为成年男女单人葬，双人合葬墓较少，流行仰身直肢葬。在扎赉诺尔墓地 1960 年清理的 31 座墓葬中，单人葬 28 座，其中，26 座为成年人，2 座为儿童；双人合葬 3 座，其中，成年人合葬墓 2 座，成年女性与儿童合葬墓 1 座。1984 年清理的 5 座墓均为单人葬。1986 年清理的 15 座墓亦皆为单人葬，能够明确为儿童墓的仅有 1 座。拉布达林先后清理的 27 座墓葬中，单人葬 24 座，其中 18 座为成年人，6 座为儿童；双人合葬墓有 3 座，成年人合葬墓 1 座，成年人和儿童合葬墓 2 座。

第二，殉牲习俗广泛流行，多为动物的头骨或蹄骨，殉葬完整动物个体的十分少见，以马、牛、羊为主，也有狗和野猪。绝大多数放置在棺盖板上或墓穴前端的二层台上，少数埋放在墓葬填土内或放置在墓主身旁。从扎赉诺尔 1960 年清理的墓葬看，M6 棺盖板上放置 1 个牛头骨，牛蹄骨落入棺内；M9 棺盖板上放置 1 个牛头骨和 2 个羊头骨；M6 棺盖板上并排放置 3 个牛头骨和 1 个马头骨；M8 和 M29 头顶上端各倒放 1 个马头骨，马蹄骨落入棺内。1986 年清理的 15 座墓葬多殉葬牛、马的蹄骨，用牛头或马头殉葬的仅有 2 座墓葬。M3008 棺盖板上放置 1 个牛头骨，M3013 填土内殉葬 2 个马头骨，分别放置在距地表 1.7 米和 2 米的深度，埋放位置上下相对，马头方向与人头骨方向一致。在拉布达林 1987 年清理的 3 座墓葬中，M2 墓主的西侧南北向平放 2 个牛头骨，牛头朝北，与墓主头向一致。M3 棺盖板上放置 1 个马头骨和 2 个牛头骨，均朝北平放，与墓主头向一致，马头骨位于北侧，牛头骨并列位于南侧，每个动物头骨下面均各自摆放 4 个蹄骨。在 1992 年清理的 24 座墓葬中，随葬动物头骨和蹄骨的共有 7 座墓，其中，M2 随葬牛头骨 2 个、猪头骨 1 个，M3 和 M19 随葬牛头骨各 1 个，M4 随葬牛头骨和羊头骨各 1 个，M5 随葬牛头骨 2 个，M9 随葬牛头骨、马头骨和野猪头骨各 1 个，M2 随葬牛头骨和野猪头骨各 1 个。从出土位置看，动物头骨和蹄骨多摆放在棺盖板上或搭放在墓穴二层台上的横木上。如M3棺盖板上的牛头骨在前，牛蹄骨在后；M5棺盖板上的两个牛头骨前后各1个，中间摆放牛蹄骨。孟根楚鲁墓葬内殉葬的动物头骨均摆放在墓主头部前方的二层台上，有的放置牛头骨或马头骨，也有的同时放置马头骨和羊头骨或牛头骨和羊头骨。蹄骨多整齐摆放在动物头骨下或出自木棺内。如Ml墓主头部前方的二层台上摆放1个牛头骨和2个马头骨，均朝西北，与墓主头向一致。

第三，绝大多数墓葬内都有随葬品，从随葬品的出土位置看，主要放置在墓主身体四周、压放或佩戴在墓主身上，也有的将随葬品放置在木棺外侧。从扎赉诺尔墓地1960年的发掘资料看，M23墓主是一位男性，木棺外侧东北角随葬陶罐1件，头部东侧放置弯形骨饰片和桦树皮圆牌，额骨上放置1件铁镞和2件骨镞，足部放置1件铁衔。M25墓主是一位男性，随葬品较丰富，棺内西北角侧置1件陶壶，头骨东侧放置陶罐、桦树皮圆牌和铁矛各1件，铁矛紧靠东侧棺壁内侧，矛头朝北，右手部位放置有铁镞和骨镞，左肱骨与东侧棺壁板之间放置2件弯形骨饰片，右侧胸部偏下放置2件环首铁刀，左足下放置1件铁衔，两腿中间放置1件桦树皮弓囊，内放1件木弓。M29头骨顶部出土1件铜螺旋形饰、5枚鱼椎骨串珠和32件骨簪，额骨左侧出土7件锯齿形铜饰和1枚圆形铜泡。M10是一座成年女性和儿童合葬墓，在女性墓主头部左侧放置2件陶罐，右侧放置1件陶罐和2件桦树皮器，手腕部佩戴1件铜镯，两只手的指骨上各佩戴1枚铜戒指，腰部放置1件铁刀和1件骨镞，足下放置2件桦树皮器。从1986年发掘的墓葬资料看，M3002墓主是一位成年男性，棺内左上角放置1件陶罐，颈后发现1件三鹿纹铜牌饰，耳部各佩戴1件铜耳坠，颈部周围散落10枚串珠，左手中指佩戴1枚铜戒指，右臂佩戴1件铜环，右臂肘处放置1件羊距骨，右手握1把铁剑。M3006是一座儿童墓葬，头部左上侧放置1件陶钵，右上侧放置3件骨镞，左小腿上出土1件桦树皮圆牌。M3008系二层叠葬墓，分上、下两层，上层墓主是一位17—18岁的女性，胸部放置1件陶罐，头骨右侧出土7枚串珠，右上侧出土1件桦树皮圆牌，墓葬填土内出土1件圆形大蚌壳。下层墓主是一位22—24岁的男性，棺内左上角出土1件骨弓弭，足部出土1枚珠饰。M3013墓主是一位25岁左右的男性，随葬品仅有

3件陶罐，其中墓主头骨上方放置2件，墓穴填土出土1件。M3014墓主是一位30—40岁的男性，头端左右两侧棺角分别放置1件铜鍑和1件双耳陶壶，头侧铜鍑下出土1件骨簪，还有较多的弯条形桦树皮饰品以及2枚串珠和1件羊距骨。拉布达林1987年清理的3座墓葬中，M1内出土的陶器和桦树皮器均已残破。M2墓主头骨右侧集中放置陶罐、壶和桦树皮罐各1件，颈部散落6枚串珠。M3墓主头骨左、右上方分别放置桦树皮罐和桦树皮圆牌各1件，头骨右侧放置1件铁矛，左腿上压放1件桦树皮弓囊，内装1件木弓，右腿上压放1件桦树皮箭囊，内装一束箭，共有铁镞、骨镞和石镞三类，腰部有铁器残片。拉布达林1992年清理的24座墓葬中，除M21没有随葬品外，其余23座墓葬均有随葬品。从出土位置看，陶器和桦树皮器多放置在人头骨的左右两侧或前端，有的出自墓主颈部周围、身体一侧或腿部。M6是一座成年女性墓，墓主头部右上方集中放置陶罐、桦树皮罐和骨镞各1件。孟根楚鲁M1墓主是一位40岁左右的男性，头骨左前方的棺壁内外侧各放置1件陶罐，人头骨左右两侧各出土1件金耳坠，左肩部放置11件骨镞，头骨周围和胸部左侧还出土1件铁矛和103片铁甲，双腿周围还出土箭、刀等。从随葬品的质地和特征看，主要有陶、桦树皮、骨、木、石、金、铜、铁、玛瑙、琥珀、绿松石、蚌、贝等。陶器多手制，轮制陶较少，敞口弧腹罐和矮领鼓肩壶是两种最典型的器类，还有少量单耳罐、双耳罐、碗、钵等。扎赉诺尔墓地1960年发掘出土敞口弧腹罐14件，矮领鼓肩壶7件，还有钵2件，双耳罐、单耳罐、碗、钵各1件。1984年发掘出土完整陶器5件，其中，敞口弧腹罐和矮领鼓肩壶各2件，圈足双耳罐1件。1986年发掘出土陶器14件，其中，敞口弧腹罐12件，双耳壶和钵各1件。拉布达林1987年发掘出土2件陶器，罐和壶各1件。1992年发掘出土完整陶器13件，其中，敞口弧腹罐9件，矮领鼓肩壶、单耳罐、碗、钵各1件。孟根楚鲁墓地内出土陶器10件，其中，敞口弧腹罐9件，矮领鼓肩壶1件。桦树皮器主要有罐、壶、弓囊、箭囊、圆牌、人形饰等。骨器主要有镞、弓弭、鸣镝、簪、锥、各种骨饰等。骨镞身部横截面呈三角形或菱形，铤部呈圆锥状或扁锥状。扎赉诺尔墓地1960年发掘出土骨镞59件，约占全部出土骨器的一半。拉布达林墓地1992年发掘出土骨镞24件，约占全部出土骨器的五分之一。木器有弓、梳子、梭形器、条形器、珠子等。石器有镞、球、长方形牌饰、各种串珠等。金器仅见带弯钩的圆形或螺旋形耳坠，共有 4 件，均出自扎赉诺尔墓地。铜器主要有镞、鍑、镯、环、戒指、三鹿纹牌饰、锯齿形饰、螺旋形饰、泡、铃、镜、铜钱等。铁器有矛、镞、刀、剑、衔、环、钉等。此外，还有玛瑙、琥珀、珠饰、蚌、贝饰品等。从随葬品的功能看，生活用器主要有陶器、桦树皮器及少量铜器，如陶罐、陶壶、桦树皮罐、桦树皮壶、铜鍑等。生产工具或武器主要有镞、矛、刀、剑、箭、弓、弓囊等。马具仅有马衔。装饰品较多，主要有串珠、牌、耳坠、镯、环、戒指等。此外，还有铜钱、谷物、丝、麻、毛织品等。

以扎赉诺尔、拉布达林、孟根楚鲁为代表的东汉时期鲜卑墓葬与谢尔塔拉文化墓葬之间具有一定的共性，也存在明显的差异。在墓葬形制方面，均为竖穴土坑墓，多数墓壁较直，底部平整，绝大多数内置木质葬具。鲜卑墓葬中有的墓穴头部前端留有二层台，或在棺盖板以上的墓壁上挖出二层台，搭盖一排木板的形制在谢尔塔拉文化墓葬中未见。通过葬具形制的比较可以看出，以西乌珠尔 M2 为代表的木棺形制，四角各立 1 根木柱，头端略宽，足端稍窄，与扎赉诺尔、拉布达林等地常见的木棺形制相近，充分证明谢尔塔拉文化墓葬与东汉时期鲜卑墓葬之间具有明显的承袭关系。谢尔塔拉墓葬中木棺多呈长方形，四角及两侧纵壁未立木柱，有别于东汉时期鲜卑墓葬，但绝大多数木棺有盖无底，无疑秉承了东汉时期鲜卑墓葬的传统。用桦树皮作为葬具是东汉时期鲜卑墓葬中的典型特征之一，有的用桦树皮作为棺壁，也有的用桦树皮将墓主直接包裹起来。谢尔塔拉文化墓葬中虽然目前尚未发现直接用桦树皮作为葬具的例证，但发现有的墓葬内将桦树皮铺在木质棺盖板上，由此反映出谢尔塔拉文化墓葬与东汉时期鲜卑墓葬之间在用桦树皮作为葬具方面具有间接的传承关系。西乌珠尔墓地发现的独木棺葬具在东汉时期鲜卑墓葬中未见，应为谢尔塔拉文化早期墓葬遗存中的重要特征之一。从埋葬习俗看，谢尔塔拉文化墓葬与东汉时期鲜卑墓葬均以单人葬为主，双人合葬墓较少，但墓主葬式明显不同，东汉时期鲜卑墓葬中盛行仰身直肢葬，而谢尔塔拉文化墓葬中均为仰身或侧身屈肢葬。东汉时期鲜卑墓葬中广泛流行殉牲习俗，多为马、牛、羊的头骨和蹄骨，而谢尔塔拉文化墓葬中仅有少数墓葬内随葬马或羊的肩胛骨，未见随葬动物头骨和蹄骨的习俗。从随葬品的出土位置和特征看，生活用器多数放置在墓主头部周围，生产工具或武器放置在墓主身体一侧或压放在墓主身上，装饰品多数直接佩戴在墓主身上。东汉时期鲜卑墓葬中随葬陶器以手制为主，仅有个别陶壶为轮制而成，素面陶居多，器类较丰富。谢尔塔拉文化墓葬中随葬陶器仅见敞口弧腹罐和矮领鼓肩壶两种器类，陶罐均手制，陶壶皆轮制，器表多饰纹，素面陶少见。东汉时期鲜卑墓葬和谢尔塔拉文化墓葬中均以桦树皮制成的生活用器作为主要随葬品之一，多与陶器组合，共出在墓主头部周围，相比而言，东汉时期鲜卑墓葬中出土桦树皮器的种类和数量明显多于谢尔塔拉文化墓葬。以成组的生产工具、武器、马具作为随葬品是谢尔塔拉文化墓葬的显著特征之一，东汉时期鲜卑墓葬中出土弓、箭以及桦树皮制成的弓囊和箭囊，未见长木柄铁矛、马鞍、马镫等随葬品，其中，骨镞的数量明显多于铁镞，而在谢尔塔拉文化墓葬中均为铁镞，未见骨镞或其他类骨器，这是谢尔塔拉文化墓葬与东汉时期鲜卑墓葬在随葬品方面的显著差异之一。在装饰品方面的共性主要表现在个别墓葬中发现墓主耳部佩戴金耳坠，腕部佩戴铜镯或银镯，颈部佩戴各种串珠等，但耳坠、手镯和串珠的形制明显有别。

总之，以扎赉诺尔、拉布达林、孟根楚鲁为代表的东汉时期鲜卑墓葬与谢尔塔拉文化墓葬之间既有区别又有联系，一方面体现出后者对前者某些典型文化因素的承继；另一方面也反映出呼伦贝尔草原不同时期游牧民族文化遗存的独特内涵和阶段性特征。

（三）与巴彦库仁辽代墓葬的比较

巴彦库仁镇位于海拉尔河北岸，其西为呼和诺日湖及莫勒格尔河汇入海拉尔河的河口地带，是陈巴尔虎旗政府所在地，东南距海拉尔市区约 28 千米。墓地位于巴彦库仁镇东约 2 千米的小东山东南坡上，南距 301 国道 200 米，东南距浩特陶海辽代古城约 7 千米。1995—1996 年，呼伦贝尔盟文物管理站和陈巴尔虎旗文物管理所联合对该墓地进行了两次抢救性发掘，共清理出 3 座墓葬，是迄今所知呼伦贝尔草原辽代墓葬考古研究中最重要的一项发现。

M1 为竖穴土坑墓，北侧和东侧墓壁被取土破坏，南侧和西侧墓壁保存较好，均略外弧，东端较西端略宽，墓底平铺一层河卵石，最厚处约10厘米，墓底距地表深约4米。墓底最长326、最宽225厘米（图一七）。葬具为一棺一椁，木椁前宽后窄，前高后低，椁壁用樟子松方木叠压咬扣筑成，椁盖用樟子松方木直接横铺在椁壁上，部分椁盖横

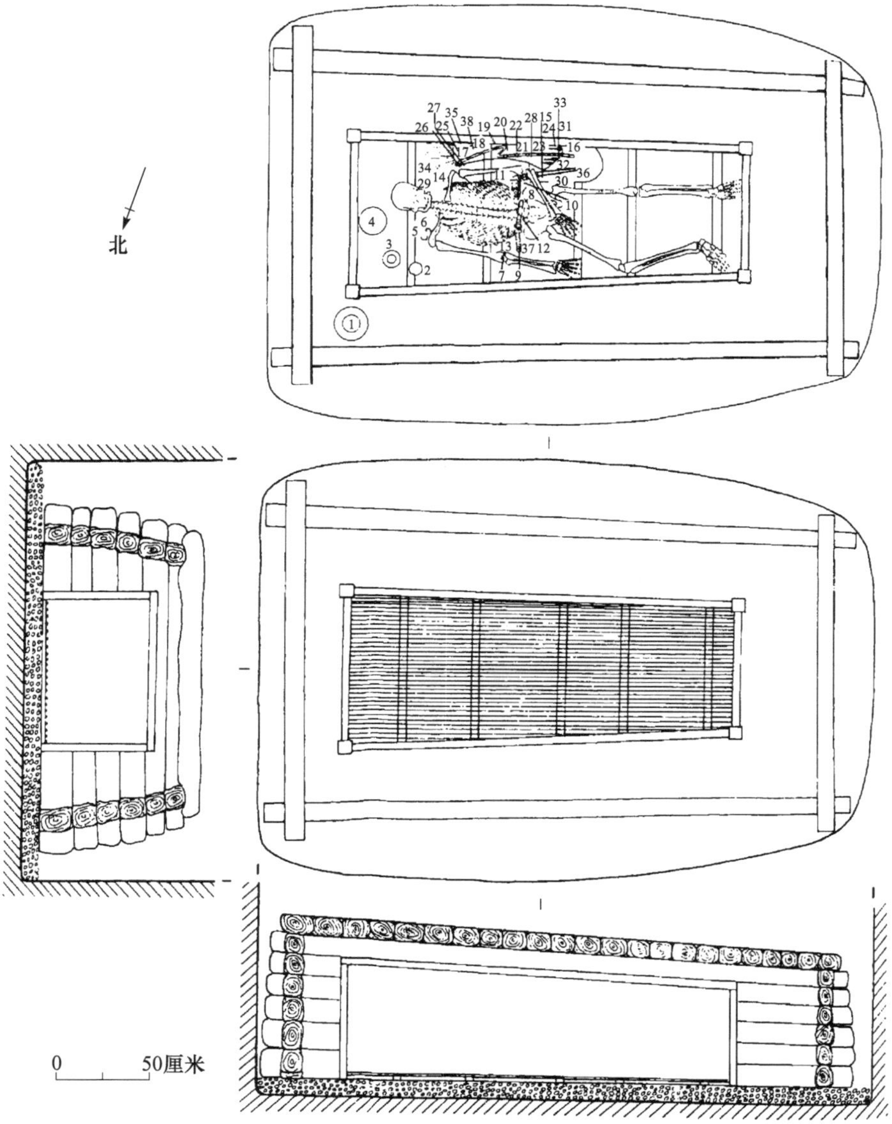

图一七　巴彦库仁墓地M1平、剖面图

1. 陶瓶　2. 银碗　3. 银壶　4. 铜镜　5、6. 金耳坠　7. 金带扣　8. 金铊尾　9. 银带饰　10. 银挂链　11. 银带箍　12. 银带扣　13. 银铊尾　14、15. 铜带扣　16. 铜铊尾　17—21. 椭圆形铜带銙　22. 附环铜带銙　23、24. 桃形铜带銙　25. 铜带箍　26、27. 铜饰件　28. 铜坠吊　29. 铜环　30. 铁腰刀　31—33. 铁镞　34. 木弓　35. 皮箭囊　36. 皮弓囊　37. 金银饰皮革带　38. 鎏金铜饰皮革带

木上发现近似苇席的编织痕迹。椁长313、前宽192、后宽169、前高86、后高70厘米，椁木厚10—16厘米。木棺前宽后窄，前高后低，四角各立一根方形木柱，每侧棺壁均为两块木板，棺壁板两端与四角所立木柱用榫卯结构相接，南、北两侧棺壁板底部各有5个对称的横向卯眼，横穿5根宽4—5厘米的横带，横带间距35—45厘米，横带上纵向铺满柳条为棺底。棺盖为两块纵向拼接的木板。墓主为成年男性，仰身直肢葬，头向朝东。木椁和木棺东北角之间放置1件陶壶，其余随葬品均放置在木棺内，墓主头部右侧放置铜镜、银碗和银壶各1件，右肩部出土2件金耳坠，腰部出土2条带饰，一条为金银饰皮革带，另一条为鎏金铜饰皮革带，腰部左侧放置1件铁刀，弓箭叠放在墓主上身左侧，紧靠南侧棺壁的东段内侧，箭为木杆铁镞，木弓和箭分别放置在皮革缝制的弓囊和箭囊内。M2东距M1约9米，坑口平面呈圆角长方形，坑壁竖直，底部平整。坑口长230、宽88厘米。木棺前宽后窄，四周棺壁与木柱以榫卯结构相接，棺底部横置三条窄木带，其上纵向铺满柳条，棺盖板为纵向木板拼对而成，其上横向铺满柳条。木棺长178、宽70、高40厘米。墓主是一位成年女性，仰身，头骨侧向右肩，右臂横折搭放在腹部，右腿伸直，左脚搭放在右腿腕部。随葬品较少，左肩上部放置1件陶壶，紧贴东北侧棺壁内侧，左肩右侧顺置1件羊肩胛骨，下颌骨右侧出土1件铜耳坠，左臂右侧出土1件圆锥状木饰。M3北距M2约2.3米，墓穴及木棺形制与M2相同，棺盖板为三层木板，棺底横置四根窄木带，纵向铺满柳条。木棺长202、前宽76、后宽73、前高51、后高42厘米。右肩上方随葬陶壶和木碗各1件，左臂肘内侧放置1件羊肩胛骨。

从墓葬形制和随葬品特征看，上述三座墓葬具有明显的等级之分，M1葬具为一棺一椁，其规格明显高于M2和M3，后两座墓的葬具均为单棺。M1随葬品十分丰富，可分为生活用器、生产工具或武器、装饰品三大类。生活用器除陶壶外，还随葬银壶、银碗、铜镜等；生产工具或武器主要有弓、箭、刀等。装饰品主要有金、鎏金银、鎏金铜带扣，铊尾，带饰，金、铜耳坠等。M2和M3随葬品较少，生活用器仅见陶壶和木碗，装饰品有铜耳坠、圆锥状木饰，此外，两座均随葬羊肩胛骨各1件。发掘者将M1内出土金、银器及铜镜上的纹饰与辽耶律羽之墓出土器物纹饰进行比较，发现纹样种类和装饰风格具有诸多相近之处，两者年代应大体相近。据墓志记载，作为辽东丹国左相的耶律羽之卒于941年[①]，巴彦库仁M1的年代推断为10世纪中晚期为宜，其年代下限应不晚于11世纪。《辽史·仪卫志》载："五品以上，幞头，亦曰折上巾、紫袍、牙笏、金玉带……六品以下，幞头、绯衣、木笏、银带……"[②]M1墓主金丝边绿花紫地袍外系金带，应为在辽廷任五品以上之职的官员，其生前社会地位和身份明显高于M2和M3墓主。契丹建国后，陆续将被征服的各游猎民族加以改编，统一用契丹传统的"分地而居，合族而处"的方式进行统治。辽廷在呼伦贝尔地区的管辖重点是室韦、敌烈和乌古等比较著名的部族。会同二年（939）冬十月，辽太宗"以乌古之地水草丰美，名欧昆石烈居之，益以海勒水之善地为农田。三年，诏以谐里河、胪朐河近地，赐南院欧堇突吕、乙斯勃、北院温纳河剌三石烈人，以事耕种"[③]。辽廷迁三石烈嫡系契丹人到乌古地区，是通过部族杂居稳固边防的重要举措。统和二十二年（1004），辽廷"选诸部族二万余骑充屯军，专捍御室韦、羽厥等国，凡有征讨，不得抽移"[④]。巴彦库仁墓葬的发现，是辽廷辖控呼伦贝尔地区的重要考古实证。

谢尔塔拉文化墓葬与巴彦库仁辽代墓葬之间既有区别，又有联系。从葬具的使用和形制看，均有高、低之分，高规格的墓葬使用一棺一椁，低规格的墓葬仅有单棺。木椁均无底，但巴彦库仁M1的木椁系用樟子松方木砌筑而成，而谢尔塔拉M1的木椁系用木板拼对而成。巴彦库仁三座墓葬所用木棺形制相近，前宽后窄，四角各立一根方木，棺底的形制较特殊，在横置的窄木带上纵向铺柳条；以西乌珠尔墓葬为代表的谢尔塔拉文化早期木棺形制分为独木棺和木板棺两类，其中木板棺前宽后窄，四角各立一根方形木柱，以谢尔塔拉墓葬为代表的谢尔塔拉文化晚期木棺形制均未见四角立木柱式结构，少数木棺底部由纵向木板拼对而成或铺窄木条，绝大多数有盖无底。墓主的葬式区别显著，谢尔塔拉文化中多为仰身或侧身屈肢葬，少数为俯身屈肢葬；巴彦库仁墓葬中以仰

① 内蒙古自治区文物考古研究所、赤峰市博物馆、阿鲁科尔沁旗文物管理所：《辽耶律羽之墓发掘简报》，《文物》1996年第1期。

② 《辽史》卷56《仪卫志二》，第910页。

③ 《辽史》卷59《食货志上》，第924页。

④ 《辽史》卷37《地理志一》，第451页。

身直肢葬为主。从随葬品的出土位置和特征看，生活用器集中出自墓主头部周围，成组的弓、箭放置在墓主身体一侧，装饰品佩戴在墓主身上。谢尔塔拉文化墓葬中手制陶罐和轮制陶壶共存，巴彦库仁三座墓葬内仅出轮制陶壶，未见手制陶罐。银壶、银碗、铜镜等在谢尔塔拉文化墓葬中未见。马鞍、马衔和马镫等在巴彦库仁墓葬中未见。巴彦库仁 M1 内出土金耳坠的形制与谢尔塔拉 M1 内出土的同类器造型相近，这种外凸圆纽耳坠的原形应始自谢尔塔拉文化早期的西乌珠尔墓葬。谢尔塔拉文化墓葬中常见的各种串珠组成的项饰在巴彦库仁墓葬中未见。谢尔塔拉墓地中共有三座墓（M1、M6、M9）随葬马或羊的肩胛骨，巴彦库仁有两座墓（M2、M3）随葬羊肩胛骨，出土位置明显不同。

通过上述比较看出，谢尔塔拉文化墓葬与巴彦库仁辽代墓葬在葬具形制、墓主葬式、典型随葬品特征等方面区别显著，前者应属于呼伦贝尔草原土著游牧人的墓葬遗存，其年代下限应不晚于巴彦库仁墓葬。相互间的共性主要体现出呼伦贝尔草原不同民族间的文化融合与传承。

第三节　岗嘎墓地的考古发现与初步研究

岗嘎墓地位于内蒙古自治区呼伦贝尔市陈巴尔虎旗呼和诺尔镇（原名完工镇）东约 6 千米的一个傍河台地上，北距海拉尔河干流约 600 米，南约 1 千米为滨（哈尔滨）洲（满洲里）铁路，东距呼伦贝尔市区约 55 千米，东北距陈巴尔虎旗政府所在地巴彦库仁镇约 36 千米，西北与东乌珠尔苏木隔河相距约 7 千米。墓地所处范围现为缓坡沙丘，地表植被稀疏，南侧沙地与草原的分界线尤为明显，总面积约 2 万平方米。

一、发现经过

2013 年 8 月，根据陈巴尔虎旗民族博物馆专业人员提供的线索，由中国社会科学院考古研究所、内蒙古自治区文物考古研究所、北京大学考古文博学院、呼伦贝尔民族博物院组成的呼伦贝尔联合考古队，对陈巴尔虎旗岗嘎墓地及其周边区域进行了调查，在地表采集到陶器碎片、铁镞等遗物及人骨。从采集陶片的特征看，分为泥质灰陶与夹砂灰褐陶两大类，轮制陶与手制陶共存，可辨认出罐、壶两种器形，据此初步判断岗嘎墓地应是一处古代游牧民族的文化遗存。为了搞清楚该墓地的文化性质与年代，了解墓葬的埋藏和保存状况，寻找与蒙古族源相关的重要考古遗存，经内蒙古自治区文物局批准，对墓口暴露出地表的6座墓葬进行了抢救性清理。从清理情况看，岗嘎墓地的墓葬以独木棺为主要葬具，随葬品丰富，主要有装饰品、生活用具、骑射用具等，属典型的游牧民族文化遗存。棺木样品经 ^{14}C 测年，其年代为8—10世纪。2014年7—10月，经国家文物局批准，呼伦贝尔联合考古队对岗嘎墓地进行了系统钻探和正式考古发掘（图一八），取得丰硕成果，这是呼伦贝尔地区近年来最重要的考古发现之一，为探寻蒙古族源提供了最新的考古实证资料。

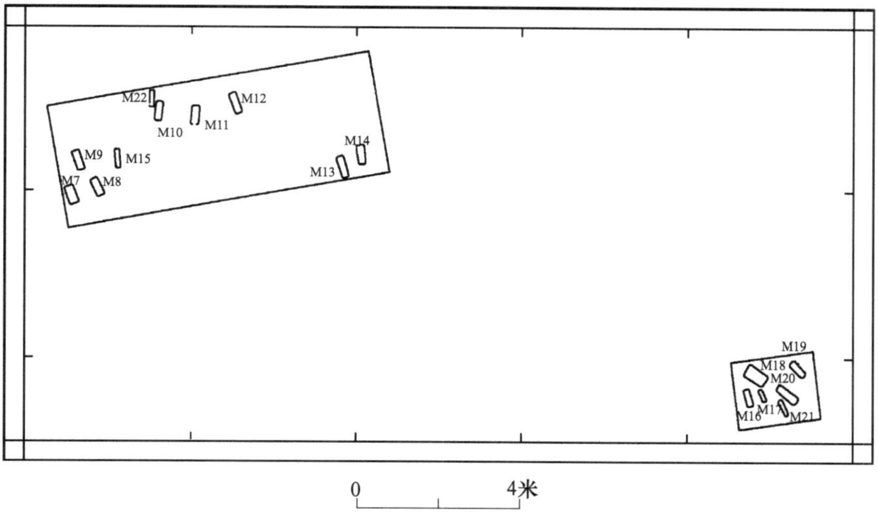

图一八　岗嘎墓地2014年度发掘区墓葬分布图

二、主要考古收获

2014年的发掘区位于岗嘎墓地东侧，发掘面积为680平方米，清理出墓葬16座。墓葬均叠压在黄色沙土层下，打破黑色沙土层。从墓坑的形制看，均为长方形土坑竖穴墓，底部平整（图版51）。

共有15座墓葬发现了木质葬具，其中9座墓葬（M7、M9、M11、M13—M15、M18、M20、M22）的葬具为独木棺。独木棺多是根据人的身形大小选择一段松木，将中部凿空制作而成，保留树干的两端成为实心的棺头；埋葬时将死者和随葬品放置其内，用树皮和兽皮包裹。每座独木棺大小不一，棺木粗细也不尽相同。其中M7独木棺长1.73、宽0.37—0.45米（图版52）；M11独木棺长1.73、宽0.47—0.55米（图版57）；M13独木棺长1.72、宽0.42米；M15独木棺长2.1、宽0.4米（图版59）；M18西南侧独木棺长1.93—2、宽0.49—0.5米，东北侧独木棺长1.8—1.84、宽0.4—0.47米（图版60）。M20独木棺长2.23、宽0.45—0.56米，是本次发掘所见最大且保存状况最好的一例（图版65—图版67），为了解该墓地独木棺的形制结构和使用方式提供了珍贵资料。

以木板棺作为葬具的墓葬有6座，分别为M8、M12、M16、M17、M19和M21。岗嘎墓地发现的木板棺均呈长方形，残朽严重，只保留棺木腐烂痕迹。木板棺的两侧棺壁较长，两端棺板较窄，略超出两侧棺壁。其中，M8、M17的葬具较为特殊。M8在木板棺内底部铺垫一层桦树皮（图版53）。M17墓主是一位儿童，其棺盖之上覆盖一层桦树皮，棺壁板痕迹清晰，东北侧和西南侧棺壁均长1.28、棺壁内侧宽0.21—0.27米；东南端棺板长0.4、厚0.02—0.03米；西北端棺板长0.42、厚0.04—0.05米。

由于风蚀破坏，M10仅存墓坑底部，未见棺木残留痕迹，已无法准确判断葬具的形制。墓主葬式多为仰身或侧身屈肢葬，少数为仰身直肢葬。头向朝北、西北或东北，以单人葬为主。M18是已发掘墓葬中唯一一座双人合葬墓，死者为成年女性和未成年男性，这是在呼伦贝尔草原首次发现的以独木棺作为葬具的男女合葬墓。

这批墓葬出土随葬品比较丰富，依其功能可分为生活用具、装饰品、骑射用具等。生活用具主要有陶罐、陶壶、桦树皮罐等。在此次发掘的16座墓葬中，11座随葬陶器，共有15件，其中4座各出土2件，其余墓葬皆出土1件。陶器多出土于墓主头部、足部或两腿之间。例如，M8随葬1件陶罐，放置在墓主两腿之间（图版54）。M10随葬1件陶壶，出土于墓主足部（图版55、图版56）。M18随葬陶罐和陶壶各1件，分别放置在墓主头部和足部（图版61、图版62）。M11随葬陶罐和陶壶各1件，均放置在墓主足部西侧。陶器制法可分为两类，一类为轮制，另一类为手制。质地为夹砂陶或泥质陶，多饰以篦点纹和附加堆纹。器形有罐和壶两种，罐又分为鼓腹罐和筒形罐两类。

装饰品包括有棒形玉饰、红色玛瑙珠饰、玻璃珠饰、铜带饰、铜或银质耳饰等。玉器仅有1件棒形饰，出自M11墓主左侧肩胛骨之上，青白色，初步判断为和田玉（图版 58）。棒形饰两端稍粗，中间微细，器身共有八棱八面；一端有钻孔，近钻孔的端面圆润，另一端呈斜面状；长 9.5 厘米。随葬珠饰的墓葬有 3 座。M11 出土玻璃珠 2 枚、玛瑙珠 1 枚。其中，2 枚玻璃珠分别出自墓主头顶正中和头骨左侧，椭圆形，白色透明状，中间有钻孔；1 枚玛瑙珠出自墓主颈部右侧，酱红色，器身有七棱七面，纵截面呈枣核形，中间有钻孔（图版 63）。M15 出土 5 枚珠饰，集中发现于墓主的颈部右侧。其中有 3 枚玛瑙珠，1 枚呈紫红色（图版 64）；另 1 枚呈白色，均为圆球状，表面有光泽；还有 1 枚呈灰色，略残，柱状体，中部略粗，两端稍细，表面光滑。M18 出土 2 枚玛瑙珠，1 枚出自墓主下颌骨右侧，另 1 枚出自墓主盆骨右侧，均为酱红色，圆形，中间有钻孔。

出土铜带饰的墓葬共有 5 座，通常每座墓葬出土数量为 1—8 件。M22 出土数量最多，共有 36 件，应为一件完整的铜带饰（图版 68），环绕分布于墓主的腰际。带饰出土时有单件放置，也有组合分布，形状有方形（图版 69）、环形、半圆形、心形、长条联弧形（图版 70）等，多镂空并有繁缛而规整的缠枝纹；铜带饰的背面多有皮质物附着，工艺精湛。铜耳环共有 2 件，出自两座墓葬，其中 1 件发现于墓主的右耳部。

骑射用具主要有桦树皮箭囊、箭、木弓、木马鞍、铁马镫、铁马衔等。桦树皮箭囊共出土 3 件。其中，M7 出土的 1 件顺置于墓主上身右侧，紧贴西南侧棺壁，底面略呈椭圆形，长约 84 厘米，是岗嘎墓地已发现的最长的桦树皮箭囊。M9 出土的 1 件为长条筒状，出土时没有发现箭杆或镞，囊体被压扁，开裂严重。M20 出土桦树皮箭囊和铁镞 1 套、木弓 1 把、木马鞍 1 副。桦树皮箭囊顺置于墓主上身左侧，保存较好；铁镞露出箭囊，靠近墓主头部左侧，锈蚀严重；木弓置于墓主右肱骨右侧，紧贴西南棺壁，保存较好，其上缠绕有桦树皮；木马鞍置于独木棺内东南端，被挤压变形。M22 出土铁镞 14 枚，集中放置在墓主左股骨上端，可分铲形、窄方形、柳叶形三种形状，皆锈蚀严重（图版 71）。

三、学术意义

岗嘎墓地的发掘，有助于构建呼伦贝尔草原古代游牧民族考古学文化序列，通过与本地区相关考古材料的比较分析，能够初步推断岗嘎墓地的文化性质与年代。所取得的发掘和研究成果，对于探寻蒙古族源具有十分重要的学术价值，主要表现在以下五个方面。

第一，岗嘎墓地现已探明分布有墓葬 86 座，是呼伦贝尔草原迄今所知规模最大的古墓群，经过考古发掘的墓葬已有 22 座。墓葬分布密集，排列有序，独木棺为主要葬具，木板棺数量偏少，随葬品丰富，具有典型游牧民族文化的特征。墓地的年代大致为 8—10 世纪。岗嘎墓地的发掘，是进入 21 世纪以来呼伦贝尔草原最重要的一次考古发现。据《元史·祭祀志》记载，元代蒙古皇族以独木棺作为葬具，“棺用香楠木，中分为二，刳肖人形，其广狭长短，仅足容身而已”[①]。明叶子奇《草木子》亦载：“元朝官裏，用梡木二片，凿空其中，类人形大小合为棺。置遗体其中，加髹漆毕，则以黄金为圈，三圈定，送至其直北园寝之地深埋之。”[②]元成宗元贞元年（1295），成吉思汗勋臣博尔术孙玉昔帖木儿去世后，即“刳香木为棺，錮以金银，北葬于怯土山之原”[③]。1999—2000 年，河北省文物研究所发掘清理的一座位于沽源县境内的元代贵族墓葬中，亦出土与《元史》所载独木棺形制相符的葬具[④]。可见，西乌珠尔和岗嘎独木棺的发现，为元代蒙古皇族葬具形制找到了直接源头。

第二，从葬具形制、埋葬习俗、随葬品特征等方面看，岗嘎墓地与呼伦贝尔草原已知的扎赉诺尔[⑤]及拉布达林[⑥]等鲜卑墓葬遗存、以巴彦

---

① 《元史》卷 77《祭祀志六》，第 1925 页。

② （明）叶子奇：《草木子》卷 3 下《杂制篇》，中华书局，1959 年，第 60 页。

③ （元）阎复：《太师广平贞宪王碑》，（元）苏天爵编：《元文类》卷 23《碑文》，商务印书馆，1958 年，第 287 页。

④ 赵琦：《河北省沽源县“梳妆楼”元蒙古贵族墓墓主考》，《中国史研究》2003 年第 2 期。

⑤ 郑隆：《内蒙古扎赉诺尔古墓群调查记》，《文物》1961 年第 9 期；内蒙古文物工作队：《内蒙古扎赉诺尔古墓群发掘简报》，《考古》1961 年第 12 期；王成：《扎赉诺尔圈河古墓清理简报》，《北方文物》1987 年第 3 期；内蒙古文物考古研究所：《扎赉诺尔古墓群 1986 年清理发掘简报》，《内蒙古文物考古文集》第 1 辑，第 369—383 页。

⑥ 赵越：《内蒙古额右旗拉布达林发现鲜卑墓》，《考古》1990 年第 10 期；内蒙古文物考古研究所、呼伦贝尔盟文物管理站、额尔古纳右旗文物管理所：《额尔古纳右旗拉布达林鲜卑墓群发掘简报》，《内蒙古文物考古文集》第 1 辑，第 384—396 页。

库仁[①]为代表的典型辽代墓葬遗存均明显不同，而与西乌珠尔[②]、谢尔塔拉[③]墓葬遗存有一定共性。

西乌珠尔墓地共清理6座墓葬，葬具形制可分为三类，第一类为独木棺，有3座墓；第二类为木板棺，有2座墓；第三类为桦树皮棺，仅见1座墓。1986年清理的3座墓葬均以独木棺为葬具，是将圆木截成所需长度，顶部修整出平面，中部挖出长方形凹槽，将死者和随葬品放入凹槽内。86MCXM2、86MCXM3独木棺保存完整，前者长1.9、宽0.5—0.55米，后者长2.14、宽0.72米。岗嘎墓地与西乌珠尔墓地所发现的葬具形制相仿，两者之间存在明显共性，而岗嘎墓地现已发现的独木棺数量和所占比例明显多于西乌珠尔墓地。西乌珠尔墓地所发现的2座木板棺，棺体近似长方形，头端略宽，尾端稍窄，四角各立一根方形木柱，其上凿出长方形卯孔，棺壁板两端各有凸出的榫头插入卯孔内。95MCXM2木板棺保存完整，无盖无底，与岗嘎墓地所发现的木板棺形制不同。

谢尔塔拉墓地共清理了10座墓葬，从保存较好的8座墓葬的葬具情况来看，除M6为一棺一椁外，其余7座墓葬均为单棺。木板棺的形制分为有盖有底、有盖无底和无盖无底三类，其中有盖无底的木棺占绝大多数，共有6座，有盖有底和无盖无底的木棺各有1座。在棺盖板上铺盖桦树皮的共有3座墓，其中M1棺材板的西北端残存桦树皮；M10棺材板的东南部铺盖有桦树皮，保存完整；M7棺盖板上整体铺盖一层桦树皮，中部有一纵列较整齐的小圆孔，证明其东北、西南两侧的桦树皮原是缝合在一起的。谢尔塔拉墓地没有发现独木棺，这一点与岗嘎墓地明显不同。但是，岗嘎墓地发现的木板棺均有盖无底，个别墓葬棺底或棺盖板上铺桦树皮的习俗与谢尔塔拉墓地的葬俗比较接近。

---

① 呼伦贝尔盟文物管理站、陈巴尔虎旗文物管理所：《内蒙古陈巴尔虎旗巴彦库仁辽代墓葬清理报告》，《考古学集刊》第14集，文物出版社，2004年。

② 白劲松：《陈巴尔虎旗西乌珠尔古墓清理简报》，《辽海文物学刊》1989年第2期；呼伦贝尔盟文物管理站：《陈巴尔虎旗西乌珠尔古墓葬调查清理简报》，《内蒙古文物考古》1997年第2期。

③ 中国社会科学院考古研究所、呼伦贝尔民族博物馆、海拉尔区文物管理所：《海拉尔谢尔塔拉墓地》，第3—67页。

西乌珠尔墓地发现的6座墓葬均为仰身屈肢单人葬，头向朝北或西北，随葬品放置在墓主头部、足部、双腿之间或身体一侧。例如，86MCXM2墓主身体一侧放置1件桦树皮木弓，左肱骨上压放1件木马鞍。95MCXM2墓主头部左上端和足部左下端分别放置1件陶罐和1件陶壶；墓主身体右侧顺置1件桦树皮箭囊，内装12枚箭，均为木杆铁镞，箭囊上压放1件皮革缝制的弓囊，内装1件木弓；墓主腰部放置木马鞍，双股骨间发现铁马镫。

谢尔塔拉墓地以单人葬为主，成年男女双人合葬墓仅有1座。葬式以侧身屈肢葬为主，俯身屈肢葬仅有1例，墓主头向均朝东南。随葬品集中发现于木棺内，从出土位置看可以分为四类。第一类，直接压放或扣置在墓主身上，如M6墓主身上压放大木弓和木柄铁矛各1件，M10墓主的头部扣置木盘1件。第二类，放置在墓主头部周围或身体一侧，如M8墓主头部东北侧放置陶壶、陶罐各1件，M9墓主头部两侧分别放置陶罐和桦树皮罐各1件，M4和M6桦树皮箭囊均顺置在墓主背部一侧。第三类，枕放在墓主头骨下方，如M6墓主头下枕放1件木材和桦树皮制作的木马鞍。第四类，佩戴在墓主耳部、颈部及手、足腕部，如M1墓主耳部佩戴1件金耳坠，颈部佩戴10枚玻璃珠组成的串饰，左手腕部佩戴1件银镯，M10墓主左、右耳部各佩戴1件鎏金银耳坠，颈部佩戴96枚玻璃珠组成的串饰。

墓主多为屈肢葬是西乌珠尔墓地、谢尔塔拉墓地和岗嘎墓地的共同特点。从随葬品的功能和特征看，陶器是主要的生活用具，以罐、壶为主要组合。装饰品中各类珠饰和耳环流行。骑射用具的种类和数量丰富，弓、箭、箭囊多成组出现，马鞍、马镫、马衔等十分常见。这些共性足以印证西乌珠尔、谢尔塔拉和岗嘎三处墓地之间存在密切的内在联系。谢尔塔拉墓地的两座女性墓中均出土玻璃珠串缀成的项饰，岗嘎墓地的三座女性墓中在墓主的颈部均出土红色玛瑙珠等饰品，可与古代文献中记载室韦人“俗爱赤珠，为妇人饰，穿挂于颈，以多为贵，女不得此，乃至不嫁”[①]以及“其家富者项著五色杂珠”[②]相印证。成组的弓、箭、

① 《魏书》卷100《失韦传》，第2221页。

② 《旧唐书》卷199下《室韦传》，第5357页。

箭囊、马具等骑射用具的发现，与古代文献中记载室韦人“用角弓，其箭尤长”[①]以及“兵器有角弓楛矢，尤善射”[②]相符合。

第三，吉林大学边疆考古研究中心人类学实验室对采自岗嘎墓地的18例人骨标本进行了形态学鉴定和人类学观测。在性别与年龄鉴定过程中，根据标本的具体保存情况及部位，对骨骼的各项信息进行综合分析，共鉴定出男性11例，女性4例，疑似男性、女性各1例，无法判断性别者1例。标本中可判定年龄范围者17例，根据阶段性年龄分布情况可知，该墓地古代居民死亡年龄主要在青年（15—23岁）、壮年（24—35岁）、中年（36—55岁）三个阶段，尤以壮年为多。

根据对相对完整的颅骨样本的观测，在颅型特征方面，岗嘎墓地出土的人骨并不存在明显的两性差异。颅指数以圆颅型（指数范围80—84.9）为主，另有两例男性个体为较圆的中颅型（指数范围75—79.9），一例疑似顶骨人为变形的女性个体为特圆颅型（指数范围85—89.9）。颅长高指数以低颅型（指数低于69.9）为主，另有两例男性个体为正颅型（指数范围70—74.9）。颅宽高指数均表现为阔颅型（指数低于91.9）。鼻颧角多数较大。这些测量结果与历史上发迹于我国东北地区的鲜卑、契丹等游牧民族的颅面特征颇为相似，均属于低而阔的颅型与圆颅型相结合，且面部形态颇为扁平，又与现代蒙古人种中央亚细亚类型居民的颅面特征存在一定的传承关系。中央亚细亚类型主要分布在现今的蒙古国以及我国的内蒙古地区，在广义的地理单元上属于蒙古高原地区，是当今蒙古族的主体人种类型，颅型以短颅、阔颅和偏低的正颅型为主要特征，面部高、宽而且极为扁平。岗嘎墓地的相关发现与研究，为确立呼伦贝尔草原作为蒙古族起源地奠定了重要的学术基础。

第四，岗嘎墓地的考古发掘引入实验室考古的理念，在田野发掘现场将所有墓葬套箱整取（图一九；图版72—图版74），运回呼伦贝尔民族博物院开展实验室考古清理，做好出土文物的保护工作，采用多种方法采集和记录信息，包括摄像、红外照相、三维扫描等（图版75—图版77）。实验室考古之程序，不只是对遗迹和遗物进行室内发掘清理，同

---

① 《魏书》卷100《失韦传》，第2221页。

② 《旧唐书》卷199下《室韦传》，第5357页。

图一九　岗嘎墓地墓葬套箱整取现场

时还需要即时对发掘对象进行科学检测分析，如土壤成分、结构、温度、含水率、酸碱度等，以及各类遗物本体的材质、破损状态、性质、成分、温度、湿度和硬度等。由于许多质地脆弱的遗物被发掘出土后，需要使用加固和封护材料进行预保护处理，因此要在遗物出土后及时采集原始样品，以备检测之用。另外，还要对发掘对象的保存状态实施及时监测，包括环境变化、遗物本体劣化状态及趋势等。因此，准确把握埋藏遗物出土的环境条件，模拟与其比较接近或相似的环境状态，是保证出土遗物能够长久保存的重要环节。通过开展实验室考古，对岗嘎墓地出土的独木棺、木板棺实施科学保护，开创了呼伦贝尔草原实验室考古及文化遗产保护的新局面。

第五，以岗嘎墓地考古发掘所获材料为基础，深入推进考古学、历史学、民族学、人类学等多学科综合研究，力争取得具有创新性的蒙古族源研究成果，科学地构建蒙古史前史的框架，客观阐释蒙古族及其先民在中华民族相互融合、多元一体格局形成过程中所发挥的重要作用（图版 78、图版 79）。借此系统梳理和总结蒙古族及其先民所创造出的森林狩猎和草原游牧文化，将进一步丰富中华文明的精神内涵，有助于揭示蒙古族对中国历史乃至世界历史的贡献，对于当今铸牢中华民族共同体意识具有重要意义。

室韦是中国南北朝至辽金时期主要活动在今蒙古高原东部的古代部

族，室韦史是中国古代北方民族史研究的重要课题。不同时期的历史文献记载了室韦人的历史，反映了室韦的起源、活动区域、部落演变、社会状况、生产生活方式和文化风俗等内容。中外史学界对室韦诸问题的研究十分关注，百余年来不断在探索中取得进步，获得了丰硕的学术成果。

室韦起源于东胡鲜卑。南北朝时期见于文献记载的室韦部落分布于今嫩江中下游流域以及以西的大兴安岭地区。隋代室韦发展为五大部落群，地域扩展到额尔古纳河、黑龙江上游一带。唐代文献记载的有具体名称的室韦部落20个左右，地理位置进一步明确。在室韦各部当中，语言属于东胡鲜卑后裔诸语言的部落占绝大部分。早期室韦人从事家畜饲养、渔猎和粗放农业为主的生产活动，手工业门类多附属和适应于生产方式而存在。从南北朝到辽金，文献记载的室韦在历史上的活动时间长，交往的部族多，先后同北魏、东魏、北齐、隋、唐、后唐、后周等中原政权以及北方草原的突厥、回纥、黠戛斯、沙陀、党项、吐浑、契丹、女真等族都有过程度不同的交往，参与了一系列重要历史事件，对中原政权及邻近各族的历史都有影响。尤其是唐代蒙兀室韦即蒙古族的祖先部落的见载史册，直接将蒙古族源与室韦紧密地联系上了，由此室韦史成为蒙古族的起源史。

及至唐末五代辽金时期，室韦的部落名称、社会形态、生产生活方式和文化习俗发生了较大变化。成吉思汗征服和统一蒙古高原诸部，建立大蒙古国以后，大漠南北的游牧部落均被归入蒙古名下，绝大部分室韦部落成为古代蒙古族的组成部分，古代蒙古民族共同体就是以蒙兀室韦为核心、其他室韦部落为主要成分、吸收其他突厥语族部落和满洲—通古斯语族部落组成的，可以说室韦部落与古代蒙古族有一脉相传的历史关系。所以，研究室韦史，对中国古代北方民族史特别是蒙古族起源史具有重要意义。

室韦自南北朝见于文献记载，至辽金时期逐渐湮没于史，在历史上活动时间较长，与中原政权及周边民族均发生了或密或疏的关系，加入了共同创造中国历史的行列，发挥了重要历史作用，具有不可替代的历史地位，产生了深远的历史影响。室韦史成为中国古代北方民族史、中国史重要的组成部分。

参 考 书 目

一、古籍

（西汉）司马迁：《史记》，中华书局点校本，1982 年。

（西晋）陈寿：《三国志》，中华书局点校本，1959 年。

（南朝宋）范晔：《后汉书》，中华书局点校本，1965 年。

（南朝梁）萧子显：《南齐书》，中华书局点校本，1972 年。

（北齐）魏收：《魏书》，中华书局点校本，1974 年。

（唐）杜佑：《通典》，中华书局点校本，1988 年。

（唐）李百药：《北齐书》，中华书局点校本，1972 年。

（唐）李德裕：《会昌一品集》，四部丛刊本。

（唐）李林甫等：《唐六典》，中华书局，1992 年。

（唐）李延寿：《北史》，中华书局点校本，1974 年。

（唐）欧阳询：《艺文类聚》，中华书局，1965 年。

（唐）魏徵等：《隋书》，中华书局点校本，1973 年。

（后晋）刘昫等：《旧唐书》，中华书局点校本，1975 年。

（北宋）欧阳修：《新五代史》，中华书局点校本，1974 年。

（北宋）欧阳修、宋祁：《新唐书》，中华书局点校本，1975 年。

（北宋）司马光：《资治通鉴》，中华书局点校本，1956 年。

（北宋）王溥：《唐会要》，上海古籍出版社点校本，2006 年。

（北宋）王钦若等：《册府元龟》，中华书局影印本，1960 年。

（北宋）薛居正等：《旧五代史》，中华书局点校本，1976 年。

（北宋）乐史：《太平寰宇记》，光绪八年金陵刊局本。

（南宋）叶隆礼：《契丹国志》，中华书局点校本，2014 年。

（南宋）宇文懋昭：《大金国志》，中华书局点校本，1986 年。

（元）脱脱等：《辽史》，中华书局点校本，1974 年。

（元）脱脱等：《金史》，中华书局点校本，1975 年。
（元）《元朝秘史》，四部丛刊三编本。
（清）徐松辑：《宋会要辑稿》，中华书局影印本，1956 年。
〔波斯〕拉施特著，余大钧、周建奇译：《史集》第 1 卷，商务印书馆，1983 年。

二、专著

（一）中文专著

陈述：《契丹政治史稿》，人民出版社，1986 年。
傅朗云、杨旸：《东北民族史略》，吉林人民出版社，1983 年。
干志耿、孙秀仁：《黑龙江古代民族史纲》，黑龙江人民出版社，1987 年。
韩儒林：《穹庐集——元史及西北民族史研究》，上海人民出版社，1982 年
韩儒林主编：《元朝史》上册，人民出版社，1986 年。
蒋秀松、朱在宪：《东北民族史纲》，辽宁教育出版社，1993 年。
林幹：《东胡史》，内蒙古人民出版社，1989 年。
林幹：《突厥史》，内蒙古人民出版社，1988 年。
林幹、高自厚：《回纥史》，内蒙古人民出版社，1994 年。
林惠祥：《中国民族史》上册，上海书店，1984 年。
吕光天：《北方民族原始社会形态研究》，宁夏人民出版社，1981 年。
马长寿：《乌桓与鲜卑》，上海人民出版社，1962 年。
清格尔泰、刘凤翥、陈乃雄等：《契丹小字研究》，中国社会科学出版社，1985 年
苏日巴达拉哈：《蒙古族族源新考》，民族出版社，1986 年。
孙进己：《东北民族源流》，黑龙江人民出版社，1987 年。
孙进己、冯永谦等主编：《东北历史地理》第 2 卷，黑龙江人民出版社，1989 年。
孙进己、王绵厚等主编：《东北历史地理》第 1 卷，黑龙江人民出版社，1989 年。

孙秀仁、孙进已、郑英德等:《室韦史研究》，北方文物杂志社，1985年。
谭其骧主编:《中国历史地图集》第4、5、6册，中国地图出版社，1982年。
王力:《汉语音韵学》，中华书局，1981年。
姚薇元:《北朝胡姓考》(修订本)，中华书局，1962年。
余元盦:《内蒙古历史概要》，上海人民出版社，1960年。
张碧波、董国尧主编:《中国古代北方民族文化史》，黑龙江人民出版社，2001年。
张博泉:《东北地方史稿》，吉林大学出版社，1985年。
张博泉、苏金源、董玉瑛:《东北历代疆域史》，吉林人民出版社，1981年。
张久和:《原蒙古人的历史——室韦—达怛研究》，高等教育出版社，1998年。
张泰湘:《黑龙江古代简志》，黑龙江人民出版社，1988年。
张锡彤、王锺翰、贾敬颜等:《〈中国历史地图集〉释文汇编·东北卷》，中央民族学院出版社，1988年。
周清澍主编:《内蒙古历史地理》，内蒙古大学出版社，1994年。
《宋本广韵》，北京市中国书店，1982年。

(二)译著

〔日〕白鸟库吉著，方壮猷译:《东胡民族考》，商务印书馆，1934年。
〔法〕伯希和、烈维著，冯承钧译:《吐火罗语考》，中华书局，1957年。

三、论文

(一)中文论文

白劲松:《陈巴尔虎旗西乌珠尔古墓清理简报》，《辽海文物学刊》1989年第2期。
毕德广、曾祥江:《西乌珠尔墓群族属补证的探讨》，《文博》2014年第4期。

蔡美彪：《辽金石刻中的鞑靼》，《北京大学国学季刊》第7卷第3期，1952年。

岑仲勉：《达怛问题》，《中山大学学报》（社会科学版）1957年第3期。

程嘉静、索雅杰：《20世纪以来（1915—2007）室韦研究目录索引》，《赤峰学院学报》（汉文哲学社会科学版）2010年第6期。

丁谦：《魏书外国传地理考证》，《浙江图书馆丛书》第1集，浙江图书馆刻本，1915年。

范恩实：《从历史学、考古学、民族学的多重视角看室韦起源问题》，《黑龙江民族丛刊》2017年第2期。

方壮猷：《室韦考》，《辅仁学志》第2卷第2期，1931年。

冯继钦：《北魏至隋唐室韦的经济类型和社会性质初探》，《求是学刊》1983年第1期。

冯继钦：《辽金时期的黄头室韦》，《社会科学辑刊》1985年第1期。

冯继钦：《室韦的冶铁问题》，《黑河学刊》（地方历史版）1986年第2期。

冯继钦：《室韦民族共同体类型》，《黑龙江文物丛刊》1983年第1期。

冯家昇：《东北史中诸名称之解释》，《禹贡》第2卷第7期，1934年。

冯家昇：《述东胡系之民族》，《禹贡》第3卷第8期，1935年。

干志耿、李士良：《乌洛侯与黑龙江历史地理诸问题》，《求是学刊》1981年第4期。

干志耿、孙进已：《室韦地理考述》，《社会科学战线》1983年第3期。

贾敬颜：《东北古地理古民族丛考》，《文史》第12辑，中华书局，1981年。

刘城：《黑河老羌城为室韦国王城初探》，《黑河学刊》2017年第3期。

刘城：《试论黑河老羌城区域为蒙古族发祥地》，《黑河学刊》2018年第1期。

刘光胜、郑英德：《试论室韦诸部都是蒙古族源》，《中南民族学院学报》（哲学社会科学版）1983年第2期。

米文平：《鲜卑石室所关诸地理问题》，《民族研究》1982年第4期。

内蒙古文物考古研究所、呼伦贝尔盟文物管理站、额尔古纳右旗文物管理所：《额尔古纳右旗奇乾乡文物普查简报》，《内蒙古文物考古文集》第1辑，中国大百科全书出版社，1994年。

苏日巴达拉哈、苏鲁格：《室韦考辨》，《蒙古史文稿》第4期，1984年。

孙进己：《室韦的起源》，《求是学刊》1985年第1期。

孙进己：《室韦及其先人和我国各族的关系》，《黑河学刊》（地方历史版）1985年第4期。

佟柱臣：《嘎仙洞拓跋焘祝文石刻考》，《历史研究》1981年第6期。

王德厚：《东魏至唐时期室韦与中原皇朝及毗邻民族的关系》，《民族研究》1994年第3期。

王德厚：《室韦地理考补》，《北方文物》1989年第1期。

王德厚：《室韦族源问题之管见》，《黑龙江民族丛刊》1993年第4期。

王德厚：《乌罗浑与乌罗护辨析》，《民族研究》1987年第4期。

王国维：《鞑靼考》，《观堂集林》，中华书局，1959年。

王国维：《黑车子室韦考》，《观堂集林》，中华书局，1959年。

王金铲：《室韦族琐谈》，《辽宁大学学报》（哲学社会科学版）1983年第4期。

王天姿：《北魏失韦与隋代室韦五部地理分布研究综述》，《黑龙江民族丛刊》2017年第2期。

王颋：《室韦的族源》，《内蒙古社会科学》1984年第3期。

王颋：《室韦的族源和各部方位》，《中国蒙古史学会论文选集（1983）》，内蒙古人民出版社，1987年。

王禹浪：《北室韦吐纥山地理位置考》，《黑龙江民族丛刊》2018年第2期。

王禹浪、翟少芳：《近五十年室韦国内研究综述——以室韦的民族关系及其经济文化为中心》，《哈尔滨学院学报》2018年第1期。

王禹浪、翟少芳：《南室韦历史地理研究综述》，《黑龙江民族丛刊》2018年第4期。

王禹浪、谢春河、王俊铮：《黑龙江流域黑河地区古代民族筑城初步研究》，《哈尔滨学院学报》2017年第12期。

王禹浪、翟少芳、吴昊：《近五十年室韦考古发现研究综述》，《黑龙江民族丛刊》2017 年第 5 期。

魏坚：《蒙古早期遗存的考古学观察》，《北方民族考古》第 1 辑，科学出版社，2014 年。

吴博：《唐代及其辽金室韦诸部地理分布研究综述》，《黑龙江民族丛刊》2017 年第 2 期。

吴廷燮：《室韦考略》，《四存月载》第 74 期，1922 年。

吴扎拉·克尧：《锡伯先民大黄头室韦追随耶律大石西迁初探》，《黑龙江民族丛刊》2003 年第 4 期。

杨保隆：《隋唐时期室韦区域东至考》，《中国民族史研究》，中国社会科学出版社，1987 年。

叶幼泉、王慎荣：《关于勘证室韦、蒙兀室韦、蒙古的几点看法》，《北方文物》1985 年第 1 期。

亦邻真：《中国北方民族与蒙古族族源》，《内蒙古大学学报》（哲学社会科学版）1979 年第 3、4 期。

余大钧：《关于“阻卜”的语源、对音及语义》，《内蒙古大学学报》（哲学社会科学版）1982 年第 1 期。

余大钧：《论阻卜与鞑靼之异同》，《历史研究》1981 年第 6 期。

余大钧：《阻卜考》，《蒙古史论文选集》1，呼和浩特，1983 年。

张久和：《〈隋书·室韦传〉汇注》，韩国《蒙古学》2018 年第 53 期。

张久和：《〈魏书·失韦传〉汇注》，韩国檀国大学《北方文化研究》2017 年第 8 期。

张久和：《〈魏书·乌洛侯传〉汇注》，韩国《蒙古学》2017 年第 49 期。

张久和：《北朝至唐末五代时期室韦的物质民俗及其经济类型的转变》，《内蒙古社会科学》（文史哲版）1995 年第 1 期。

张久和：《北朝至唐末五代室韦部落的构成和演替》，《内蒙古社会科学》（文史哲版）1997 年第 5 期。

张久和：《关于室韦的来源》，《黑龙江民族丛刊》1998 年第 1 期。

张久和：《关于室韦语言的几个问题——室韦史研究之二》，《内蒙古社会科学》（文史哲版）1992 年第 2 期。

张久和：《关于乌洛侯的几个问题》，《黑龙江民族丛刊》1998 年第 2 期。

张久和：《南北朝隋唐时期室韦地域考——室韦史研究之一》，《内蒙古社会科学》（文史哲版）1991 年第 5 期。

张久和：《三十姓达怛与室韦的关系》，《内蒙古师范大学学报》（哲学社会科学版）1999 年第 1 期。

张久和：《室韦的经济和社会状况》，《内蒙古社会科学》（汉文版）1998 年第 1 期。

张久和：《室韦地理再考辨》，《中国边疆史地研究》1998 年第 1 期。

张久和：《室韦基本史料辨析》，《北方文物》1998 年第 4 期。

张久和：《文献记载的达怛诸部》，《蒙古史研究》第 5 辑，内蒙古大学出版社，1997 年。

张泰湘：《从北魏祖庙石室看乌洛侯的位置及其他》，《求是学刊》1981 年第 3 期。

赵国强、李磊、吴克尧等：《金朝以来小黄头室韦相关问题考》，《黑龙江民族丛刊》2017 年第 6 期。

赵越：《论呼伦贝尔发现的室韦遗迹》，《内蒙古文物考古文集》第 1 辑，中国大百科全书出版社，1994 年。

赵展：《对蒙古族起源于"蒙兀室韦"说的质疑》，《学习与探索》1982 年第 2 期。

郑英德：《室韦地理新探》，《社会科学辑刊》1983 年第 4 期。

郑英德：《乌洛侯地理位置再探》，《黑龙江文物丛刊》1983 年第 1 期。

郑英德、刘光胜：《室韦部落新探》，《中央民族学院学报》1982 年第 2 期。

中国社会科学院考古研究所、内蒙古自治区文物考古研究所、北京大学考古文博学院、呼伦贝尔民族博物院呼伦贝尔联合考古队：《内蒙古陈巴尔虎旗岗嘎墓地》，《考古》2015 年第 7 期。

中国社会科学院考古研究所内蒙古工作队、呼伦贝尔民族博物馆、海拉尔区文物管理所：《内蒙古呼伦贝尔市海拉尔区谢尔塔拉墓地》，《海拉尔谢尔塔拉墓地》，科学出版社，2006 年。

钟焓：《黑车子室韦问题重考——以〈会昌一品集〉与敦煌藏语文书为据》，《西北民族研究》2000 年第 2 期。

周良霄：《鞑靼杂考》，《文史》第 8 辑，中华书局，1980 年。

周良霄:《有关达靼族属的若干问题》,《历史研究》1995 年第 6 期。

（二）汉译论文

〔日〕白鸟库吉:《室韦考》,《白鸟库吉全集》第 4 卷，岩波书店，1970 年。

〔法〕伯希和:《库蛮》，冯承钧译,《西域南海史地考证译丛续编》，商务印书馆，1935 年。

〔法〕伯希和:《评长春真人西游记译文》《评王国维遗书》，冯承钧译,《西域南海史地考证译丛五编》，中华书局，1956 年。

〔法〕伯希和:《吐谷浑为蒙古语系人种说》，冯承钧译,《西域南海史地考证译丛七编》，中华书局，1957 年。

〔日〕津田左右吉:《室韦考》，汉译文载《王国维遗书》第 14 册，上海古籍书店影印本。

〔日〕内田宏美:《唐代室韦墓葬和森林草原地带——以“角弓”的分析为中心》,《唐史论丛》第 12 辑，三秦出版社，2010 年。

索　引

L

M

N

P

Q

X

Y

Z

Abstract

Shiwei (室韦) was a northern ethnic group recorded in literature from the Northern and Southern Dynasties to the Liao and Jin period in ancient China. It was the descendant of the Northern Xianbei of Donghu. In the Sui Dynasty, five tribal groups of Shiwei were distributed in the basins of present-day Nenjiang River, Ergun River, and upper Heilongjiang River. In the Tang Dynasty, over twenty tribes of Shiwei were distributed in the north and south of the Huolinhe River basin, the east and west of the Nenjiang River basin, the shore of the Hulun Lake, and the basins of the upper Ergun River and Heilongjiang River. Mengwu Shiwei, one of the tribes, was located on the south bank of the lower Ergun River. Mengwu Shiwei was recorded in Tang texts, which linked it to the origin of the Mongols. After the middle Tang Dynasty period, the scope of activities of Shiwei gradually expanded to the south and west. In the middle of the 9th century, numerous Shiwei people swarmed to the Mongolian Plateau and the surrounding areas when the Khanate of Huihu had fallen. Through development and expansion in the Liao and Jin period, the Mongolian tribe with Mengwu Shiwei as the core and other tribes of Shiwei as the main components had unified the plateau. It had absorbed other Turkic tribes and established the Great Mongolia Empire. After that, the nomadic tribes in the north and south of the desert were all included as Mongol. Shiwei and ancient Mongol were in the same historical strain.

From the Northern Dynasty to the early Tang, Shiwei was at the developing stage of the tribal system of patriarchal society and had not yet formed a tribal alliance. Each tribe had a chief and executed a hereditary system or selection system. In the early period, Shiwei people were mainly engaged in industries of fishing, animal husbandry, extensive agriculture, and handicraft. The economic type of each tribe was different because of the diversity of environments and levels of productive forces. After the middle Tang period, due to the development of social productivity, the changes of regions, and the influence of other nomadic ethnicities, the economic production and social life of some Shiwei tribes had changed from hunting in forest to transhumance on the steppe. Their lifestyles, such as residence, diet, and transportation, had a change process with the development of society and the alteration of the mode of production. The cultures and customs, such as language, marriage, funeral, religion, habit, hairstyle, and entertainment, both had a similarity with other northern ethnicities and unique connotations.

Shiwei was recorded in literature from the Northern and Southern Dynasties and oblivion in the Liao and Jin period. In this long historical process, it had close or sparse relations with the Central Plains regime and the surrounding ethnicities which played an important role and had profound impacts. Shiwei was a significant component in the history of northern ethnicities in ancient China. The burial styles, customs, and goods in the Xiwuzhuer Cemetery, the Xieertala Cemetery, and the Gangga Cemetery were the nomadic ethnic cultural remains of Hulunbuir from the 7th to the 10th century, which were the most important archaeological materials for studying the origin of the Mongol.

后　记

1998年，张久和的博士学位论文《原蒙古人的历史——室韦—达怛研究》由高等教育出版社出版。同年，刘国祥、白劲松作为联合执行考古领队主持发掘了谢尔塔拉墓地，这是呼伦贝尔草原新发现的古代游牧民族的文化遗存，有关该墓地的文化性质、年代及其族属问题需要开展深入研究。其间，刘国祥在王府井考古书店买到张久和的博士学位论文，通读后深受启发，认为谢尔塔拉墓地极有可能与晚唐五代时期的室韦人有关。1999年冬天，刘国祥利用到呼和浩特出差的机会，通过时任内蒙古博物馆副馆长付宁先生联系，与张久和见面，二人各自从考古学和历史学的角度讨论了谢尔塔拉墓地的文化内涵、特征及其族属问题，在认定谢尔塔拉墓地属于室韦人墓葬遗存方面达成了学术共识，从此，学术往来不断。可以说，是室韦人的考古与历史文化之缘，使我们成为朋友、知己和学术合作伙伴。

2012年8月，“蒙古族源与元朝帝陵综合研究”被列为国家社会科学基金重大委托项目，由王巍先生和孟松林先生联合担任项目首席专家，以考古学研究为主线，同时开展历史学、民族学和人类学等多学科综合研究，力争取得具有国际影响力的科研成果。2013年8月8日，根据陈巴尔虎旗民族博物馆专业人员提供的线索，呼伦贝尔联合考古队对岗嘎墓地进行调查，通过地表采集到的遗物初步判断，岗嘎墓地与西乌珠尔、谢尔塔拉墓地相近，可能属于室韦人墓葬遗存。刘国祥特邀张久和参加了此次考古调查工作，与项目首席专家孟松林先生、项目呼伦贝尔办公室主任白劲松先生等一起见证了岗嘎墓地的首次发现。经报国家文物局、内蒙古自治区文物局批准，2013、2014年度连续进行了两次考古发掘，发现了以独木棺葬具为主的室韦人墓葬遗存，取得了突破性考古成果。

组织编纂多卷本《中国古代北方民族史》是我们2017年夏季在海拉尔开会期间形成的共识，并将其作为国家社会科学基金重大委托项目

“蒙古族源与元朝帝陵综合研究”的子课题。此后，我们共同经历了策划、组织、研究的整个过程，感受到了探索的艰辛、合作的愉快和收获的喜悦。《室韦卷》是我们的合作成果，此番补入较多新的考古资料，并专设一章加以论述，还集中刊发了谢尔塔拉、岗嘎墓地考古发掘现场、墓葬形制及珍贵出土遗物图片，意在通过历史学与考古学的密切结合，科学探寻蒙古族源这一重要学术课题。在书稿付梓之际，感谢内蒙古大学、中国社会科学院考古研究所的各位领导对开展本项目研究给予的大力支持和帮助。感谢天明兄统看初稿，提出宝贵建议。感谢编写组、工作组各位同仁的鼎力相助。科学出版社文物考古分社王光明先生作为本书的责任编辑付出了巨大辛劳，专此致谢！

由于水平所限，书中一定存在错谬之处，恳请方家指正。

张久和　刘国祥

2021年6月

总 后 记

在十卷本《中国古代北方民族史》即将出版之际，我们感觉有一些与全书有关的人和事应该记下来，权做一个交代和备忘。

2011 年春季，由时任内蒙古自治区呼伦贝尔市委常委、统战部部长孟松林同志召集，中国社会科学院考古研究所内蒙古第一工作队队长刘国祥研究员、呼伦贝尔民族博物院院长白劲松研究员具体组织，辽宁师范大学历史文化旅游学院院长田广林教授、内蒙古大学历史与旅游文化学院院长张久和研究员等人参加，在海拉尔落实论证由时任十一届全国政协副主席、中国社会科学院院长、党组书记陈奎元同志倡议的“蒙古族源与元朝帝陵综合研究”项目方案，填报立项申报书，通过中国社会科学院科研局，报送至全国哲学社会科学规划办公室。2012 年 8 月，“蒙古族源与元朝帝陵综合研究”被列为国家社会科学基金重大委托项目（批准号为 12@ZH014），研究周期为 10 年。中国社会科学院科研局作为项目主管单位，中国社会科学院考古研究所、内蒙古自治区文物局、呼伦贝尔市人民政府作为项目联合实施单位，内蒙古大学历史与旅游文化学院作为项目协作单位之一。王巍、孟松林二位先生担任项目首席专家，设北京和呼伦贝尔两个项目办公室，刘国祥、白劲松分别担任主任，组织全国相关科研机构和高校研究人员，以考古学为主，结合历史学、民族学、人类学、社会学、地理学等开展综合研究，力争取得具有国际影响力的学术成果。根据工作计划，2013—2014 年，刘国祥作为考古领队主持发掘了海拉尔区谢尔塔拉、陈巴尔虎旗岗嘎两处墓地，经过研究确认这两处墓地均为室韦人遗存。谢尔塔拉和岗嘎墓地的发现、识别和初步研究，为室韦史、北方民族史研究提供了丰富、直观的珍贵资料，对研究蒙古族族源问题具有重要学术价值。该重大委托项目的设立、室韦考古学文化遗存的发现与识别、共同的学术追求和多年来建立的深厚友谊，为我们开展相关合作研究奠定了坚实基础。

2017年6月末，项目组在海拉尔召开学术研讨会，经过讨论，我们认为组织编写一套北方民族史著作的时机和条件基本成熟，根据项目实施计划，需要编写出版一部系统性的、与蒙古族起源史具有密切关系的历史学研究成果。于是，决定主要依托内蒙古大学培养的北方民族史科研力量组成学术团队编写《中国古代北方民族史》，并作为国家社会科学基金重大委托项目“蒙古族源与元朝帝陵综合研究”的子课题。达成共识后，经过准备，2017年8月16日即在内蒙古大学召开了第一次“中国古代北方民族历史与考古系列学术研讨会”。在这次会议上，组建编写组，确定张久和、刘国祥为主编，何天明、白劲松为副主编，胡玉春、何天明、梁云与白劲松、袁刚、包文胜、吴飞、王洁、冯科、王丽娟、张久和与刘国祥为各卷作者，形成了老中青结合的学术团队。讨论了编写大纲、撰写内容、人员分工、全书体例和编纂要求等事项，标志着该项研究工作的正式启动。考虑到北方民族历史发展的连续性、诸北方民族的重要历史地位、与学界蒙古族起源说有关的北方民族、团队成员的科研主攻方向和前期的学术成果积累等因素，确定了以匈奴、乌桓、拓跋鲜卑、柔然、突厥、回鹘、黠戛斯、契丹、库莫奚和室韦这十个北方民族为研究对象，按族别史体例，一族一卷，形成十卷本的《中国古代北方民族史》。此后，十卷作者分别进入了研究和撰写阶段。

从研究工作启动，截至2021年1月，编写组以“中国古代北方民族历史与考古系列学术研讨会”的名义又召开了六次以推进研究、解决问题为主要目的务实会议。2017年11月11—12日，第二次“中国古代北方民族历史与考古系列学术研讨会”在海拉尔召开，各卷著者就第一部分试写稿内容及相关事宜做了说明，与会人员充分讨论并提出了修改完善建议，并进一步讨论细化了各卷大纲。2018年7月31日—8月1日，第三次会议在内蒙古大学召开，以各卷撰写进展汇报为主题，与会专家围绕各卷完成的基本内容、学术创新、难点等展开了深入的学术研讨。2019年2月16—17日，第四次会议在科学出版社召开，社领导高度重视，专门为每卷书稿选定一位编辑，个别卷甚至配备了两位编辑，开始与各卷作者对接。此次会议以撰写进展汇报为主要议题，作者、编辑和相关专家学者等与会人员围绕编写内容、编写进度、主旨思想、学术重点、学术规范、出版规范等内容进行了深入细致的研讨。

在第四次会议上基本确定了各卷完成和上交初稿的时间段。为了提高效率、保证质量，决定组成由张久和、何天明、冯科、曹磊、王石雨、任翔为主要成员的统稿小组，远离喧嚣闹市，摆脱杂事干扰，进行封闭集中统稿。2019年3月25—30日，统稿小组在赤峰市红山区赤峰宾馆进行了第一次统稿，统阅胡玉春《匈奴卷》、王洁《黠戛斯卷》、王丽娟《库莫奚卷》三部书稿。中国社会科学院考古研究所内蒙古第一工作队承担了后勤保障工作。2019年4月8—13日，在山西省朔州市右玉县进行了第二次统稿，得到右玉县文史学者王泽民先生的热情接待和周到安排。本次集中统阅何天明《乌桓卷》，梁云、白劲松《拓跋鲜卑卷》和张久和、刘国祥《室韦卷》三部书稿。2019年5月6—11日，在赤峰市敖汉旗进行了第三次统稿。统阅袁刚《柔然卷》、包文胜《突厥卷》、吴飞《回鹘卷》、冯科《契丹卷》四部书稿。中国社会科学院考古研究所内蒙古第一工作队负责后勤保障工作，内蒙古史前文化博物馆田彦国馆长给予了热情支持。实际上，每一次统稿所用时间并不止于一周，每次回到呼和浩特后，统稿、校对人员各自又费时十余天才完成了相关工作。统稿小组诸位成员不辞辛苦，认真投入，指出和改正了书稿中存在的一些具体问题，提出了整体修改完善建议，在充分保证学术质量的同时，有效推进了编纂工作。

2019年7月13—14日，第五次会议在中国社会科学院考古研究所召开，主要就全书的统稿情况，各卷的作者简介、内容简介、内容摘要翻译、配图、索引，出版阶段的有关问题及解决方案、下半年工作计划等进行讨论，做出了安排和要求，对此前整体工作做了总结。总体而言，五次会议就全书编写提纲、体例、结构、内容、编纂要求、进展等相关工作展开充分讨论，及时解决出现的问题，为整体工作的顺利进行起到了良好作用，推动了编纂进度，提高了内容质量。在第五次研讨会成果基础上，各卷作者用时近两个月完成相关工作内容，十卷书稿于2019年9月一次性交付出版社，正式进入编辑出版程序。至2020年9月，各卷先后审完作者样。

2020年9月7—12日，第六次“中国古代北方民族历史与考古系列学术研讨会”在海拉尔召开，各卷作者、部分项目组专家、出版社编辑等参会，讨论确定了各卷作者样、索引、英文摘要、后记等最后上交期限以及后期编辑、出版方面的问题，对整体工作做了总结，对下一步工作做了安排。

2021年1月27日，第七次“中国古代北方民族历史与考古系列学术研讨会”通过线上方式举办，本次会议以《中国古代北方民族史》十卷本书稿的外审意见反馈沟通为主要议题，各卷作者与编辑人员围绕相关建议进行研讨，并就书稿进一步的修改与编校深入交流意见。与会专家一致认为，送审意见既体现了对国家有关政策的深入理解，又有对具体写作表述细节的精准见解，是进一步开展书稿修改编校的工作指南，落实好上级部门的送审意见是书籍能够高质量面世的重要前提。各卷作者表示，一定会认真领会送审意见，与责编紧密配合，做好书稿修改工作，用优质学术成果回馈社会。张久和研究员在发言中指出，本套书全体撰写、编辑人员在实际工作中要始终贯彻好“铸牢中华民族共同体意识”的要求，一定要根据送审意见全面解决还存在的各种学术和技术问题，对于一些难点问题可以再次进行讨论，找到最佳解决方案，确保书籍质量。刘国祥研究员在会议总结时强调，习近平总书记在哲学社会科学工作座谈会上的讲话、致中国历史研究院成立的贺信以及2020年9月28日在中央政治局第二十三次集体学习时发表的《建设中国特色中国风格中国气派的考古学　更好认识源远流长博大精深的中华文明》的重要讲话，为历史学研究和考古学研究提供了科学指引，也为我们的工作注入了强劲的动力。在各卷编写的过程中均注重吸收最新的考古学研究成果，促进了历史学与考古学的融合发展，提升了该项成果的学术价值和创新价值。

自决定编写《中国古代北方民族史》开始，从论证体例、结构，斟酌目录、编纂要求，到试写内容的讨论、完成初稿，再到统稿中的增删修改、核对史料、提出总体建议、修改完善书稿，直到选图配图、编制索引、校对书稿等，整个过程大家各尽其责，团结协作，体现了应有的专业素养和团队意识。应该说我们尽了很大努力去组织全书的编纂，各卷作者也克服困难、夜以继日地工作，但从2017年8月启动，到2019年9月正式交稿，撰写时间毕竟太短，作者又各有学习、教学、科研甚至行政工作任务，投入的时间和精力难以保证；加之成果积累程度不同，其中半数有博士论文作基础，有数年或十余年的积淀，编纂起来相对容易；有的纯粹白手起家，从收集分析史料、总结归纳前人成果做起，再进行研究，工作量和难度确实很大；有的作者年轻，刚刚踏入史学门槛，想法稚嫩，功力尚浅，难免存在许多缺陷。吸收青年学人加入团队，也是抱着锻炼、培养和带动他们成长的目的。因此，虽然全书整体体例、编写要求等大体一致，但在内容论述深度、提出和解决问题等方面还各存差异，在学术上尚存在很大的提升和完善空间，一定会有许多不足和遗憾之处。考虑到“蒙古族源与元朝帝陵综合研究”重大委托项目的迫切需要，以及国内外尚无一次性推出以族别史为体例的多卷本北方民族史成果的现实，我们不揣浅陋，把十卷本《中国古代北方民族史》作为一项团队研究北方民族史的阶段性学术成果呈现出来，供学界同仁批评指正，以达到抛砖引玉，锻炼队伍，增进交流，推动研究的目的。

从启动编写到正式出版，费时四年。我们能够顺利完成这项研究工作，离不开各位领导、学界同仁、出版社编辑和媒体记者朋友的大力支持和鞭策。“蒙古族源与元朝帝陵综合研究”重大委托项目首席专家王巍先生、孟松林先生宏观指导、鼎力支持，同意将《中国古代北方民族史》列为重大委托项目子课题资助研究。孟松林院长每次会议均到场致辞，亲切关怀，热情鼓励，增强了编写组成员的信心。内蒙古大学党委书记朱炳文同志，校长陈国庆教授，副校长张吉维教授、高光来教授、额尔很巴雅尔教授始终关心关注这项工作，多次询问研究、出版进展，学校并以“双一流”建设经费予以科研资助。中共呼伦贝尔市委书记于立新同志对该项目给予了高度重视和大力支持，多次听取项目组工作汇报，帮助解决诸多实际困难，有力保障了该项目的顺利实施。内蒙古自治区社会科学院院长李春林研究员亲临研讨会，给予指导帮助。中国社会科学院考古研究所的各位领导对该项目始终给予关心和支持，陈星灿所长多次听取项目工作汇报，积极推动本套书的编辑和出版工作。中国历史研究院副院长李国强研究员对该项目给予了学术指导和热情帮助。中国科技出版传媒股份有限公司（科学出版社）副总经理闫向东先生、文物考古分社副社长孙莉女士，高度重视项目进程，并在2017年底将项目确立为出版社的重大项目，极大鼓舞了编写者的士气。同时还为每本图书配备了优秀编辑，积极协调出版事宜，为图书出版提供了有力保障。各卷责任编辑审读校阅，纠错证谬，确保了出版质量。新华通讯社记者李贺、中国新闻社记者孙自法、人民政协报记者付裕、中国社会科学网记者齐泽垚、中国社会科学报记者杨阳、中国文物报记者郭晓蓉等不辞辛劳，追踪项目进展，连续深度报道，提升了该项目的学术和社会影响力。工作组精心组织，周到安排，辛勤付出，全力配合，使历次研讨会成功举办，统稿工作顺利进行，摘要英译、选图配图等取得良好效果，为整体研究工作的顺利进展提供了坚强有力的保障。各卷的英文摘要由中国社会科学院考古研究所蒙古族源研究中心学术秘书王珏女士翻译，美国华盛顿大学王海城副教授审定，特此致谢！总之，在编写该书过程中，支持帮助过我们的人还有很多，难免挂一漏万，要讲的话也一时言不尽意，在此，我们一并表达崇高的敬意和由衷的谢忱！

历史的机缘、共同的学术志趣使我们成为合作者。值得欣慰的是，在收获学术果实的同时，我们也收获了友情、亲情。这一过程中的耳闻目睹、酸甜苦辣丰富了我们的人生阅历和感受，团结融洽、勇于担当、相互砥砺、理解包容成为我们共同的精神财富。

《中国古代北方民族史》编写组

2021 年 6 月

图版1　嘎仙洞洞口（东—西）

图版2　呼伦湖（东—西）

图版3　海拉尔河

图版4　额尔古纳河

图版5　西乌珠尔墓地全景（东北—西南）

图版6　西乌珠尔墓地独木棺

图版7　西乌珠尔墓地出土陶器

图版8　谢尔塔拉墓地远景（东—西）

图版9　谢尔塔拉墓地T2—T4发掘现场（东—西）

图版10　谢尔塔拉墓地M4—M7平面分布情况（东—西）

图版11　谢尔塔拉墓地M8—M10平面分布情况（东北—西南）

图版12　谢尔塔拉墓地M1棺盖板（东北—西南）

图版13　谢尔塔拉墓地M1人骨及随葬品（东北—西南）

图版14　谢尔塔拉墓地M1墓主人胸前马肩胛骨、铁刀和左腕部银镯（西北—东南）

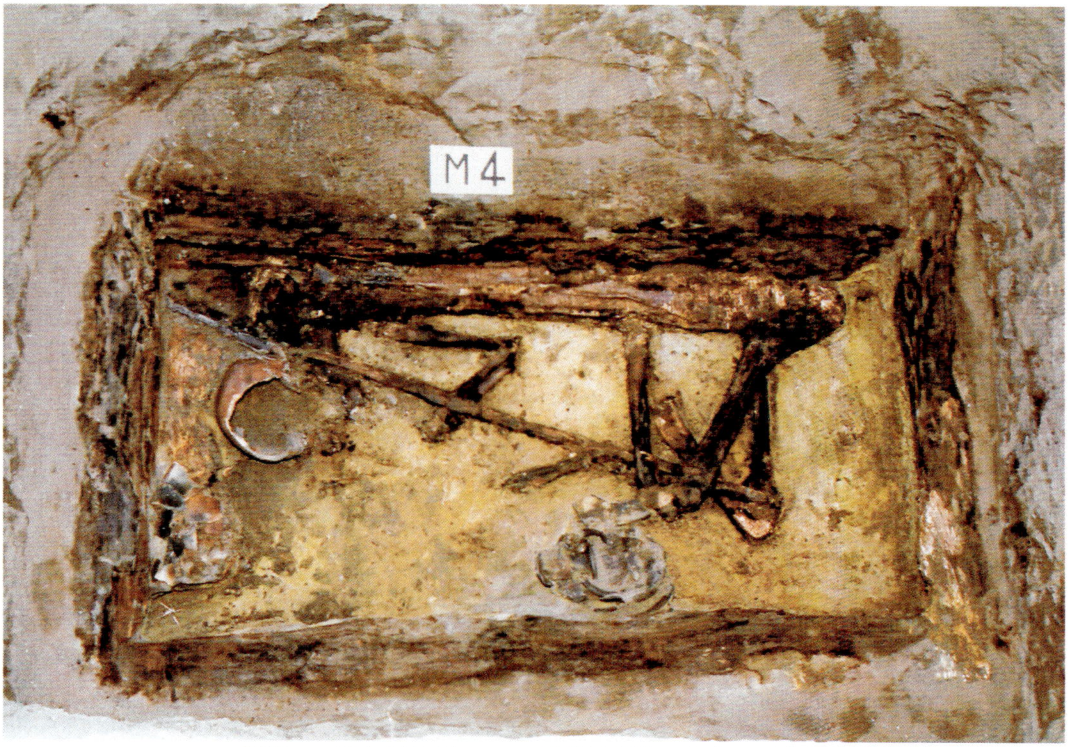

图版15　谢尔塔拉墓地M4人骨及随葬品（东北—西南）

图版16　谢尔塔拉墓地M5人骨及随葬品（东北—西南）

图版17　谢尔塔拉墓地M6椁盖板（东北—西南）

图版18　谢尔塔拉墓地M6棺盖板（东北—西南）

图版19　谢尔塔拉墓地M6压放在墓主人身上的弓（西南—东北）

图版20　谢尔塔拉墓地M6人骨及随葬品（东北—西南）

图版21　谢尔塔拉墓地M6东南部人骨及随葬品（西北—东南）

图版22　谢尔塔拉墓地M6墓主人头枕马鞍（西北—东南）

图版23　谢尔塔拉墓地M7棺盖板（东北—西南）

图版24　谢尔塔拉墓地M7棺盖板上缝合的桦树皮局部（西南—东北）

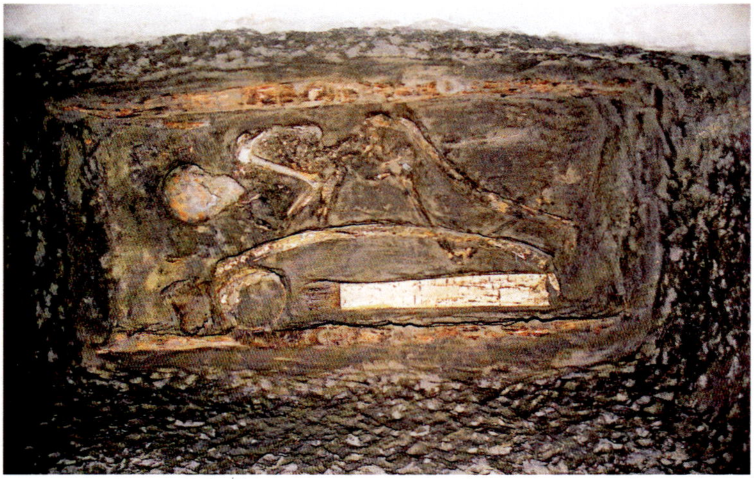
图版25　谢尔塔拉墓地M7人骨及随葬品（东北—西南）

图版26　谢尔塔拉墓地M7墓主人头枕桦树皮鞍鞯（西北—东南）

图版27　谢尔塔拉墓地M8人骨及随葬品（东北—西南）

图版28　谢尔塔拉墓地M8墓主人头部周围陶罐和陶壶等随葬品（西北—东南）

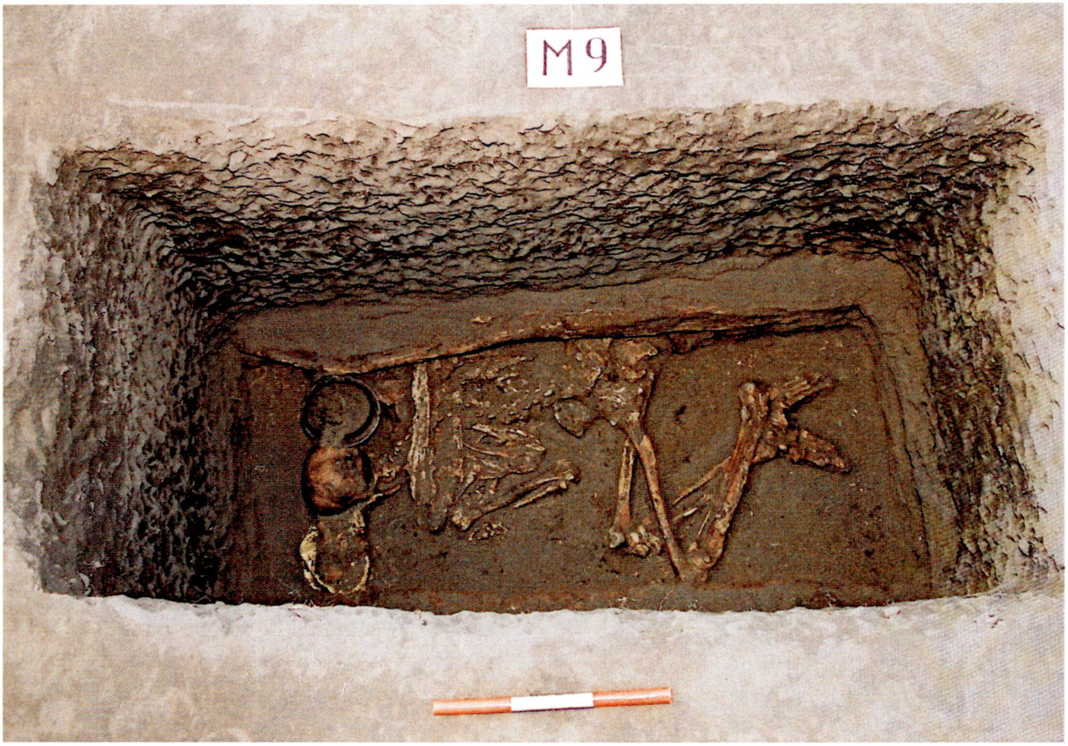

图版29　谢尔塔拉墓地M9人骨及随葬品（东北—西南）

图版30　谢尔塔拉墓地M9墓主人头部周围陶罐和桦树皮罐（西北—东南）

图版31　谢尔塔拉墓地M10棺盖板及其上铺盖的桦树皮（东北—西南）

图版32　谢尔塔拉墓地M10人骨及随葬品（东北—西南）

图版33　谢尔塔拉墓地M1出土陶罐

图版34　谢尔塔拉墓地M8出土陶罐

图版35　谢尔塔拉墓地M9出土陶罐

图版36　谢尔塔拉墓地M10出土陶罐

图版37　谢尔塔拉墓地M4出土陶罐

图版38　谢尔塔拉墓地M4出土陶壶

图版39　谢尔塔拉墓地M6出土陶壶

图版40　谢尔塔拉墓地M8出土陶壶

图版41　谢尔塔拉墓地M6出土木盘

图版42　谢尔塔拉墓地M6出土木杯

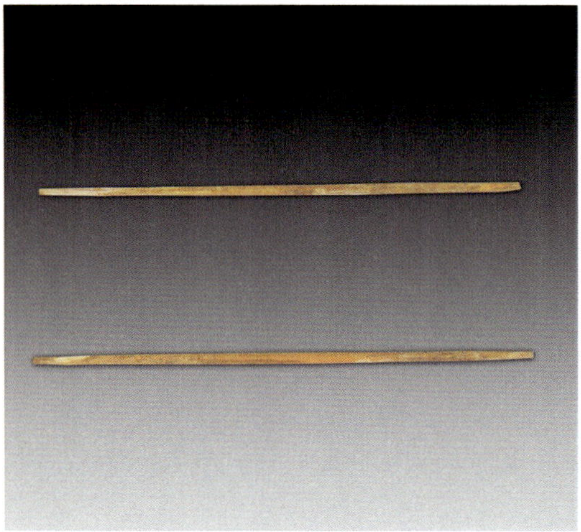

图版43　谢尔塔拉墓地M6出土木箸

图版44　谢尔塔拉墓地M1出土金耳坠

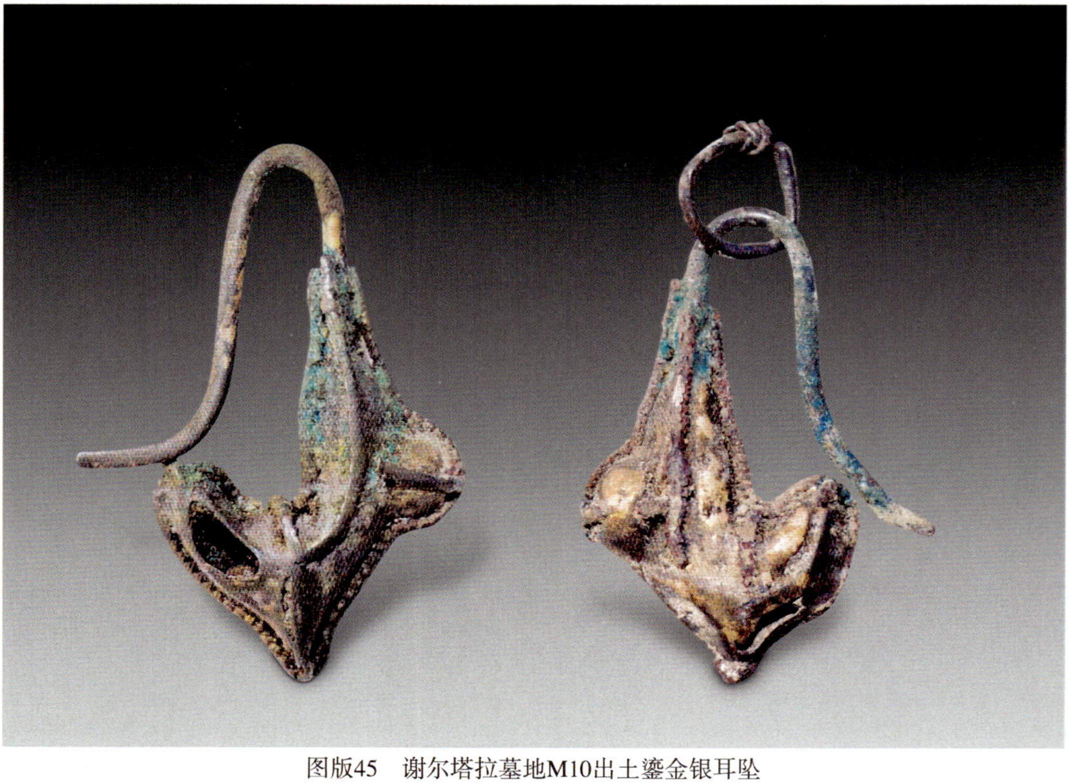

图版45　谢尔塔拉墓地M10出土鎏金银耳坠

图版46　谢尔塔拉墓地M1出土银镯

图版47　谢尔塔拉墓地M1出土银螺旋形饰

图版48　谢尔塔拉墓地M1出土银螺旋形饰

图版49　谢尔塔拉墓地M1出土玻璃珠串饰

图版50　谢尔塔拉墓地M1出土铜人面形饰

图版51　岗嘎墓地2014年度考古发掘现场（东—西）

图版52　岗嘎墓地M7（东北—西南）

图版53　岗嘎墓地M8（西—东）

图版54　岗嘎墓地M8陶器及木杆铁镞出土情况（南—北）

图版55　岗嘎墓地M10（东南—西北）

图版56　岗嘎墓地M10出土陶壶

图版57　岗嘎墓地M11（东南—西北）

图版58　岗嘎墓地M11墓主人头部随葬品分布情况（西南—东北）

图版59　岗嘎墓地M13（西南—东北）

图版60　岗嘎墓地M18（东北—西南）

图版61　岗嘎墓地M18出土陶罐

图版62　岗嘎墓地M18出土陶壶

图版63　岗嘎墓地M11出土玛瑙珠

图版64　岗嘎墓地M15出土玛瑙珠

图版65　岗嘎墓地M20（西南—东北）

图版66　岗嘎墓地M20独木棺脚端（西南—东北）

图版67　岗嘎墓地M20独木棺头端（西南—东北）

图版68　岗嘎墓地M22铜带饰出土情况（西南—东北）

图版69　岗嘎墓地M22出土铜带饰

图版70　岗嘎墓地M22出土铜带饰

图版71　岗嘎墓地M22出土铁镞

图版72　岗嘎墓地墓葬套箱前准备工作

图版73　岗嘎墓地墓葬整体套箱

图版74　岗嘎墓地墓葬套箱后吊运

图版75　岗嘎墓地实验室考古工作清理现场

图版76　岗嘎墓地实验室考古工作清理现场

图版77　岗嘎墓地实验室考古工作清理现场

图版78　2014年9月4日，“蒙古族源与元朝帝陵综合研究”项目总顾问、十一届全国政协副主席、中国社会科学院原党组书记、原院长陈奎元（左二）视察岗嘎考古工地

图版79　2014年8月27日，“蒙古族源与元朝帝陵综合研究”项目首席专家、时任中国社会科学院考古研究所所长王巍研究员（右一）与时任内蒙古自治区文化厅副厅长、文物局局长安泳锝（右二）在岗嘎墓地实验室考古现场指导工作